10,-

Ginkgobäume in der Fremde

Christiane Uhlig

Lee Duk-Won

Ginkgobäume in der Fremde

Eine koreanisch-europäische Lebensgeschichte

Inhalt

Die Reise beginnt 9

Dunkle Jahre 12

    Chosons Ende

    Kindheit in schwerer Zeit

    Krieg

    Auf mich allein gestellt

    Neuanfang

    Berufswunsch Chemikerin

    Die Chance ergreifen

Aufbruch 110

    Erste Schritte in der neuen Welt

    Studentin und Mutter

    Freunde und Reisen

    Am Ziel meiner Träume

    Krisen

    Abschied von Deutschland

Rückkehr 175

    Fremd in der Heimat

    Zurück in den Beruf

    Vorbei

    Auch ohne Mann

    Eine überraschende Wende

Nochmals von vorn 232

    Neuland Schweiz

    Alte und neue Freunde

    Berufsleben als Kompromiss

    Familiäre Herausforderungen

    Als Expertin unterwegs

    Erschütterungen

    Der schwerste Kampf

Begegnungen jenseits der Grenze 288

Anhang 305

Die Reise beginnt

Das Unfassbare ist geschehen. Hee-Young lebt. Nach vierundfünfzig Jahren hat sie uns gefunden, meine Schwester In-Young und mich. Wir glaubten, sie sei tot, denn kein einziger Hinweis über ihren Verbleib ist je aus dem Norden Koreas zu uns gedrungen. Die Grenze war unüberwindbar, so dass jenseits davon alles Leben ausgelöscht schien. Nur in unseren Gedanken lebten sie und unser Bruder Chong-Hwan weiter, nur heimlich konnten wir um sie weinen. Schliesslich waren sie damals mit den Truppen aus dem Norden mitgegangen – in den Augen unseres Staates das schwerste Verbrechen.

Damals, das war in den ersten Wochen des Koreakriegs im Sommer 1950. Die nordkoreanischen Truppen waren kurz nach Kriegsbeginn bereits bis nach Seoul vorgestossen. Um ihre Truppenstärke zu erhöhen, rekrutierten sie ältere Schüler und Studenten für ihre Armee, sei es als Soldaten, Polizisten oder – wie im Fall meiner Schwester – als Krankenschwestern. Zusammen mit den kommunistischen Truppen, die sich bald wieder nach Norden zurückziehen mussten, waren Hee-Young und Chong-Hwan verschwunden. Ein einziges Mal während des Kriegs, als nordkoreanische Truppen erneut in den Südteil des Landes vordrangen, fand Chong-Hwan die Möglichkeit, unser Elternhaus aufzusuchen, doch es stand leer. Wir waren zu diesem Zeitpunkt bereits auf der Flucht. Während eines halben Jahrhunderts quälte uns die Frage, was aus den beiden, was aus anderen engen Verwandten geworden war. Die Teilung in zwei feindliche Staaten verunmöglichte es, Nachforschungen anzustellen. Und nun plötzlich diese Nachricht. Hee-Young hat uns nicht vergessen, die Hoffnung auf ein Wiedersehen nie aufgegeben. Vom nordkoreanischen Pyöngyang aus liess sie uns durch das Rote Kreuz suchen. Doch nicht nur das; wenn wir grosses Glück hatten, würden wir sie im Rahmen der Nord-Süd-Koreanischen Familienzusammenführung sogar wiedersehen. Und das bereits in drei Wochen – also genau in der Zeit, in der ich in Korea sein würde.

Obwohl ich schon viele Jahre in der Schweiz lebe, habe ich den Wunsch nie aufgegeben, eines Tages zurückzukehren. Diese Reise sollte der Klärung meiner beruflichen Möglichkeiten dienen. Wie immer würde ich bei meiner Schwester In-Young wohnen. Von dort aus würde sich dann alles Weitere finden. So dachte ich bis jetzt. Dass ich nun aber auch die tot geglaubte Hee-Young wiedersehen würde, bedeutete eine unglaubliche Wendung.

Die Zeit bis zum Wiedersehen schien unendlich. Lang wurden mir die Tage des Wartens auf den Abflug, lang die Nächte, in denen ich kaum schlief. Fragen nach dem Verbleib des Bruders, von dem wir nichts gehört hatten, nach Onkel und Tante, die ebenfalls in den Norden gegangen waren, gingen mir durch den Kopf, die Antworten fürchtete ich. Obwohl meine Familie mitfieberte und mich zu beruhigen versuchte, wenn die Gefühle übermächtig wurden, zog es mich nach Seoul zu In-Young, mit der ich die schrecklichen Kindheits- und Kriegserlebnisse geteilt hatte und die unter dem Verlust unserer beiden Geschwister all die Jahre ebenso gelitten hat.

In diese Zeit ungeduldigen Wartens fiel mein fünfundsechzigster Geburtstag. Einen Tag vor dem Abflug traf sich die Familie zu einem Fest. Von meiner Tochter Paula erhielt ich ein ganz besonderes Geschenk: Einer Historikerin sollte ich meine Lebensgeschichte erzählen, die diese für mich aufschreiben würde. Im ersten Moment war ich völlig überrascht, doch dann begann die Idee zu wirken. War es ein Zufall, dass mir ausgerechnet jetzt, wo ich meine Schwester wieder gefunden hatte, diese Möglichkeit geboten wurde, noch einmal zurückzukehren in eine vergangene Zeit und in ein weit entferntes Land, das mich doch mein Leben lang nicht losgelassen hat?

Am nächsten Tag begann die Reise. Mit schwerem Gepäck fuhr ich zum Flughafen und wartete ungeduldig auf den Aufruf des Flugs. Ich war erleichtert, als die Maschine endlich abhob. Mit Macht zog es mich zurück in jene Jahre, die nicht nur über meine Familie unendlich viel Leid gebracht hatten. Was war das für ein Leben, das wenige Monate vor dem Ausbruch des Zweiten Weltkriegs begonnen und mich schliesslich hierher geführt hatte? Vielleicht hat alles damit angefangen, dass ich nicht als der ersehnte Junge, sondern «nur» als Mädchen zur Welt gekommen bin.

Dunkle Jahre

Am 5. März 1939 wurde ich als viertes Kind meiner Eltern Lee Bum-Soon und Cho Gyng-Rang geboren. Mein Vater war der älteste Sohn einer wohlhabenden aristokratischen Familie in Seoul, meine Mutter die älteste Tochter einer angesehenen Familie aus Gyangzu, einem kleinen Ort, einen Tagesmarsch von Seoul entfernt. Die Ehe meiner Eltern war keine Liebesheirat gewesen. Liebe zwischen Mann und Frau war in Korea weder ein Kriterium für eine Eheschliessung, noch wurde sie zum grössten aller Gefühle erhoben. Mit Glück entstand auch in einer ehelichen Beziehung ein Gefühl der Zuneigung. Es war nie eine Voraussetzung für eine Heirat, sondern im besten Fall die Folge.

Gemäss koreanischer Tradition hatten die Eltern meines Vaters einer Heiratsvermittlerin den Auftrag erteilt, für Bum-Soon eine passende Frau zu finden. Das war eine anspruchsvolle Aufgabe, denn je höher der gesellschaftliche Status des Heiratskandidaten desto höher die Anforderungen, welche die Zukünftige und ihre Familie zu erfüllen hatten. Diese sollte in gesellschaftlicher wie kulturell-religiöser Hinsicht sehr angesehen sein. Die Braut musste alle Voraussetzungen erfüllen, um viele Kinder, insbesondere aber einen Stammhalter zur Welt zu bringen. Es galt deshalb sicherzustellen, dass es in ihrer Familie bis anhin keine Erbkrankheiten gegeben hatte. Sie musste in der Lage sein, alle Arbeiten im Elternhaus des Ehemanns zur Zufriedenheit der Schwiegermutter zu verrichten. Sie durfte nicht klatschsüchtig sein, keine Eifersucht zeigen, und sie durfte nicht stehlen. Und, im Gegensatz zu ihrem Ehemann, durfte sie auch keinen

Ehebruch begehen. Auf die Erfüllung der konfuzianischen Pflichten einer Frau waren die Töchter aus gutem Hause während Jahren von ihren Müttern vorbereitet worden, denn allein darin lag der eigentliche Lebenssinn der Koreanerin.

Hatte die Heiratsvermittlerin die passende Frau gefunden, mussten sich die Eltern des zukünftigen Brautpaars über die Bedingungen der Eheschliessung einigen, insbesondere über die Höhe der Mitgift der Braut. Nur wenn diese Mitgift ausreichend war, durfte darauf gehofft werden, dass die Familie des Ehemanns der neuen Schwiegertochter wohlwollend gegenüber stehen würde. Dies war Jahrhunderte alte Tradition, und sie wurde gelebt, auch oder gerade in Zeiten des Umbruchs, in denen sich Korea damals befand.

Chosons Ende

Meine Grosseltern, mütterlicher- wie väterlicherseits, gehörten zur letzten Generation von Koreanern, die noch in der Choson-Monarchie geboren war. Doch das Ende dieser fast ein halbes Jahrtausend währenden Herrschaft war unausweichlich. Korea hatte sich isoliert und alles daran gesetzt, fremden Einfluss fern zu halten. Die Nachbarn Japan, China und Russland hatten zwar immer wieder versucht, sich dieses Land untertan zu machen; gelungen war es ihnen aber nicht. Doch in der zweiten Hälfte des 19. Jahrhunderts wurden die Eroberungsgelüste einiger mächtiger Länder immer heftiger, die militärischen Vorstösse unerbittlicher, nicht nur in Asien. Die Welt wurde neu aufgeteilt, und das Sagen darüber, wie dies zu geschehen hatte, lag bei den Eroberern und nicht bei den betroffenen Ländern. Choson, das «Land der Morgenfrische», war im Innern schon lange krank. Das traditionelle Herrschaftssystem war brüchig, die sozialen Verhältnisse waren aus dem Lot. Das konfuzianische Glaubenssystem, das die Grundlage für das Funktionieren dieser traditionellen Klassengesellschaft gebildet hatte, erwies sich je länger je mehr als inhaltsleeres Ritual, das dennoch für alle bindend blieb. Vor allem die darin begründete Missachtung von Handel, Technik und Naturwissenschaften hatte dazu beigetragen, die Modernisierung des Landes zu verhindern. Die Beamtenschaft war korrupt, und der Grossteil der Bevölkerung wurde durch enorme Steuern ausgeblutet. Das rückständige Choson befand sich am Abgrund und war nicht mehr in der Lage, die von den Grossmächten geforderte Öffnung abzuwehren.

Als mein Grossvater väterlicherseits 1875 zur Welt kam, hatte sich Japan bereits auf Korea gestürzt und liess nichts unversucht, sich dieses Land gänzlich einzuverleiben. Die natürlichen Schätze und die umfangreiche Reisproduktion waren zwei Gründe dafür. Auch Russland, Grossbritannien, Frankreich und Deutschland waren begierig, sich auf koreanischem Boden festzusetzen, doch Japan trug durch militärische Aktionen und Kriege den Sieg davon. Das Herrscherhaus verfiel in Agonie. Zwar wurden in den neunziger Jahren noch erste Reformen im Bereich der Rechtsprechung, der Finanzen, der Verwaltung und der Bildung eingeleitet, auch das Kastensystem wurde endlich aufgehoben. Der Sklavenstatus, der einen nicht geringen Teil der koreanischen Bevölkerung in völliger Rechtlosigkeit gehalten hatte, wurde abgeschafft, und selbst die jahrhundertealten Vorrechte der obersten Kaste der Gesellschaft, der Yang-Ban, auf die alleinige Besetzung hoher Staatsämter sollte es fortan nicht mehr geben.

Doch all diese Massnahmen kamen viel zu spät. Zu fest hatten die japanischen Eroberer die wichtigste Bevölkerungsgruppe Koreas, die Bauern, bereits im Würgegriff. Japan hatte die Bauern durch die reichliche Gewährung von Krediten vollkommen von sich abhängig gemacht. Es bedurfte nur einer Missernte, und schon waren sie nicht mehr in der Lage, diese zurückzuzahlen. Die Strafen der Geldgeber waren drakonisch, so dass die Bauern in völlige Armut gerieten. Die Folge waren zunächst friedliche Proteste, und als diese nichts bewirkten, sahen die Verzweifelten keinen anderen Ausweg als den Aufstand gegen die Peiniger und deren koreanische Handlanger. Unterstützt wurde dieser Widerstand durch eine Bewegung, die sich die Lehre von Tonghak, was soviel wie östliche Lehre heisst, auf ihre Fahnen geschrieben hatte. Tonghak verhiess der einfachen Bevölkerung auf dem Land ein besseres Leben und eine Zukunft, in der die Bauern nicht mehr durch Steuern ausgehungert würden, in der es keine Sklaven mehr geben sollte und die es jungen Witwen erlaubte, erneut zu heiraten, anstatt in Armut und Einsamkeit elend zugrunde zu gehen. Diese Lehre fand nicht nur rasche Verbreitung im Land, ihre Anhänger verzeichneten zunächst auch Erfolge mit ihren Aufständen. Doch die Regierung ging mit aller Härte gegen sie vor und liess sie massenweise hinrichten. Auch die japanischen Streitkräfte nahmen zahllose Tonghak-Truppen und sympathisierende Bauern gefangen, um sie dann brutal zu ermorden. Als schliesslich 1895 das koreanische Königshaus in dieser ausweglos erscheinenden Situation bei der russischen Regierung um Schutz bat, stürmten japanische Truppen den Palast, ermordeten die Königin und verbrannten ihre Leiche. Obwohl ein Aufschrei der Empörung durchs Land ging, waren die Japaner zu keiner Mässigung bereit. Sie wollten aus Korea eine japanische Kolonie machen. Dabei wurde weder Rücksicht auf Traditionen und kulturelle Werte genommen, noch auf die materiellen Bedürfnisse und die Stimmung unter der koreanischen Bevölkerung gegenüber Japan. Die Lage in Korea war so verzweifelt, dass selbst konfuzianische Gelehrte die Bevölkerung zum Widerstand gegen die Besatzer aufriefen und es auch innerhalb der katholischen Kirche Unterstützung gab. Es kam zur Bildung von Freiwilligenarmeen. Doch den Lauf der Geschichte konnten diese nicht aufhalten. Durch zwei erfolgreich geführte Kriege hatte sich Japan seiner Konkurrenten China und Russland entledigt, und, unterstützt von den USA und Grossbritannien, konnte es 1905 erklären, dass Korea keine eigenen nationalen Rechte mehr besitze und Japan zukünftig mit diesem Land nach eigenem Gutdünken verfahren werde. König Ko-Jong musste abdanken, zu Gunsten seines geistig behinderten Sohnes Sun-Jong. Der hatte schliesslich nur noch die Aufgabe, am 29. August 1910 den vom koreanischen Premierminister mit Japan ausgehandelten Annexionsvertrag zu verlesen, in dessen Folge Korea offiziell zur Kolonie Japans degradiert und seine nationale Existenz aufgehoben wurde.

Dies waren die Entwicklungen, die das Leben meiner Grosseltern unmittelbar bestimmt haben, aber auch das aller nachfolgenden Generationen. Tief haben sich die politischen Ereignisse in die Lebenswege jedes Einzelnen aus unserer Familie eingegraben.

Die Familie Lee war eine vornehme, traditionsbewusste Familie, die der Yang-Ban angehörte. Seit vielen Generationen lebten die Lees in Seoul. Sichtbarster Ausdruck ihrer hohen Stellung war der eigene Grabhügel, der Changdong, wo ausschliesslich die Familienangehörigen begraben wurden. Die Anzahl der dort begrabenen Generationen war Zeichen des Status der Familie. Die Grabstätte der Lees liess sich über fünfhundert Jahre zurückverfolgen, bis zu Yang-Pyng Dae Gun, dem vierten Sohn des ersten Königs Lee Song-Gye der Lee-Dynastie.

In diese Familie wurde mein Grossvater väterlicherseits, Lee Won-Gy, im Jahr 1875 als ältester Sohn hineingeboren. Noch wurden die männlichen Angehörigen der Yang-Ban dazu ausgebildet, hohe Funktionen im staatlichen Verwaltungsdienst einzunehmen, und nur ihnen oblag es, gemäss konfuzianischer Lehre, als sittlich Edle das koreanische Volk zu führen. Da diese traditionelle Ordnung aber in den Jugendjahren meines Grossvaters bereits tiefe Risse hatte, sahen seine Eltern sich gezwungen, auf die gesellschaftlichen Umbrüche zu reagieren. Sie beschlossen, ihrem Sohn das Studium eines technischen Berufs zu ermöglichen. Es war die Zeit, als die koreanische Regierung begann, Fachhochschulen einzurichten, um vermehrt Experten im Bereich des Bergbaus, der Justiz, im Kommunikations- und Elektrizitätswesen für den Staatsdienst heranzuziehen.

So wurde mein Grossvater Vermessungstechniker. Er hat am Bau der Eisenbahn zwischen Seoul und Incheon mitgearbeitet und die erste Stadtkarte von Seoul entwickelt. Er war auch an der Planung und Errichtung der ersten Trink- und Abwasserleitungen in der Hauptstadt beteiligt, die die japanische Besatzungsmacht bauen liess, um das in Korea vorherrschende Brunnensystem abzuschaffen. Für Japan war klar, dass das Land als gewinnbringende Basis für die eigene Industrie nur dann dienen konnte, wenn es gelang, Koreas Rückständigkeit in bestimmten Bereichen schnellst möglich zu beseitigen. Für die koreanischen Spezialisten war dies eine schwierige Situation. Einerseits begrüssten sie die Modernisierung und arbeiteten aktiv daran mit, andererseits verabscheuten sie die japanische Besatzung, durch die sie ihre nationale Unabhängigkeit verloren hatten. Meinem Grossvater ging es nicht anders. Obwohl Techniker und an den Erneuerungen aktiv beteiligt, wollte er gleichwohl nie seine traditionellen koreanischen Wurzeln aufgeben.

Als Grossvater im heiratsfähigen Alter war, wurde von seiner Familie eine Heiratsvermittlerin beauftragt, eine passende Frau für ihn zu finden. Die Wahl fiel auf die 1881 geborene Yoo Gy-Sang. Ich habe sie noch im hohen Alter als eine elegant gekleidete Frau vor Augen, deren vornehmes Benehmen vom Bewusstsein zeugte, zur obersten Kaste zu gehören, auch wenn es die offiziell schon nicht mehr gab. Insgesamt schenkte Grossmutter sechs Kindern das Leben, vier Söhnen und zwei Töchtern. Grossmutter stand einem grossen Haushalt in einem schönen Stadthaus vor. Die Dienerschaft wohnte traditionsgemäss in einem Raum direkt hinter dem Eingangstor des Hauses, einem massiven und hohen Holztor, das alle potenziellen Einbrecher von vornherein abschrecken sollte. Obwohl der Sklavenstatus aufgehoben war, blieben viele der ehemaligen Haussklaven weiterhin in den Haushalten. Dabei handelte es sich oft um ganze Familien, die in den Diensten der Vornehmen standen. Diejenige im Haus der Grosseltern ist mir noch gut in Erinnerung. Sowohl die Eltern wie ihre Kinder arbeiteten unablässig für unsere Familie. Und weil sie freundlich und mitfühlend waren, kümmerten sie sich auch um uns Kinder. Im Gegenzug ermöglichte Grossvater, der sich im Sinn konfuzianischer Tradition für diese loyal Dienenden verantwortlich fühlte, dem Sohn der Familie den Schulbesuch.

Ein paar Schritte am Raum der Hausangestellten vorbei lag das Herrenzimmer. Hier traf sich Grossvater mit Bekannten, um sich zu unterhalten, zu essen und Gedichte zu rezitieren. Frauen hatten zu diesem Zimmer keinen Zugang, und so konnten wir uns nur vom Hörensagen vorstellen, was sich in dieser Männerwelt alles abspielte. Am Herrenzimmer vorbei führte der Weg in den schönen, bepflanzten Innenhof mit einem kleinen Goldfischteich. Ein Brunnen war Ausdruck des Wohlstands der Lees, denn es gab ja noch kein fliessendes Wasser in den Häusern der Hauptstadt. Da Grossvater ein Pionier der modernen Wasserversorgung in Seoul war, wurde dieser Brunnen als einer der ersten mit einer Wasserpumpe versehen, deren Funktionsweise uns Kinder sehr beeindruckte. Rund um den Innenhof befanden sich die Zimmer der Familie, das Schlafzimmer der Grosseltern, das Zimmer meiner Eltern, ein kleines Arbeitszimmer, ein Kinderzimmer und die Küche. Hier wurde für die ganze Familie gekocht, und die Bediensteten mussten hier, auf dem nackten Boden sitzend, auch essen. Hinter der Küche lag ein kleiner Hof, der der Körperpflege diente. Das Wasser dafür wurde in der Küche heiss gemacht. In diesem Hof war auch das Holz zum Kochen und Beheizen der Räume gelagert. Der wichtigste Aufenthaltsort des Hauses aber war die

Diele, die von Frühjahr bis Herbst zum Arbeiten, Essen, Schwatzen und Zusammensitzen von den Frauen genutzt wurde.

Im Gegensatz zu den Grosseltern väterlicherseits weiss ich die Namen meiner Grosseltern mütterlicherseits nicht mehr. Es war in Korea nicht gestattet, Eltern, Grosseltern und Geschwister beim Namen anzureden, sondern immer nur bei ihrem Verwandtschaftsgrad, und da der Kontakt zur Familie der Mutter nach dem Tod der Grosseltern nicht aufrecht erhalten wurde, gab es später niemanden mehr, den ich nach den Namen hätte fragen können. Aber wie sie gelebt haben, daran kann ich mich noch genau erinnern.

Die Familie lebte in Gyangzu, einem Dorf, das einen Tagesmarsch von Seoul entfernt lag. Grossvater, ein Vertreter des wohlhabenden Landadels, besass im alten Korea grosse Ländereien, die er zum Grossteil verpachtet hatte. Wie alle Grossgrundbesitzer musste er aber diesen Besitz an die japanische Besatzungsmacht abtreten. Mit dem verbliebenen Stück Land und seiner Tätigkeit als Arzt und konfuzianischer Gelehrter konnte die Familie dennoch vergleichsweise gut leben.

Das medizinische Wissen, über das Grossvater als Naturheilarzt verfügte, stammte ursprünglich aus China, bevor es dann in Korea selbständig weiterentwickelt wurde. Jedes Dorf hatte einen Heilkundigen in seiner Mitte. Von Generation zu Generation wurde das Wissen weitergegeben, nicht durch Schulen, sondern durch die praktische Arbeit vor Ort. Moderne Krankenhäuser entstanden in Korea erst um die Jahrhundertwende, und die erste medizinische Fakultät wurde während der japanischen Besatzung im Jahre 1917 gegründet.

Die Praxis meines Grossvaters befand sich direkt hinter dem Eingangstor des Hauses, das hier auf dem Land nicht so massiv und hoch wie in Seoul war, da die Bewohner keine Angst vor Einbrechern haben mussten. Die Kranken kamen hier her, um sich medizinischen Rat zu holen und sich mit einem der unzähligen getrockneten Heilkräuter, die Grossvater in seinem prächtigen Schrank aufbewahrte, behandeln zu lassen.

Grossvater war aber in Gyangzu nicht nur als Arzt gefragt. Als ein in der Lehre des Konfuzius ausgebildeter Mann wurde er auch bei allen Fragen der religiösen Praktiken, vor allem der richtigen Durchführung des Ahnenkults, konsultiert. Die Pflege dieses Kults war von zentraler Bedeutung für das eigene Lebensglück und das der Nachkommen. Die Pietät des Sohns gegenüber dem Vater galt als Voraussetzung für ein ideales Familienleben und drückte sich in der Verehrung des Vererbten von den noch lebenden und den bereits verstorbenen Vorfahren aus. Vor dem 1. Januar, dem gemäss Mondkalender festgelegten Neujahrstag, und vor dem Todestag der verstorbenen Vorfahren wandten sich die Familien an Grossvater mit der Bitte, für sie die ritualisierten Formeln der Totenverehrung sowie den Familiennamen und, falls vorhanden, den Titel des Toten auf ein handgeschöpftes weisses Papier zu schreiben, da sie selbst oft des Schreibens nicht mächtig waren. Das Papier wurde dann im besten Zimmer des Hauses vom Familienoberhaupt an der Wand befestigt. Unter dieses Blatt wurde ein Tisch gestellt, auf dem besonders leckere Speisen wie Fisch, Reis, Obst, Wasser und Weihrauch festlich angerichtet waren, ebenfalls nach genau festgelegten Regeln. So musste der Löffel immer ganz gerade in der Reisschüssel stecken und durfte nicht, wie an anderen Tagen üblich, neben der Schüssel liegen. Die Zeremonie, die dann abgehalten wurde, war den männlichen Familienmitgliedern vorbehalten. Die Söhne bekamen vom Wasser zu trinken, um sie so von Angst zu befreien und zu mutigen Männern werden zu lassen. Zum Abschluss der Zeremonie wurde dann das Papier von der Wand genommen und vor dem Haus verbrannt, als Zeichen dafür, dass der verstorbene Vorfahre nach eingenommener Speise sich wieder verabschiedet hatte, dass er aber seine schützende Hand auch in Zukunft über das Haus halten würde.

So war Grossvater die Verkörperung einer gelehrten Autorität, und keiner im Dorf hätte gewagt, sie in Frage zu stellen. Er war ein ernster Mann, und mit seiner ruhigen Stimme klang alles, was er sagte, weise, belehrend und unabänderlich.

Ganz anders meine Grossmutter. Sie war eine herzensgute Frau, doch wie fast alle Koreanerinnen war auch sie nicht in den Genuss einer Schulbildung gelangt. Als Ehefrau war sie für die Erziehung ihrer sechs Kinder verantwortlich, ebenso für die Haushaltsführung und für die Arbeiten in der kleinen Landwirtschaft, die sie zusammen mit ihren Bediensteten betrieb. Im Gegensatz zu den Grosseltern in Seoul war es hier auf dem Land nicht üblich, dass die Bediensteten mit im Haus wohnten. Sie kamen aus der Nachbarschaft, putzten, kochten und halfen Grossmutter beim Lagern der Ernte, und abends kehrten sie zum Schlafen in ihre eigenen vier Wände zurück. Zum Haus gehörten zwei riesige Vorratsräume, der eine für geerntetes Gemüse und Früchte, der andere für eingelegte Speisen. Dieser befand sich in einem prächtigen Hinterhof gleich neben einem Brunnen, der zum Einmachen unerlässlich war, aber auch zum Kühlen des Obstes im Sommer. Neben den Schlafzimmern für die Grosseltern, für den Bruder meiner Mutter mit seiner Frau und für die Kinder war hier, wie bei den Grosseltern in der Stadt, die Diele der zentrale Aufenthaltsort der Familie, der auch für uns Kinder unentbehrlich war und sich mit den Jahren mit vielen schönen Erlebnissen verknüpfte.

Mein Vater Lee Bum-Soon kam im Jahre 1908 als der erwünschte erste Sohn meiner Grosseltern in Seoul zur Welt. Noch hatten die Werte und Ziele einer traditionellen konfuzianischen Yang-Ban-Familie ihre Gültigkeit, und daran änderte auch die bereits zwei Jahre später offiziell beginnende japanische Besatzungszeit nichts, die Vaters halbes Leben andauern sollte. Die bestmögliche Ausbildung war ein unverrückbares Erziehungsziel für meine Grosseltern und dies nicht nur für ihre vier Söhne, sondern auch für ihre beiden Töchter. Vater besuchte nach der Grundschule die Che-Il-Gyobo-Middle School, wo nur die besten Schüler nach bestandener Prüfung zugelassen wurden. Seine beiden Schwestern wurden auf die höhere Mädchen-Mittelschule geschickt, was in der damaligen Zeit sehr fortschrittlich und ungewöhnlich war. Die Gründung der ersten nicht religiösen Mädchenschule lag erst wenige Jahre zurück, und ihre Initianten hatten erstmals in der koreanischen Geschichte in einer «Erklärung der Rechte der Frauen» das gleiche Recht auf Bildung für Mädchen wie Jungen gefordert.

In diesen Jahren hatte die Besatzungsmacht bereits alle gesellschaftlichen Bereiche unter ihre Kontrolle gebracht, und das Aufgebot an japanischen Polizisten und Militärs zur

Kontrolle der koreanischen Bevölkerung war enorm. Bereits im Jahr 1910, nachdem Japan Korea gänzlich annektiert hatte, war mit der systematischen Zerstörung der koreanischen Kultur begonnen worden. Zwischen zweihundert- und dreihunderttausend Geschichts- und Geographiebücher wurden konfisziert und verbrannt. Es wurde verboten, Texte und Biographien von wichtigen historischen Persönlichkeiten der koreanischen Geschichte zu lesen, genauso wie Übersetzungen ausländischer Bücher, die sich mit der Entstehung der koreanischen Nation und deren Unabhängigkeit befassten. Die Japaner begannen, die Geschichte Koreas nach ihren Vorgaben neu zu schreiben und diese zu propagieren.

Im Januar 1919, als Vater elf Jahre alt war, starb der von den Japanern zum Rücktritt gezwungene ehemalige König Ko-Jong. Dies war der Auslöser für Demonstrationen und Streiks im ganzen Land gegen die Besatzung, die unter dem Namen «1.-März-Bewegung» in die Geschichte eingingen. Trotz der japanischen Allmacht wagten sich ungefähr zwei Millionen Leute auf die Strasse. Zu elend waren die Lebensbedingungen unter der Besatzungsmacht, zu verzweifelt die Lage, als dass nicht viele Koreaner den einzigen Ausweg in der Befreiung vom japanischen Joch sahen. Doch der friedliche Protest wurde brutal beendet. Mindestens 47'000 Menschen wurden verhaftet und misshandelt, 7'500 getötet und etwa doppelt so viele verwundet. Danach setzten die Besatzer alles daran, keinen nationalen Widerstand mehr aufkommen zu lassen.

Im Namen der sogenannten Kultur-Homogenisierung zwang die Besatzungsmacht in den zwanziger Jahren die Bevölkerung, ihre Namen zu japanisieren. Japanisch wurde zur offiziellen Landessprache erhoben, und alle mussten fortan sowohl zu Hause als auch im öffentlichen Leben diese Sprache sprechen. Entsprechend gab es nur noch japanische Schulbücher, und das Schulsystem wurde dem japanischen angeglichen. Grossvater weigerte sich, dieser Anordnung nachzukommen, obwohl ihn das seine Stelle in einem unter japanischer Führung stehenden Elektrizitätswerk kostete. Er kämpfte zwar nie aktiv gegen die Besatzer, aber sein nationales und soziales Selbstverständnis liessen ihm keine andere Wahl als Verweigerung. So haben die Japaner mit ihrer Gewaltherrschaft den andauernden Hass der Bevölkerung auf sich gezogen. Wie tief dieser Hass ging, zeigte sich auch darin, dass es in den Jahrzehnten der Besatzung so gut wie keine Koreanerin gab, die eine Ehe mit einem Japaner einging.

1928 begann Vater angewandte Chemie an der kurz zuvor gegründeten Gyng-Sung-Technical-High-School, der jetzigen Technischen Universität von Seoul, zu studieren. Im gleichen Jahr heiratete er meine Mutter Cho Gyng-Rang. Sie war 1910 in Gyangzu als Älteste von sechs Geschwistern geboren worden. Und wie damals fast alle Mädchen aus der ländlichen Aristokratie konnte auch sie keine höhere Schule besuchen. Nur die Brüder wurden zu diesem Zweck in die Hauptstadt geschickt. Mutter erhielt eine sehr strenge, konfuzianisch geprägte Frauenerziehung. Als erstgeborene Tochter hatte sie frühzeitig lernen müssen, worin ihre Bestimmung lag, und ein Widerstand gegen diesen Lebensweg war völlig undenkbar.

Mit der Heirat musste die koreanische Frau sämtliche bisherigen Familienbande aufgeben, nur der Name erinnerte noch an ihre Herkunft. Fortan gehörte sie gänzlich der neuen Familie an. Die Beziehungen zu ihren Eltern durfte sie nur mehr in der Form pflegen, wie es der Ehemann und seine Eltern erlaubten. Dies entsprach der konfuzianischen Tradition. Als Ehefrau durfte sie mit ihrem Kummer und ihren Sorgen nun nicht mehr zu ihrer Mutter oder zu ihren Schwestern gehen. Deshalb weinten alle Eltern, wenn ihre Töchter heirateten, bedeutete dies doch einen Abschied für immer.

Als meine Mutter 18 Jahre alt wurde, war auch für sie der Zeitpunkt gekommen, ihre Rolle als Ehefrau und Mutter einzunehmen. Eine Heiratsvermittlerin hatte die Verbindung meiner Eltern arrangiert. Vater war als junger Student finanziell vollkommen von seinem Vater abhängig. Er kam auch für den Lebensunterhalt der jungen Familie auf, wofür sich Mutter ihren Schwiegereltern gegenüber noch zusätzlich dankbar zeigte und alles tat, was von ihr verlangt wurde. Dieses neue Leben mit fremden Menschen an einem fremden Ort war für Mutter nicht leicht. Nebst der vielen und schweren Arbeit für die grosse Familie ihres Mannes, die sie tagtäglich verrichten musste, sollte sie möglichst bald Kinder bekommen und der Familie einen Stammhalter präsentieren. Doch das erste Kind, das sie zur Welt brachte, war kein Sohn, es war meine Schwester Hee-Young.

Vater studierte in einer unruhigen Zeit. Bereits im Juni 1926 hatte es wieder landesweite Studentenproteste gegen die Kolonialherrschaft gegeben, die sowohl von nationalistischen wie kommunistischen Gruppen getragen wurden. 1927 bildete sich aus den beiden Lagern eine nationale Organisation, die von der japanischen Polizei mit aller Härte verfolgt wurde. Es kam dennoch zu weiteren Demonstrationen, und Ende November 1929 revoltierten die Studenten erneut im ganzen Land. Das Zentrum der Demonstrationen befand sich in der Stadt Kwangju. Auch Vaters jüngerer Bruder Bum-Don beteiligte sich daran. Nach all den Erfahrungen, die Demonstranten mit den japanischen Truppen gemacht hatten, war klar, dass die Besatzungsmacht auch diesmal brutal zurückschlagen würde. Und so geschah es. Bum-Don bezahlte seinen Kampf mit dem Leben. Er wurde verhaftet und im Gefängnis so schwer gefoltert, dass er starb. Ein schwerer Schlag für die Grosseltern und Geschwister, der Grossvater nur darin bestärkte, sich aus der Politik herauszuhalten.

Zwar folgte auch Vater dieser Devise, doch hielt ihn der Mord an seinem Bruder nicht davon ab, von einer Fortsetzung seines Studiums in Japan zu träumen. 1931, nach dem Studienabschluss, wollte er diesen Traum realisieren. Hunderttausende Koreaner waren als Arbeitskräfte zunächst freiwillig nach Japan gegangen, weil sie dort fast das Doppelte verdienen konnten. Und auch viele Studenten erhofften sich von einem Studium in Japan eine bessere Ausbildung und entsprechend bessere berufliche Chancen. Die japanischen Besatzer hatten viele koreanische Schulen und Universitäten geschlossen und die Lehrinhalte ihren kolonialen Interessen untergeordnet, um so die Bevölkerung besser kontrollieren zu können. Entsprechend minderwertig war der Unterrichtsstoff. So war es zu erklären, dass junge Koreaner sich nach mehr Bildung sehnten, auch wenn dies im Land der verhassten Besatzungsmacht geschehen sollte.

Vaters zweitältester Bruder Bum-Chang war ein erfolgreicher Kaufmann und erklärte sich bereit, ihm das Geld für das Studium in Japan zur Verfügung zu stellen. Bum-Chang traf alle notwendigen Vorbereitungen, und sogar eine Zugfahrkarte war schon gekauft, als Grossvater davon erfuhr. Er war sehr wütend und enttäuscht, dass seine Söhne allen traditionellen Grundsätzen zum Trotz einen solchen einschneidenden Plan in Angriff genommen hatten, ohne seinen Rat einzuholen. Grossvater war absolut gegen ein Studium in Japan. Nicht nur, weil Vater als erstgeborener Sohn besondere Pflichten für die Familie wahrnehmen sollte, sondern weil er Angst hatte, dass auch sein ältester Sohn, der väterlichen Kontrolle entzogen, in die Unabhängigkeitsbewegung geraten könnte. Waren es nicht koreanische Studenten in Tokio gewesen, die im Dezember 1918 eine Vereinigung gegründet hatten mit dem Ziel, die Unabhängigkeit zu erlangen? Grossvater hasste die Japaner und war nicht bereit, seinen Ältesten diesem Einfluss noch unmittelbarer auszusetzen. Von seiner Frau hatte Vater hingegen keinen Widerstand zu befürchten. Schliesslich war die Ehefrau dem Ehemann gegenüber zu Gehorsam verpflichtet. Und Mutter war auch in dieser Hinsicht so gut erzogen und tugendhaft, dass sie selbstverständlich auf ihren Mann im Hause seiner Eltern gewartet hätte. Doch dazu kam es nicht. Vater musste sich Grossvaters Befehl fügen und in Korea bleiben. Denn die Pietät des Sohnes gegenüber dem Vater war ebenso unumstösslich wie der Gehorsam der Frau gegenüber dem Ehemann und die Loyalität der Untertanen gegenüber dem Herrscher. Vaters Enttäuschung über das Scheitern seiner Träume begleitete ihn sein Leben lang.

Obwohl Vater mit seinem Studium an der Hochschule in Seoul die bestmögliche Ausbildung in Korea erhalten hatte,

Vater an einem seiner ersten Arbeitsplätze 1933

fand er keine entsprechende Arbeit. Die Stellen, die ihn interessierten und für die er alle erforderlichen Qualifikationen hatte, waren von Japanern besetzt. So übernahm er schliesslich eine Assistenz an seiner Hochschule und begann nebenbei als Industrieberater zu arbeiten. Diese Arbeit übte er während fast zehn Jahren aus. Er arbeitete sehr gewissenhaft und setzte sich mit grossem Engagement für die unterentwickelten kleineren Industrien ein. Bedingt durch seine Beratertätigkeit musste Vater viel verreisen und weit weg von Seoul wohnen, weil die Betriebe in ganz Korea verstreut waren. An seinem Wanderleben änderte sich auch nichts nach der Geburt des ersehnten Sohns, der drei Jahre nach meiner Schwester Hee-Young zur Welt kam. Die Eltern gaben ihm den Namen Chong-Hwan. Wegen der Kinder und der Verpflichtungen gegenüber den Schwiegereltern konnte Mutter ihren Ehemann auf seinen beruflichen Stationen nicht immer begleiten, so dass die Familie oft getrennt leben musste. Vier Jahre nach Chong-Hwan kam meine Schwester In-Young zur Welt. Während die zwei älteren Geschwister bei den Grosseltern blieben, lebte Mutter mit ihrem jüngsten Kind bei Vater in Incheon, einer etwa 35 km von Seoul entfernt liegenden Stadt. Dort kam ich im Jahre 1939 zur Welt.

Kindheit in schwerer Zeit
War ich ein erwünschtes Kind? Solche Fragen wagten Kinder ihren Eltern damals nicht zu stellen. Ich wusste aber, dass sie sich noch einen zweiten Sohn gewünscht hatten, da es bei den herrschenden Lebensbedingungen ein Risiko für den Familienerhalt darstellte, nur einen Sohn zu haben.

Mutter, Grossmutter väterlicherseits, Hee-Young und Chong-Hwan 1935

Was würde aus der Familie werden, wenn der älteste Sohn plötzlich sterben sollte? Obwohl Grossvater und Vater moderne Ausbildungen genossen hatten und sich in vieler Hinsicht sehr progressiv zeigten, waren sie enttäuscht, als statt des erhofften Sohns ein drittes Mädchen zur Welt kam. Sie gaben mir deshalb den Spitznamen Gy-Tschung, was soviel wie die Wertvolle bedeutet.

Doch nicht nur deshalb stand meine Ankunft unter keinem guten Stern. Meine Eltern litten wie fast alle unter der japanischen Kolonialpolitik, und der ausbrechende Zweite Weltkrieg brachte zusätzliches Leid mit sich. Wir waren Gefangene im eigenen Land, und als solche wurden wir behandelt, einzig dem Zweck dienend, die japanische Kriegs- und Eroberungsmaschinerie am Laufen zu halten. Fast die Hälfte der Erwachsenen wurde gewaltsam aus ihren Dörfern geholt und umgesiedelt. In den Fabriken, im Strassen- und Eisenbahnbau herrschte Zwangsarbeit, und zehn Prozent der Bevölkerung wurde von den Besatzern nach Japan und Ostasien verschleppt, darunter auch ungezählte Koreanerinnen, die als sogenannte Comfortwomen zur Prostitution für die japanischen Truppen gezwungen wurden. Davon erfuhren wir allerdings erst Jahrzehnte später, denn nach dem Krieg, als einige dieser Gepeinigten nach Korea zurückkehren konnten, mussten sie ihren Schmerz alleine tragen; über das Erlebte zu sprechen, war absolut undenkbar, sie wären für immer ausgestossen worden.

Die Unterdrückung durch die Besatzer hatte sich im Laufe der Jahrzehnte so verschärft, dass sich im Land kaum mehr Widerstand regte. Die zahllosen Widerstandskämpfer waren entweder von den Japanern getötet worden, oder sie waren untergetaucht und ins Ausland geflohen. Unser Land glich einem grossen Gefängnis und wurde für viele zum Friedhof. Hinzu kam der Hunger. Die Lebensmittel wurden zu Gunsten der Besatzungsarmee immer weiter rationiert. Die Folge waren chronische Unterernährung, vor der auch wir nicht geschützt waren. Dennoch ging es unserer Familie noch immer besser als vielen anderen.

Belastend waren diese Jahre vor allem für meine Mutter. Trotz der grossen Entfernung zwischen dem Arbeitsort unseres Vaters in Incheon und dem Haus der Schwiegereltern in Seoul musste sie als erste Schwiegertochter ständig den Grosseltern zu Diensten sein. Sie musste deren Haushalt organisieren, obwohl die Grosseltern viele Bedienstete im Haus hatten. Grossmutter, die eine sehr strenge Person war, verlangte viel von unserer Mutter und hatte kein Verständnis für deren eigenes Familienleben, und das, obwohl sie doch selbst einmal eine Schwiegertochter gewesen war und die Härte dieses Daseins genau kannte. So blieb Mutter kaum Zeit, sich um uns zu kümmern. Von Incheon aus fuhr sie fast jeden Tag mit dem Zug zu den Grosseltern nach Seoul, erledigte dort alle Arbeiten und kam abends sehr spät wieder zurück. In dieser Zeit waren meine Schwester und ich immer allein zu Hause, obwohl wir noch ganz klein waren. Bevor unsere Mutter fortging, kochte sie für uns Reis und stellte ihn an einen warmen Platz, damit wir während ihrer Abwesenheit etwas essen konnten. Als Trost legte sie Münzen auf die Reisschüssel, mit denen In-Young für uns Süssigkeiten kaufen konnte.

So war das kurze Leben meiner Mutter bestimmt von Verzicht, Gehorsam und Aufopferung für die Schwiegereltern und ihren Ehemann. In den vierzehn Jahren ihrer Ehe hat sie fast nie ihre eigenen Eltern besuchen dürfen und sich nicht ausreichend um ihre eigenen Kinder kümmern können. Klaglos nahm sie dieses Leben als ihr bestimmt an. 1941 schliesslich schien sich eine Besserung ihrer Situation anzukündigen, denn Vater sollte eine feste Stelle in Seoul beim Central Industrial Testing and Research Institute bekommen. Die Eroberungspolitik der Japaner hatte zur Folge, dass zahlreiche Verwaltungsangehörige aus Korea abgezogen und in andere besetzte Länder versetzt wurden, so dass erstmals verantwortliche Positionen mit Koreanern besetzt werden konnten. Alle, besonders Mutter, freuten sich sehr darüber, dass die Familie nun endlich zusammen leben würde. Die Grosseltern kauften mitten in Seoul ein Haus für uns. Als wir umzogen, erwartete meine Mutter ihr fünftes Kind, noch fehlte ja ein zweiter Sohn in unserer Familie. Trotz ihres Zustands lastete alle Arbeit auf ihren Schultern. Da wurde Mutter plötzlich krank, sie zog sich eine Brustfellentzündung zu, gefolgt von einer Fehlgeburt. Ohne die Umzugssachen ausgepackt zu haben, starb sie im Alter von 32 Jahren. Sie liess vier Kinder im Alter von 13, 10, 6 und 2 Jahren zurück.

Mit dem Tod meiner Mutter fing das Unglück für uns an. Der Haushalt wurde aufgelöst, und meine Schwester In-Young und ich mussten zu den Grosseltern ziehen, denn Vater hatte weder Zeit, noch war er in der Lage, sich um uns zu kümmern. Nach konfuzianischer Sitte waren die Männer ausschliesslich für die «Aussenangelegenheiten» zuständig, und um diese kümmerte er sich hervorragend. Vater arbeitete an seinem Institut fast dreissig Jahre bis zur Pensionierung, zunächst als Abteilungsleiter und schliesslich als Direktor. Dieses Institut war bis Mitte der sechziger Jahre das einzige staatliche Forschungs- und Prüfungsinstitut. Es war entscheidend an der Grundsteinlegung für die koreanische Industrialisierung beteiligt. Vaters Spezialgebiet war die Papier- und Zellstoff-Technologie, aber wegen des Mangels an Fachpersonal entwickelte er sich zu einem Experten auf dem ganzen Gebiet der angewandten Chemie. Für seine Leistungen wurde er als erster Koreaner mit dem Nationalpreis für Wissenschaft und Technologie, aber auch mit anderen wichtigen technischen Preisen und mit Ehrendoktor-Würden ausgezeichnet. Nach der Pensionierung arbeitete er noch einige Jahre als Direktor der Chungang Technischen Hochschule und schliesslich, bis kurz vor seinem Tod, im Patentamt.

Neben seinen unbestreitbaren fachlichen Qualitäten fiel Vater auch dadurch aus dem Rahmen, dass er unbestechlich war, selbst in der chaotischen Nachkriegszeit, als seine Familie das Geld mehr denn je hätte brauchen können und die Korruption rund um ihn ungestraft blühte. Seine Freunde fragten ihn oft, wieso er sein wertvolles Know-how ohne Entgelt zur Verfügung stelle. Seine Antwort war immer die gleiche: «Die armen Techniker! Ohne fachliches Wissen, ohne finanzielle Mittel und Zeit! Wohin sollen sie sich wenden? In diesem Land sind wir ja die Einzigen, die diesen Leute helfen können!»

Nur seinen Kindern vermochte er nicht zu helfen. Das war bereits zu Lebzeiten meiner Mutter so, doch wirklich schlimme Folgen hatte dies für uns nach ihrem Tod. In-Young und ich mussten bis nach dem Krieg im Haus der Grosseltern leben, wobei Grossmutter sich kaum um uns kümmerte. Versorgt wurden wir von den Bediensteten, weil sie unsere Mutter sehr gern gehabt hatten und nun Mitleid mit uns empfanden.

Als kurze Zeit nach Mutter auch noch der Grossvater starb, sah sich Vater plötzlich vor unlösbar scheinende familiäre Anforderungen gestellt. Er war der Älteste, nun das Familienoberhaupt, und dazu bestimmt, die Geschicke der ganzen Familie zu lenken. Dazu war er absolut nicht in der Lage. Ich weiss nicht, wie er diese Jahre ohne die grosse materielle und moralische Unterstützung seines zweitältesten Bruders Bum-Chang bewältigt hätte. Dieser war im Gegensatz zu Vater zupackend und kümmerte sich um die Angelegenheiten der ganzen Familie. Der Onkel war optimistisch eingestellt und hilfsbereit. Er hatte auch, im Gegensatz zu Grossvater, keine Bedenken, mit den Besatzern Geschäfte zu machen. So konnte er während der japanischen Okkupation mit dem Im- und Export von Stoffen aus bzw. nach Japan gut verdienen. Nur diesem Umstand verdankte es die Familie, dass sie bis in den Zweiten Weltkrieg hinein ohne schwere finanzielle Sorgen leben konnte – ein Privileg, das für den Onkel bald zum Nachteil wurde. Mit der sich abzeichnenden Niederlage der Japaner liefen seine Handelsgeschäfte nämlich immer schlechter und kamen nach dem Krieg ganz zum Erliegen. Korea hatte nach den schrecklichen Jahrzehnten der Unterdrückung alle Beziehungen zum verhassten Okkupanten abgebrochen. Unsere grosse Familie geriet in finanzielle Not, und der Onkel wusste nicht mehr weiter. Bisher hatte er sie alleine versorgt und nun war niemand da, der diese Aufgabe übernehmen konnte. Er wurde depressiv und fing an zu trinken.

Doch das hinderte uns nicht daran, das Ende des Kriegs zu bejubeln, vor allem das damit verbundene Ende der japanischen Besatzung. Ich erinnere mich noch besonders gut an den 15. August 1945, ein Tag, an dem wohl alle Koreanerinnen und Koreaner am Radio sassen und die zittrige Stimme des japanischen Kaisers hörten, der das Dokument über Japans bedingungslose Kapitulation verlas. Die Freude darüber war unbeschreiblich. Alle rannten mit selbstgemalten koreanischen Flaggen auf die Strasse, schrieen, tanzten und weinten. Viele hatten weisse Kleider angezogen. Die Symbolik kannte ich nicht, ich spürte aber, dass etwas Freudiges damit zum Ausdruck gebracht werden sollte: das langersehnte Ende der ein halbes Jahrhundert währenden Leidenszeit unter japanischer Besatzung. Dass die USA eine Woche vorher Atombomben auf Hiroshima und Nagasaki abgeworfen hatten und damit die Kapitulation unausweichlich geworden war, erfuhr ich erst später, auch, dass dabei nochmals zehntausend koreanische Zwangsarbeiter ihr Leben lassen mussten. Die wenigen koreanischen Überlebenden dieser nuklearen Zerstörung wurden sowohl von Japan wie von Korea schändlich im Stich gelassen. Über diese Ereignisse wurde der Mantel des Schweigens gehängt, und die Opfer mussten allein mit den schrecklichen Erlebnissen fertig werden.

Die Freude über die wieder gewonnene Unabhängigkeit Koreas war aber nur von sehr kurzer Dauer. Denn das Land geriet in noch schlimmeres Elend und Chaos. Vater und unsere Verwandten, die im Haus wohnten, sassen ständig am Radio und stöhnten ob der neuesten Entwicklungen. Mit meinen sechs Jahren hatte ich keine Ahnung, dass bereits wenige Tage nach der japanischen Kapitulation Pyöngyang von sowjetischen und ein paar Wochen später Seoul von amerikanischen Truppen besetzt worden war. Die beiden Grossmächte hatten sich am verhängnisvollen 38. Breitengrad auf eine militärische Trennlinie geeinigt, deren nördlich angrenzender Landesteil von der Sowjetunion und der südliche von den USA verwaltet werden sollte. Kaum hatte Korea seine Unabhängigkeit zurückgewonnen, wurde es schon wieder von fremden Mächten verwaltet. Eine chaotische Zeit brach an, viele Flüchtlinge kamen aus dem Norden nach Seoul, viele flüchteten auch in die umgekehrte Richtung, je nach ihrer politischen Anschauung. Kommunistische wie nationalistische Ideen fanden in dieser Zeit im ganzen Land Verbreitung. Und da die Grenzen zu Anfang noch nicht so streng bewacht waren, konnten wir bei Nachbarn oder auf dem Markt plötzlich unbekannte, nordkoreanische Dialekte vernehmen.

Nachdem die Japaner das Land verlassen hatten, wurde ziemlich schnell das Institut, in dem Vater bereits seit drei Jahren arbeitete, von Koreanern übernommen. Vater erhielt die Position eines Abteilungsleiters. Damit verbunden war das Anrecht auf ein schönes, grosses Diensthaus, das von den Japanern erbaut und bewohnt worden war. Wir zogen 1946 in dieses Haus ein, in der Hoffnung, dass nun ein besseres Familienleben auf uns warten und wir nach Jahren der Einsamkeit und des Durcheinanders doch wieder Halt und Wärme finden würden, wonach wir Geschwister uns so sehr sehnten. Grund für diese Hoffnung war die zweite Heirat meines Vaters.

Auch diese Heirat war das Ergebnis einer Heiratsvermittlung. Nach Mutters Tod und der dreijährigen Trauerzeit, die der älteste Sohn nach dem Tod des Vaters einhalten musste, hatten Grossmutter und der Onkel sich sehr bemüht, eine Frau für Vater zu finden. Das war nicht leicht, denn ein Witwer mit vier Kindern war auf dem Heiratsmarkt nicht gefragt. Die konfuzianischen Sitten verboten es Witwen, wieder zu heiraten, auch wenn sie noch jung waren. Vater selbst hatte nach Mutters Tod kein Interesse daran, wieder zu heiraten. Er lebte nur noch für die Arbeit, dort fand er seine Erfüllung. Doch als die Suche schliesslich Erfolg hatte, musste er sich den Heiratsplänen seiner Mutter fügen.

Wie unsere Stiefmutter aufgewachsen ist, weiss ich nicht genau. Ihr Name war Park Byng-Wan, sie stammte aus einer armen Familie. Ihr Vater war früh gestorben, ihre Mutter hatte sich alleine mit sechs Kindern durchgeschlagen. Sie war das erstgeborene Kind und zum Zeitpunkt der Heirat bereits 25 Jahre alt, was für damalige Verhältnisse ungewöhnlich war. Die Gründe dafür lagen im schlechten Status der Familie. Auch war ihre Familie zu arm, um die notwendige Aussteuer aufzubringen. Dazu kam, dass diese Tochter weder hübsch war – sie war klein und unansehnlich – noch über einen liebevollen und anpassungswilligen Charakter verfügte. Sie hatte keine Schulbildung erhalten und galt damit als «zweite Wahl» auf dem Heiratsmarkt. So eine Frau sollte unser Vater also heiraten. Damit es zur Heirat kommen konnte, mussten Grossmutter und Onkel der Mutter der künftigen Braut erst ein lukratives Angebot machen, um den Status der Brautfamilie zu verbessern. Mein Onkel erklärte sich bereit, für diese Familie eine Pension mitten in Seoul in Bahnhofsnähe zu kaufen, und als Gegenleistung sollte die Tochter die Frau meines Vaters und die Stiefmutter von vier Kindern werden. Sie willigte ein, und 1946 heirateten sie.

Diese Ehe war von Anfang an für beide eine Qual. Vater und seine ganze Familie hatten das Bild meiner Mutter vor Augen, die ohne Murren alles mit Hingabe getan hatte, was von ihr erwartet worden war. Gleiches erwarteten sie von der neuen Schwiegertochter, die jedoch keine Ahnung hatte, welches die Anforderungen einer vornehmen Familie waren. Sie war überfordert. Ihre Unzufriedenheit wurde von Tag zu Tag grösser, und sie warf ihrer Mutter vor, sie für Familieninteressen geopfert zu haben. Oft verbrachte sie ganze Tage bei ihrer Mutter und liess uns alleine. Dann war es kalt im Haus, weil sie nicht eingeheizt hatte, und zu essen gab es für uns auch nichts. Spät abends, kurz bevor Vater von der Arbeit zurückkam, kehrte auch sie heim mit Essen nur für ihn. Ihre Mutter schämte sich für das Unvermögen der Tochter. Deshalb versuchte sie zu tun, was sie für uns tun konnte. Trotz der vielen Arbeit in ihrem Pensionsbetrieb holte sie meine Schwester und mich zu sich und versorgte uns. Sie war eine sehr geduldige und umsichtige Frau.

Wir lebten, mit Unterbrüchen, bis 1962 in diesem Haus. Ich verbrachte darin einen grossen Teil meiner Kindheit und Jugend, und wir liebten dieses Haus sehr. Als wir es wegen Vaters Scheidung verlassen mussten, weinten wir alle sehr. Es war ein Haus mitten in Seoul, umgeben von einer grosszügigen Parkanlage, die zur Universität und zu den Instituten gehörte. Hier standen viele prächtige alte Bäume und Beerensträucher. Am schönsten waren die Ginkgobäume. Diese ältesten Bäume der Welt, die neben Korea nur in

China und Japan überlebt hatten, hiessen bei uns Unhaeng-
namu und galten als Symbol der Lebenskraft, der Hoffnung
und des Überlebenswillens. Wir liebten ihre Blätter, die sich
im Herbst in ein leuchtendes Gelb verwandelten und mit
denen wir spielten und bastelten. Auch die Früchte der
Ginkgos schmeckten herrlich. Obwohl wir sie mit blossen
Händen nicht anfassen durften, weil dies allergische Reaktionen auslösen konnte, sammelten wir sie, vergruben sie
dann in der Erde und liessen sie so lange dort, bis das Frucht-
fleisch verfault war und nur noch die köstlichen Nusskerne
übrig blieben.

Das Haus verfügte über sechs Zimmer und einen weitläu-
figen Garten mit vielen Obstbäumen und Blumenbeeten.
Mit Begeisterung pflanzten wir dort Blumen und Gemüse
an, ohne zu ahnen, dass gerade dieser Garten uns einmal
helfen sollte, den Krieg zu überleben.

Unsere Nachbarn waren alles wohlhabende und gelehrte
Leute. Die Familienväter waren entweder Professoren an der
Universität von Seoul oder sie hatten eine führende Position an einem der zahlreichen Institute inne, so wie Vater. Die
Ehefrauen stammten meist aus vornehmen Familien, mir
aber sind sie vor allem als sehr hochnäsig in Erinnerung geblieben. Die Kinder dieser Familien spielten kaum miteinander, weil die Eltern ihnen «nützliche Aktivitäten» verord-
neten. Sie liessen ihre Kinder nicht unbeaufsichtigt auf-
wachsen, wie das bei uns der Fall war. Es war von vornherein
klar, dass Stiefmutter nicht in dieses Milieu passte. Sie selber
spürte das auch und hatte Minderwertigkeitskomplexe diesen Frauen gegenüber. Sie pflegte andere Kontakte, die in
solchen Kreisen verachtet und deshalb möglichst geheim ge-

halten wurden. Dazu gehörten auch die Schamanen, die regelmässig zu uns kamen.

Einige Male im Jahr sollten sie mit Hilfe von Tanzzeremonien die bösen Geister aus unserem Haus vertreiben. Es handelte sich dabei um Frauen, um sogenannte Mudangs, die Stiefmutter ihre Hilfe anboten. Zunächst befragte die Schamanin meine Stiefmutter, welche Nöte sie plagten. Anschliessend berechnete sie das erforderliche Ausmass der Zeremonie und den damit verbundenen Kostenaufwand. Dies alles geschah im Geheimen. Vater hatte keine Ahnung, was sich in seinem Haus abspielte, und selbst wenn er es gewusst hätte, diese Rituale hätte er kaum verhindern können, denn Stiefmutter liess sich in häuslichen Angelegenheiten nichts von ihm sagen.

Solche schamanistischen Kulte waren vor allem in armen Stadtteilen verbreitet. Die Menschen dort führten ein schwieriges Dasein in Armut und Ungewissheit, sie fühlten sich verlassen und fanden keinen Halt im Konfuzianismus. Und so suchten sie Rat bei Wahrsagern oder Schamanen, die im koreanischen Kastenwesen zur untersten Schicht gehörten, die aber dennoch für viele Menschen bei Alltagsnöten unentbehrlich waren.

Als häufige Ursache für die Probleme in einem Haus erachteten die Schamanen die nicht zur Ruhe kommenden Toten der Familie. Das hängt mit dem Ahnenkult zusammen, der in Korea etwas sehr Zentrales ist. Die Verehrung der toten Vorfahren soll das jetzige Leben beeinflussen und Glück bringen. Deshalb werden bis heute am Hansik, dem Tag der Grabpflege Mitte Mai, und am Todestag der verstorbenen Person aufwändige Zeremonien veranstaltet. Das herbstliche Vollmondfest Chu-Suk, eine Art Erntedankfest, ist noch heute das höchste nationale Fest Koreas. Es dauert drei Tage und wird von allen Familien, egal wo sie wohnen und wie weit sie zu ihren Grabstätten fahren müssen, gefeiert. Die Familienangehörigen treffen sich an den Gräbern ihrer Vorfahren und opfern Speisen und Getränke. Auch ich habe schöne Erinnerungen an solche Feierlichkeiten auf unserem Grabhügel in Seoul. Jedes Jahr, zu Hansik und an Chu-Suk unternahmen wir einen grossen Familienausflug dorthin. Grossvater schritt als Familienältester von Grab zu Grab und begrüsste die Vorfahren. Anschliessend gab er dem Grabpfleger Anweisungen. Dieser lebte das ganze Jahr über dort, da zu diesem Grabhügel auch ein Stück Land gehörte, auf dem er Gemüse anpflanzen und sich davon ernähren konnte. Es gab jeweils ein opulentes Mahl, das die Frau des Grabpflegers während mehrerer Tage zubereitet hatte und das wir in einer Umgebung von wunderschönen Reisfeldern, Wäldern und Azaleen zu uns nahmen. Zum Abschied schenkte uns der Grabpfleger immer viel von diesem Gemüse.

Wenn nun aber eine dieser toten Familienangehörigen ihre Ruhe nicht gefunden hatte, wenn sie nicht auf harmonische Art ins Jenseits gelangt war und deshalb noch immer das Haus der Lebenden heimsuchte, dann, so behauptete die Schamanin, bringe diese immer wieder Unglück. Im Fall der Stiefmutter hiess es, dass der Geist unserer früh verstorbenen Mutter die Ehe der Stiefmutter mit Vater noch immer stören würde. Um diese Ehe zu verbessern, musste der Toten geholfen werden, in ein friedliches Jenseits zu gelangen. Erst dann könnten alle endlich wieder Ruhe finden. Um das zu bewirken, bedurfte es bestimmter Zeremonien, und je aufwändiger diese waren, desto mehr Wirkung sollten sie entfalten. Zum vereinbarten Zeitpunkt kam die Mudang mit allerlei Sachen wie süssen Keksen, Kuchen, Tüchern, Papierschmuck, Blumen, Kleidern, Hüten und mit verschiedenem Werkzeug wie bunt dekorierten Messern, aber auch Schlaginstrumenten und Pfeifen. Solche Zeremonien dauerten einige Stunden, sie konnten aber auch ein paar Tage in Anspruch nehmen, je nach dem Aufwand, der getrieben werden musste. Währenddessen verwandelte sich die Mudang in den Geist. Sie versetzte sich in Trance und Ekstase und erzählte aus dem Leben der Toten. Anschliessend schickte sie die angesprochenen Geister ins Jenseits und verwandelte sich wieder in einen Menschen.

Meine älteren Geschwister schämten sich wegen dieser Praktiken in unserem Haus. Der höllische Lärm, den die Instrumente verursachten, war auch in der Nachbarschaft zu hören. Solche Gefühle der Scham waren mir noch fremd. Für mich bedeutete das Erscheinen der Schamanin ein Fest, und ich war sehr neugierig, was sie wieder erzählen würde, und war gespannt auf die Zeremonien. Und ausserdem gab es wenigstens an diesen Tagen reichlich zu essen. Für einmal schien der Stiefmutter nichts zu teuer zu sein, wenn es nur der Geistheilung dienlich war.

1947, als ich 8 Jahre alt war, wurde ich eingeschult. Die Schulen waren nun frei von japanischem Einfluss, und die Unterrichtssprache war wieder Koreanisch. Die amerikanische Militärregierung jedoch hatte ihr Schulsystem auf Südkorea übertragen, weshalb es nun eine Grundschule gab, die sechs Jahre dauerte und deren Besuch obligatorisch war, gefolgt von einer dreijährigen Middle School und einer dreijährigen High School. Mein Vater bekam als staatlicher Beamter nur einen kleinen Lohn. Und da er nicht bestechlich war, fehlten auch die «Zulagen» als Dank für Gefälligkeiten. Weil die Stiefmutter das wenige Geld nicht zusammenhalten konnte und auch kein Interesse am Haushalt hatte, mussten wir Kinder sehr grosse Entbehrungen ertragen. Damals waren die Winter noch um einiges kälter, und es gab viel mehr Schnee. Er reichte mir oft bis über den Kopf. An den Füssen trug ich lediglich ein Paar Gummischuhe oder später auch dünne Turnschuhe, die nicht wärmten. Die Strümpfe aus Baumwolle waren immer schnell löchrig, und wenn wir mit dem Stopfen nicht nachkamen, war es in den Schuhen umso kälter. Obwohl es in Korea Brauch war, dass jedes Mädchen zum 1. Januar eine neue Tracht bekam, einen sogenannten Han-Bok, musste ich diejenigen der älteren Schwester austragen, weil die Stiefmutter wieder kein Geld für neue Stoffe übrig hatte.

Wegen dieser Armut und der Vernachlässigung gab es viele Erlebnisse in der Grundschulzeit, die für mich schrecklich waren, obwohl ich gerne lernte. Es begann schon mit dem ersten Schultag. Ich musste mit einer alten Schultasche meiner Geschwister in die Schule gehen. Als die Lehrerin meine Sachen kontrollierte, schämte ich mich, weil alle sehen konnten, in welchem Zustand meine Schulsachen waren. Die andern Kinder in der Klasse hatten neue Etuis, frisch gespitzte Bleistifte, neue Hefte, nur ich nicht.

Ein anderes Erlebnis betraf den Schulchor. Da ich gerne sang, hatte ich mich beim Schulchor beworben und war aufgenommen worden. Einmal im Jahr gab es eine Vorführung vor den Eltern. Wir hatten fleissig für den Tag geprobt, und ich freute mich sehr auf den Auftritt. Doch als der grosse Tag da war, durfte ich nicht mitsingen. Der Grund war nicht mangelndes Können, sondern die fehlende Choruniform, die Stiefmutter mir nicht gekauft hatte.

Oft gab es in der Schule Elternversammlungen, die den Zweck hatten, Geld zu sammeln, weil damals der Staat arm und die Schule deshalb auf Spenden der Eltern angewiesen war. Meine Eltern gingen nie hin. War die Anwesenheit der Eltern unvermeidlich, kam mein älterer Bruder, damals selbst noch Schüler, an Stelle der Eltern, obschon ihm das es sehr peinlich war.

Mein unbestechlicher Vater hätte, selbst wenn er mal in die Schule gekommen wäre, die Lehrer seiner Kinder nie bestochen, wie das die anderen Eltern selbstverständlich taten. Die Folge dieser Zuwendungen war eine bessere Behandlung durch die Lehrer, weniger Strafen und Schläge. Ich wurde deshalb nie bevorzugt, einzig meine Leistungen konnten mich vor den unerbittlichen Strafen bewahren.

Unsere Armut zeigte sich auch bei den Spielsachen. Wir hatten aus kaputten Dachziegeln kleine runde Kugeln geformt und sie glatt poliert. Diese Kugeln, genannt Gonggi, waren unser einziges Spielzeug, sowohl in der Schule als auch zu Hause. Wir hatten sie immer dabei und spielten jede freie Minute dieses Geschicklichkeitsspiel miteinander.

Die beschämenden materiellen Unterschiede traten nur einmal in den Hintergrund. Das war, als wir Kinder Läuse hatten. Die amerikanischen Soldaten brachten tonnenweise das Insektizid DDT in die Schule und spritzten uns einmal in der Woche damit ab. Nach dem Abspritzen waren wir alle so weiss, als ob wir in einen Mehlsack gefallen wären. Wir hatten nicht die geringste Ahnung, dass dies giftig sein könnte. Wir waren einfach nur froh, dass es nicht mehr juckte.

Einen besonderen Höhepunkt im Schulalltag bildete das im Sommer stattfindende Freiluftkino auf dem Sportplatz. Es wurden koreanische Stummfilme gezeigt, die ein Mann, der neben der Leinwand stand, kommentierte. Schon Tage vorher waren wir aufgeregt, und wenn es dann so weit war, empfanden wir es als grosses Ereignis, das unserem tristen Alltag ungewohnten Glanz verlieh.

Meine Freundin in der Grundschule hiess Un-Sil und war genauso arm wie ich. Wir haben viel zusammen ge-spielt, und ihre Eltern waren immer nett zu mir. Diese Familie war mit drei Kindern aus Nordkorea geflüchtet, und sie hatten nichts ausser einer Singer-Nähmaschine, welche der Familie das Überleben sicherte. Mit dieser Maschine konnten die Eltern Kleider ändern, Löcher stopfen oder kleine Näharbeiten erledigen. Alle zusammen wohnten und arbeiteten in einem einzigen Zimmer. Oft erledigte ich mit Un-Sil in diesem Zimmer auch noch die Schulaufgaben. Danach halfen wir den Eltern bei der Näharbeit, wir trennten alte Nähte auf oder zupften die Garnreste aus dem Stoff. Ich durfte dann mit der Familie zu Abend essen, obwohl sie selbst nicht genug hatten. Es gab nur eine Schüssel Reis mit viel Gerste, weil Gerste viel billiger war als Reis. Als Beilage gab es einen salzigen scharfen Salat, den Un-Sils Mutter aus den Resten zubereitete, welche die Chinakohlhändler liegen gelassen hatten. Die ganze Familie sass zusammen um den Esstisch, der gleichzeitig Nähtisch war, und der Vater betete für dieses Essen. Immer wieder zog es mich zu dieser Familie, weil ich dort Wärme und Geborgenheit fand. Auf dem Heimweg dachte ich dann an die Stiefmutter, die mich ausschimpfen würde, weil ich nicht direkt von der Schule heim gekommen war und die beiden kleinen Halbgeschwister gehütet hatte.

Wir vier Geschwister – Hee-Young, Chong-Hwan, In-Young und ich – lebten zusammen in einem Zimmer, in dem wir lernten und Schulaufgaben machten, aber auch schlafen und spielen mussten. Die grosse Schwester war damals schon Studentin. Sie lernte viel für ihr Medizinstudium und hatte daher kaum Zeit für uns. Oft lernte sie bis in die Nacht hinein. Wenn ich morgens aufwachte, konnte es passieren, dass auf dem Tisch noch ein Totenkopf lag, den sie für die Vorbereitung auf die Anatomieprüfung benutzt hatte. Trotz ihres vollen Stundenplans strickte sie uns ab und zu noch einen Pullover. Die Wolle nahm sie von alten Pullovern, die sie zuerst aufzog und mit Dampf glättete. Oft ass und schlief Hee-Young aber auch bei unserer Tante, der Schwester des Vaters. Ihr erzählte sie, wie ihre kleinen Schwestern unter der Stiefmutter zu leiden hatten. Wenn sie dann wieder zu uns kam, gab die Tante ihr immer leckere Speisen mit. Schliefen wir bei ihrer Ankunft bereits, weckte sie uns, und wir assen heimlich unter der Decke, was sie mitgebracht hatte. Wir litten damals unter schwerem Ernährungsmangel und waren deshalb häufig krank und sehr dünn. In-Young wurde von ihren Freundinnen die Vogelscheuche genannt. Im Winter kam die grosse Kälte in unserem Zimmer hinzu, die dazu führte, dass sich auf der Oberfläche des Deckbetts eine Eisschicht bildete, so dass es morgens, wenn wir aufstanden, hart wie Holz war. Die Unterseite der Decke war durch unsere eigene Körperwärme etwas erträglicher.

Der wichtigste Mensch in meiner Familie aber war in diesen Jahren mein Bruder Chong-Hwan, für In-Young und mich war er wie ein Vater. Er kümmerte sich um uns und verteidigte uns, wenn die Stiefmutter ungerecht war. Er ezcihnete sich auch durch technisches Geschick aus, nahm Radios und Uhren auseinander und setzte sie wieder zusammen. Er konnte alle elektrischen Apparate reparieren. Einmal bastelte er sogar eine Brotbackmaschine, mit der wir dann heimlich Brot backen konnten. Wenn er wieder Mehl zum Backen von Brot entwendet hatte, gab es zwischen ihm und der Stiefmutter oft heftigen Streit. Er war der älteste Sohn in der Familie und damit das zukünftige Familienoberhaupt. Er lehnte die Stiefmutter ab und liess sie das deutlich spüren. Er verteidigte seine kleinen Geschwister und verweigerte ihr den Gehorsam. Vater hingegen wollte nicht in die Konflikte zwischen der Stiefmutter und uns hineingezogen werden. So erlebten wir ihn als einen Mann, der uns ignorierte und nur für sein Institut da war. Aber vor anderen war ich trotzdem stolz auf ihn, weil ich realisierte, dass er beruflich ein mächtiger Mann war. Das zeigte sich, wenn ich mit Nachbarskindern auf dem Gelände seines Instituts spielte, das direkt vor unserem Haus lag. Immer wenn der Aufseher kam, mit uns schimpfte und uns fortjagen wollte, sagte ich ihm, dass ich die Tochter von Herrn Lee sei. Von einer Sekunde auf die andere wurde der Aufseher dann ganz freundlich und behandelte uns zuvorkommend.

Ich weiss nicht, wie wir diese Kindheitsjahre mit der Stiefmutter ausgehalten hätten, wären da nicht noch die Eltern unserer verstorbenen Mutter gewesen. Die einzigen wirklichen Lichtblicke im Jahr waren die Sommer- und die

Winterferien, die wir bei ihnen verbringen durften. Chong-Hwan brachte uns jeweils dorthin. Obwohl das Dorf nur 40 km von Seoul entfernt lag, bedeutete die Reise einen anstrengenden Tagesmarsch. Wir mussten zu Fuss gehen, nur ab und zu gab es einen freundlichen Pferdekutscher, der uns mitnahm. Wir hatten die Schulsachen dabei, denn es gab immer viele Hausaufgaben zu erledigen. Aber am Anfang der Ferien verschwanden diese Schulsachen irgendwo in der Ecke eines Zimmers.

Da die Sommerferien in die Zeit des Monsunregens fielen, kamen wir oft patschnass bei den Grosseltern an. Zuerst durften wir warm baden und danach uns in ein Badetuch einwickeln, ins Zimmer sitzen und warmen Kartoffelkuchen essen. Grossmutter wusste, dass wir jeweils ganz ausgehungert waren, wenn wir bei ihr ankamen. Sie kochte grossartig für uns, so dass wir die ersten paar Tage meistens an Bauchschmerzen vom vielen Essen litten.

Bei den Grosseltern war alles wunderschön und reichlich, weite grüne Reis-, Baumwoll-, Tomaten-, Süss- und Wassermelonenfelder, Gemüsegärten umgeben von Maispflanzen. Tagelang spielten wir mit den Nachbarskindern, fingen Libellen oder Grashüpfer, wir gingen schwimmen und fingen Fische im Bach. Abends sassen wir dann mit Grossmutter zusammen auf der Grasmatte, die sie auf dem grossen Platz vor dem Haus ausgebreitet hatte, und assen gekochten Mais und verschiedene Melonen. Nach dem Essen legten wir uns auf die Matte und schauten zu den Sternen hinauf. Grossmutter erzählte uns Märchen und streichelte meinen Rücken. Ihre Hände waren sehr rau vom vielen Arbeiten, doch gerade das tat gut und liess mich ruhig einschlafen.

Das Verhältnis zu Grossvater war ganz anders. Sein Reich war das Behandlungszimmer, in dem ein Duft aus Pfeifentabak und Heilkräutern in der Luft hing. Wir durften nur dann ins Zimmer, wenn keine Patienten da waren, und die für uns so geheimnisvollen Sachen anschauen, die er hier aufbewahrte. Ansonsten spielten und lärmten wir im Innenhof, was Grossvater veranlasste, stolz seinen Patienten zu erklären, dass das seine Enkelkinder aus der Hauptstadt Seoul seien, was auf dem Dorf als etwas Besonderes galt. In Grossvaters Praxis fanden sich aber nicht nur Ratsuchende in religiösen und gesundheitlichen Fragen ein, auch die Dorfhonoratioren kamen, um alle wichtigen Belange der Gemeinde zu besprechen. Ich kann mich noch gut an Spaziergänge durch das Dorf erinnern und wie sich die Menschen vor Grossvater verbeugten. Die Achtung, die ihm zustand, schlug sich auch auf den Umgang mit uns Kindern nieder. Grossvater war die Verkörperung einer gelehrten Autorität, die keiner gewagt hätte, in Frage zu stellen. Wenn er mit uns sprach, dann stets mit einer langstieligen Pfeife in der Hand und mit einer ruhigen, festen Stimme. Er musste nicht schimpfen, denn wir verhielten uns in kindlicher Ehrfurcht vor ihm immer anständig, aber er hat mit uns auch nie gelacht oder Spässe gemacht. Umso mehr erfüllte es mich mit Stolz, dass Grossvater, der die Regeln der Ahnenverehrung wie kein anderer im Dorf beherrschte und praktizierte, mich auch vom geweihten Wasser trinken liess, obwohl ich ein Mädchen war und die Zeremonie den männlichen Familienmitgliedern vorbehalten war. Dieses Wasser sollte nicht nur die Jungen der Familie sondern auch mich von jeglicher Angst befreien und mutig machen.

Und dann näherten sich die Ferien ihrem Ende. Grossmutter nähte uns dann jeweils viele neue Kleidungsstücke, damit wir wieder etwas zum Anziehen hatten. Und wir mussten auch die Schulsachen hervorholen und doch noch Hausaufgaben erledigen. So gingen die Ferien immer viel zu schnell vorbei, und der Abschied fiel schwer, wussten wir doch nur zu genau, was uns zu Hause erwartete.

Die Kindheitsjahre, aus denen es kein einziges Foto gibt, waren nicht leicht, doch der vage Stolz auf Vater, die Liebe der älteren Geschwister und der Grosseltern waren gleichwohl Nahrung für meine Seele.

Krieg

Keine fünf Jahre waren seit dem Ende des Zweiten Weltkriegs vergangen, die Folgen noch überall spürbar, da befand sich Korea bereits wieder im Kriegszustand. Der Koreakrieg war ein Krieg zwischen Landsleuten. Doch ohne die aktive Unterstützung der Grossmächte USA, Sowjetunion und China wäre er wohl nie so verheerend verlaufen und hätte kein solch dauerhaftes Unglück über unser Land bringen können.

Dass es dazu kommen würde, hatte sich bereits nach dem Ende des Zweiten Weltkriegs abgezeichnet. Als die Japaner sich im August 1945 endgültig zurückgezogen hatten, einigten sich die Sowjetunion und die USA darauf, dass jede Grossmacht in ihrem Territorium eine dreijährige Schutzpolitik ausüben sollte. Die Grenze würde am 38. Breitengrad verlaufen. Eine solche Teilung des Gebiets gab es ja auch in Deutschland, doch Deutschland hatte den Zweiten Weltkrieg ausgelöst, während Korea von Japan, dem Bündnispartner Deutschlands, besetzt und grausam zerstört worden war. Wie in Deutschland ging es auch in Korea um die Frage des zukünftigen politischen Systems, das die Siegermächte für das Land für gut befanden. Viele unergiebige Konferenzen und Diskussionen gab es in dieser Zeit, weil sich die USA und die Sowjetunion über das weitere Vorgehen nicht einigen konnten.

Im November 1947 beschloss die UNO-Generalversammlung, demokratische Wahlen unter ihrer Aufsicht in ganz Korea durchzuführen und eine vereinigte Regierung zu bilden, was jedoch von Moskau verhindert wurde. Im Mai 1948 wurde schliesslich unter Aufsicht der UNO in Südkorea gewählt und die erste demokratische Regierung unter Syngman Rhee gebildet. Ab und zu gab es bereits Zusammenstösse am 38. Breitengrad, die Grenze war jedoch noch durchlässig. Dadurch konnte sich die Bevölkerung von Nord- und Südkorea hin- und herbewegen. Die ideologischen Gegensätze zogen sich quer durch die koreanische Gesellschaft, und auch unter unseren Verwandten gab es solche, die mit den kommunistischen Ideen sympathisierten, und andere, die damit gar nichts zu tun haben wollten.

Im Gegensatz zu Südkorea, das mit der Etablierung seiner neu gewählten Regierung und der Wiederherstellung der Ordnung beschäftigt war, rüstete Nordkorea unter dem Regime von Kim Il Sung mit Hilfe der Sowjetunion mächtig auf. Das kommunistische Nordkorea war nicht nur politisch viel stabiler, es war Südkorea auch militärisch überlegen. Bis zum 25. Juni 1950, als der Krieg ausbrach, war weder der amerikanischen noch der südkoreanischen Militärführung bekannt, was Nordkorea konkret vorhatte. Viele südkoreanische Soldaten waren sogar auf Heimaturlaub geschickt worden, um beim Reispflanzen zu helfen.

Ich erinnere mich noch genau, dass ich an diesem Sonntag frühmorgens vom Lärm des Geschützfeuers geweckt wurde. Vater und die grossen Geschwister sassen um das Radio herum und hörten aufmerksam Nachrichten: Der Krieg war ausgebrochen! Nordkorea griff uns an! Vater gab sofort Anweisungen, was zu tun war. Alle Strohmatten, vor allem die vielen Bodenmatten, mussten vor die Glastür gestellt werden. Das Getreide musste geröstet und in Beutel verpackt werden, und wir sollten alle mit einem Beutel im Bett unter der Decke bleiben. Vater bereitete für sich ein Versteck auf dem Dachboden vor. So verbrachten wir den ersten Kriegstag.

Da ich noch nicht wusste, was Krieg bedeutete, verspürte ich zunächst keine Angst, auch nicht als wenige Tage nach Kriegsbeginn die ersten Bombensplitter in unseren Garten fielen und es in den Nachrichten hiess, dass südkoreanische Soldaten die Hang-Gang-Brücke, damals die einzige Brücke von Seoul Richtung Süden, zerstört hätten. Sie bombardierten diese, obwohl sich darauf Flüchtlinge befanden, damit die Nordkoreaner nicht so schnell nach Süden marschieren konnten. Für die Bevölkerung von Seoul war es deshalb bereits zu diesem frühen Zeitpunkt unmöglich zu flüchten.

Schon nach kurzer Zeit war Seoul vollständig von nordkoreanischen Truppen besetzt. Überall sahen wir rote Fahnen und Soldaten in braunen Uniformen. Freudengeschrei wie «Hoch Kommunismus! Hoch Kim Il Sung!» wurde laut. Plötzlich gab es viele Menschen, die für Nordkorea waren und sich freuten. Auch einige unserer Verwandten erhofften sich von den Kommunisten eine positive Veränderung der Lebensbedingungen. Immer wieder standen nordkoreanische Soldaten vor unserer Tür und verlangten, dass die ganze Familie zu den Versammlungen komme und beim Aufbau der Stadt helfe. Es wurde genau registriert, wer kam und wer nicht. In den Versammlungen lernten wir zuerst die Lieder zu Ehren von Kim Il Sung und der Roten Revolution, für die auch wir zu sterben bereit sein mussten. Alle Jungen und Mädchen der High School und alle Studenten wurden aufgefordert, sich in ihren Schulen und Universitäten registrieren zu lassen. Wer Widerstand leistete, wurde abgeführt und erschossen. Dass dies keine leere Drohung war, wusste ich aus eigener Anschauung. Nicht weit von unserem Haus entfernt befand sich ein Chinakohlfeld, wo wir oft gespielt und im Herbst nach der Ernte die gut schmeckenden Kohlwurzeln gesammelt hatten. Nun wurde dort ein riesiges Massengrab ausgehoben und die Toten einfach hinein geworfen, ein paar Schaufeln Erde darüber und dann die nächste Lage. Nach dem Krieg wurden diese Toten nicht exhumiert und identifiziert. Auf dem Feld wurde wieder Kohl gepflanzt. Solche Massengräber gab es überall im Land, Menschen wurden zu Tausenden ermordet und in diesen Gruben verscharrt. Die Angehörigen, sofern sie noch lebten, erfuhren nicht, was aus den Vermissten geworden war, sie konnten sie nie würdig bestatten. Verantwortlich für diese Gräuel waren die Truppen aus dem Norden, aber auch die südkoreanischen.

Hee-Young, die damals 21 Jahre alt war und Medizin studierte, musste sich melden, genauso wie Chong-Hwan, der mit seinen 18 Jahren noch Schüler der High School war. Er sorgte sich sehr um uns und wollte In-Young und mich noch vor seiner Registrierung in Sicherheit bringen. Wir sollten zur Grossmutter aufs Dorf gehen. Weil er aber vor Schulbeginn nur noch wenig Zeit hatte, konnte er uns nicht bis zu Grossmutters Haus bringen, sondern nur bis zu der Strasse, von wo aus wir nur noch geradeaus zu gehen brauchten. Dort verabschiedeten wir uns – zum letzten Mal – von unserem Bruder, eine Szene, die sich mir eingebrannt hat. Als In-Young und ich dann nach langem Laufen endlich im Haus der Grosseltern angekommen waren, erfuhren wir von der Tante, dass Grossmutter vor kurzem gestorben war. Nun bewohnte sie allein mit ihrem Mann und ihrem Sohn das Haus. Es war schrecklich! Unsere liebe Grossmutter, zu der wir immer wieder gekommen waren, bei der wir Freude und Trost erfahren hatten, war plötzlich nicht mehr da! Wir waren verzweifelt. Es stellte sich auch schnell heraus, dass die Tante nicht so warmherzig wie Grossmutter war. Sie konnte unsere Lage nicht verstehen, und wir spürten bald, dass wir keine willkommenen Gäste waren. Ein paar Tage später kehrten wir nach Hause zurück. Seit damals haben wir das Haus der Grosseltern nie mehr besucht. Ich war elf Jahre alt, In-Young vierzehn.

In Seoul gingen wir wieder jeden Tag zur Schule. Doch was wir dort lernten, unterschied sich vom bisherigen Unterrichtsstoff. Im Mittelpunkt stand jetzt die Verehrung von Kim Il Sung. Während wir in der Schule auf den Kommunismus eingeschworen wurden, lebten Vater und der Mann seiner Schwester Guy-Bong versteckt auf unserem Dachboden. Dieser Onkel war vor dem Krieg Richter gewesen und hatte einige Kommunisten nach südkoreanischen Gesetzen verurteilt. Daher wäre er sofort erschossen worden, wenn die Kommunisten ihn gefunden hätten. Die beiden lebten wochenlang in diesem Versteck. Doch dann hielt der Onkel es nicht mehr aus und verschwand eines Nachts, um seine Familie zu besuchen. Er ist dort aber nie angekommen. Vielleicht traf er auf der Strasse jemanden, den er verurteilt hatte, vielleicht wurde er von patrouillierenden Truppen erschossen. In diesen Zeiten war alles möglich.

Nachdem Hee-Young und Chong-Hwan sich an der Universität und der Schule gemeldet hatten, kamen sie nicht mehr nach Hause zurück. Sie mussten dort Tag und Nacht arbeiten, körperlich trainieren und schlafen. Sie konnten uns nicht einmal Bescheid geben, und so wussten wir nicht, wo sie gerade waren. In-Young und ich haben sie gesucht, an der Universität, in der Schule, und überall nach ihnen gefragt. Denn Vater konnte nichts unternehmen, und die Stiefmutter kümmerte sich nur um ihre eigenen zwei kleinen Kinder. Selbst wenn sie Zeit gehabt hätte, sie wäre nicht suchen gegangen, denn sie hatte ihre Stiefkinder immer nur als Last empfunden und war wahrscheinlich froh, dass zwei von ihnen nun nicht mehr zu Hause waren.

Eines Morgens, Ende August, klingelte plötzlich das Telefon. Damals gab es nur sehr wenige Häuser mit einem Telefon, aber Vaters Position wegen hatten wir eins. Ich erinnere mich, dass die Telefonnummer 960 lautete. Am Apparat war Hee-Young, sie sprach sehr schnell und forderte uns auf, Vater an den Apparat zu holen. «Vater, ich muss nun mit der Mannschaft nach Süden gehen, wohin genau, weiss ich noch nicht, aber ich melde mich wieder, sobald ich kann.» Das waren die letzten Worte, die wir von ihr hörten.

Über Chong-Hwan konnten wir in Erfahrung bringen, dass er nach einigen Wochen harten Trainings in der Volksrepublik Korea Polizist geworden war und in der Sudae Moon Polizeiwache in Seoul Dienst tat, wo wir ihn aber nicht besuchen durften. Wir wollten ihn trotzdem sehen und gingen dorthin. Da diese Polizeistation an einer grossen Kreuzung lag, konnten wir uns auf der anderen Strassenseite aufstellen und unauffällig hinüberschauen. Und wie es der Zufall wollte: der Polizist, der vor dem Eingang der Polizeiwache mit einem schweren Gewehr im Arm patrouillierte, war Chong-Hwan. Wir winkten ihm vor Freude, wagten aber nicht, uns ihm zu nähern. Schliesslich entdeckte auch er uns. Er gab uns ein unauffälliges Zeichen mit der Hand, wieder nach Hause zu gehen. Dann ging er hinein, und kam nicht wieder heraus. Das war die letzte Begegnung mit unserem grossen Bruder. Es sollte ein halbes Jahrhundert vergehen, ehe wir erfuhren, was mit ihm passiert war.

Kurz nach Kriegsbeginn forderte der UNO-Sicherheitsrat das nordkoreanische Militär auf, sich hinter den 38. Breitengrad zurückzuziehen. Sollte es sich weigern, würden Sanktionen gegen Nordkorea ergriffen und militärische Unterstützung an Südkorea geleistet. Natürlich ging das nordkoreanische Regime nicht auf diese Forderungen ein, da seine Truppen bereits über die Hauptstadt Seoul hinaus weit in den Süden des Landes vorgerückt waren. Der UNO-Sicherheitsrat musste nun schnell entscheiden, ob Soldaten nach Südkorea geschickt werden sollten.

Und so geschah es dann auch. Die USA übernahmen die militärische Führung, und Präsident Truman setzte General Douglas MacArthur als Befehlshaber ein, der damals die militärische Leitung von ganz Südostasien innehatte. Die UNO-Militärmacht bestand aus sechzehn Nationen, zusätzlich boten fünf Nationen ihre medizinische Hilfe an. Die nordkoreanische Seite wurde von der Sowjetunion und China unterstützt. Die ganze Welt hielt den Atem an. Ein dritter Weltkrieg schien unmittelbar bevorzustehen.

Trotz des Einsatzes grosser UNO-Militärstreitkräfte, die zusammen mit den südkoreanischen Truppen 340'000 Mann umfassten, konnten die Alliierten zunächst keine Erfolge erzielen. Sie mussten weiter nach Süden über die grosse Stadt Taejon bis zum Nakdong-Fluss zurückweichen. Immer näher rückten die nordkoreanischen Truppen Richtung Pusan vor, der südlichsten Grossstadt Koreas, die provisorischer Regierungssitz war. Damals dachten die Alliierten bereits daran, sich eventuell nach Japan zurückzuziehen und von dort aus militärisch anzugreifen. Schliesslich hatten sie mit ihren Luftangriffen doch Erfolg, und die Truppen begannen nach und nach vom Süden des Landes aus die Gebiete zurückzuerobern. General MacArthur plante neue Angriffe mit Marinestreitkräften, mit welchen er von Incheon aus, der 32 km westlich von Seoul gelegenen Hafenstadt, angreifen und Seoul zurückgewinnen wollte, um damit dem Gegner eine militärische und psychologische Niederlage zuzufügen. Diese Strategie war zunächst erfolgreich. Ende September 1950 eroberten die Alliierten nach zehntägigen heftigen Kämpfen Seoul. Dieser Erfolg kostete viele Menschenleben, aber er schwächte auch den Kampfgeist der nordkoreanischen Truppen, die sich eilig zurückzogen.

Nun war Seoul wieder von den alliierten Truppen besetzt, das Leben begann sich zu normalisieren. Es gab plötzlich wieder Lebensmittel. Mehl wurde von den Gemeindeverwaltungen an die Bevölkerung verteilt. Ich erinnere mich noch gut an zwei Eintopfgerichte, die es gab: Suzebi und Gulgulischuk. Suzebi bestand aus kleinen Mehlklümpchen, die ins kochende und etwas gesalzene Wasser geworfen wurden, was entsprechend wässrig und keineswegs sättigend war. Im Gegensatz dazu Gulgulischuk, was zu Deutsch Schweinesuppe heisst, eine dicke, gelbliche Masse, die auf dem Markt in grossen Benzinfässern gekocht wurde. Diese Suppe bestand aus Abfällen aus den Militärküchen, daher lagen ab und zu auch Zigarettenstummel darin. Trotzdem war sie sehr beliebt. Es hiess, dass wer von ihr gegessen habe, drei Tage nicht mehr hungrig sei. Doch viele bekamen Durchfall davon, weil sie zu fettig und eiweissreich war und die hungrigen Mägen damit nicht fertig wurden. Die Bevölkerung von Seoul hatte in den ersten drei Kriegsmonaten schrecklich Hunger gelitten, so dass sie selbst diese Form der Abfallverwertung als lebensrettendes Geschenk empfand.

Vater konnte sein Versteck verlassen. Er ging wieder ins Institut zur Arbeit, und wir gingen wieder in die Schule. Doch die Katastrophen brachen über uns herein wie Naturgewalten. Hee-Young und Chong-Hwan sowie Vaters jüngster Bruder Bum-Moon kamen nicht mehr nach Hause, sie waren zusammen mit den nordkoreanischen Soldaten nach Norden gegangen. Vaters jüngerer Bruder, der ihn so viele Jahre unterstützt und materiell abgesichert hatte, starb krank und verzweifelt zu Beginn des Koreakriegs. Er hinterliess eine Frau und fünf Kinder, die mein Vater als Familienoberhaupt nun auch versorgen musste, obwohl er dazu nicht in der Lage war. Dann wurde auch noch Vaters jüngste

Schwester Soo-Bong verhaftet. Sie musste trotz ihrer Schwangerschaft ins Gefängnis, weil ihr Mann in den vorangegangenen drei Monaten aktiv mit den Kommunisten zusammengearbeitet hatte. In der Eile des überstürzten Rückzugs der nordkoreanischen Truppen aus Seoul war er ohne seine Frau nach Norden geflüchtet. Vater versuchte mit allen Mitteln und unter Einsatz von Beziehungen seine Schwester aus dem Gefängnis heraus zu holen. Schliesslich kam Soo-Bong kurz vor der Entbindung nach Hause, sie war sehr krank, aber wir pflegten sie gut, und zum Glück kam das Kind gesund zur Welt. Als Seoul später wieder von den nordkoreanischen Truppen besetzt wurde, kam ihr Mann und nahm sie und das Baby mit nach Norden. Wir waren alle erleichtert, vor allem Vater, weil es in der damaligen Zeit den physischen Untergang für alle Familienangehörigen bedeutete, einen Kommunisten in der Familie zu haben. Es war in den Augen unserer Regierung das schlimmste Verbrechen. Dem Prinzip der Sippenhaftung unterworfen, landeten Tausende Unschuldige im Gefängnis, wurden gefoltert und starben.

Bis zum 2. Oktober hatten die Alliierten das Gebiet südlich des 38. Breitengrads zurückerobert. Die UNO-Truppen wollten nun an dieser Grenze bleiben und sie verteidigen. Die chinesische Regierung warnte davor, dass sie angreifen würde, sollten sie diese Grenze überschreiten. Aber General MacArthur und das südkoreanische Militär liessen sich von diesen Warnungen nicht beeindrucken und stiessen weiter nach Norden vor. Sie verlangten von Nordkorea, sich zu ergeben. Jeden Tag brachte das Radio neue Siegesmeldungen der Truppen. Am 26. Oktober waren sie sogar über Pyöngyang hinaus weit nach Norden bis zur Stadt Hamhung vorgestossen, die Front der UNO-Truppen befand sich bereits bei der chinesischen Grenze am Abnok-Fluss, den vermeintlichen Sieg unmittelbar vor Augen.

Doch sie hatten ihre Rechnung ohne China gemacht. Ende Oktober machte es seine Drohung wahr und sandte eigene Truppen in den Krieg, die auf der Seite Nordkoreas kämpfen sollten. Die Jugend Chinas war mobilisiert worden, und viele mussten ohne militärische Erfahrung und adäquate Ausrüstung nach Korea in den Krieg ziehen. Sie waren überzeugt davon, dass die USA und die Vereinten Nationen als Handlanger Amerikas es nicht nur auf Korea, sondern auch auf China abgesehen hatten, weshalb sich das chinesische Volk auf koreanischem Boden verteidigen musste. Die kommunistischen Truppen starteten mit ihren Angriffen, die einer Art mittelalterlicher Kriegsmethode folgten: sie erzeugten Laute mit Hilfe von Gongs, Pfeifen und Signaltönen, um grosse Heeresmassen vorzutäuschen, und griffen nur nachts an. Sie zündeten Wälder an, um dadurch die Luftangriffe der UNO-Truppen zu behindern. Als ihnen auch noch sowjetische Luftstreitkräfte zu Hilfe kamen, gerieten die UNO-Truppen zunehmend in Schwierigkeiten, besonders weil sie nicht an die mörderische Kälte im Norden gewöhnt waren und es an entsprechender Ausrüstung fehlte. Der amerikanische Präsident Truman drohte den Sowjets und den Chinesen mit der Atombombe, er würde sie notfalls sogar ohne Erlaubnis der UNO einsetzen. Diese Drohung war so furchteinflössend, dass nicht nur die koreanische Bevölkerung aus Angst vor den unabsehbaren Folgen erstarrte. Schliesslich gelang es durch internationale Bemühungen vieler Staatsmänner, den Einsatz der Atombombe abzuwenden. Immer mehr UNO-Mitgliedsländer forderten einen Waffenstillstand.

Ende November 1950 konnten sich die UNO-Truppen im Norden nicht mehr halten, sie mussten den Rückzug antreten. Diesmal befand sich, im Unterschied zum vorangegangenen Sommer, der grösste Teil der Bevölkerung von Seoul bereits auf der Flucht nach Süden. Es war ein Exodus, befördert durch Gerüchte über das brutale Verhalten der chinesischen Truppen gegenüber Zivilpersonen, vor allem gegenüber Frauen. Für Vaters Institut war bereits in der südlichsten Stadt Koreas, in Pusan, ein Provisorium eingerichtet worden. Statt gemeinsam mit seiner Familie dorthin zu flüchten, organisierte er seine Flucht nach Pusan mit 300 Kisten voll wertvoller chemischer Bücher und Fachzeitschriften, die damals in Korea nur in seinem Institut vorhanden waren. Er wollte verhindern, dass diese wichtige Literatur als Packpapier für Lebensmittel auf den Märkten landete. Er fuhr mit dem Sonderzug nach Pusan, und wir sollten mit einem anderen Zug nachkommen. Er ging davon aus, dass wir es schon irgendwie schaffen würden. Und so liess er uns allein zurück. Es fuhren kaum mehr Züge, und wenn, dann waren sie alle so voll, dass die Leute sogar auf den Dächern der Waggons sitzen mussten, und das trotz der schrecklichen Kälte, die zu dieser Zeit herrschte. Wir jedenfalls schafften es nicht, uns dort einen Platz zu erkämpfen.

Ohne Hilfe des Vaters stand unsere elfköpfige Familie da und beschloss, irgendwohin nach Süden zu flüchten. Wir – die Stiefmutter mit ihren zwei Kindern, ihre zwei Schwestern mit zwei Kindern, ihr Bruder, ihre Mutter, In-Young und ich – packten die nötigsten Sachen in Rucksäcke und Handtaschen und machten uns zu Fuss auf den Weg. Zu der Zeit war der Han-Fluss schon so stark gefroren, dass wir ihn problemlos überqueren konnten. Die von Kühen gezogenen Fuhrwerke waren jedoch zu schwer für die Eisdecke, so dass sie im eingebrochenen Eis hängen blieben und zurückgelassen werden mussten. Mit den vielen Sachen auf dem Rükken und in den Händen und dazu noch mit Hunger und bei Kälte zu flüchten, war unglaublich hart. Und die Angst vor den chinesischen Truppen wuchs, sahen wir doch, dass die UNO-Truppen bereits mit uns zusammen nach Süden flüchteten. Die Mutter unserer Stiefmutter hatte vor allem um ihre zwei jungen Töchter Angst, die den Chinesen in die Hände fallen könnten.

So schrecklich und hoffnungslos die ganze Situation auf der Flucht zu sein schien, so unglaublich waren die Glücksfälle, die uns das Überleben in diesem Krieg ermöglichten. Millionen Koreanerinnen und Koreaner hatten dieses Glück nicht, sie verhungerten auf der Flucht, starben in den Kämpfen oder bei Massenhinrichtungen. Die Rettung für uns kam eines Tages, als wir von weitem viele Leute bei einem Gebäude durcheinanderlaufen sahen. Als wir dort ankamen, fanden wir ein Reislager, dessen Türen aufgebrochen waren. Nie zuvor hatte ich so viele aufeinanderliegende Reissäcke gesehen. Alle Flüchtlinge nahmen Reis mit, soviel sie nur tragen konnten. Die Grossmutter wies uns an, unsere Rucksäcke und Taschen auszuleeren und sie mit möglichst viel Reis zu füllen.

Auf der Flucht kamen wir auch durch ein Dorf. Schrecklich hungrig und müde gingen wir in ein Bauernhaus, in der

Hoffnung, dort über Nacht bleiben zu dürfen. Es war leer, nur in der Küche brannte ein Feuer. Reis und Suppe waren gerade gekocht worden, als die Bewohner das Haus offenbar fluchtartig verlassen mussten. Für diese Menschen war es sicher schlimm, so plötzlich fliehen zu müssen, für uns aber war das Haus wie ein Geschenk des Himmels.

Anfang Januar 1951 waren die Alliierten wieder so weit zurückgedrängt, dass Seoul erneut von nordkoreanischen Truppen besetzt wurde. Und sie stiessen weiter gegen Süden vor. Wir hatten auf einem andern Bauernhof Unterschlupf gefunden, weiter südlich. Bereits kontrollierten nordkoreanische und chinesische Soldaten mit schweren Gewehren auch dieses Gebiet. Grossmutter verwaltete den mitgenommenen Reis. Sie hatte Kissen und Matten daraus gemacht, und sie sass und schlief darauf, damit niemand ausser ihr davon nehmen konnte. Bis in den April hinein gab es einmal am Tag Reis, ab dann nur noch einmal am Tag Reissuppe, in der so wenig Reis war, dass wir die Körner zählen konnten und körperlich immer schwächer wurden. Dennoch mussten wir zum Kochen und Heizen Holz und Laub aus dem Wald holen. Einmal, als wir auf Holzsuche waren, hat uns der Waldbesitzer erwischt und verjagt. Ich bin vor Schreck und Schwäche ohnmächtig geworden. Als ich wieder zu mir kam, war es bereits dunkel und niemand mehr da. Auch der Waldbesitzer war verschwunden. Dass ich den Weg zurück zu unserer Unterkunft trotz Dunkelheit und völliger Erschöpfung fand, bedeutete meine Rettung.

Bis Mitte Mai blieben wir auf diesem Bauernhof. Dann mussten wir weg, weil die Vorräte aufgebraucht waren. Wir entschieden schliesslich, nach Hause zurückzukehren und in unserem eigenen Garten wenigstens Mais und Zucchini anzupflanzen, um nicht zu verhungern. Seoul war in der Zwischenzeit wieder von den Alliierten zurückerobert worden, sie standen erneut am 38. Breitengrad. Die südkoreanischen und amerikanischen Truppen unter MacArthur hatten die Absicht, weiter nach Norden vorzurücken, aber die UNO-Mitgliedsländer wollten dies nicht. Der Druck auf Präsident Truman, mit China Verhandlungen aufzunehmen, wuchs. Schliesslich entliess Truman seinen Befehlshaber.

Als wir wieder in unserem Haus in Seoul eintrafen, war vieles kaputt und geplündert, aber das Gebäude selbst war noch in Ordnung. Es gab kaum Nachbarn, die zurückgekommen waren. Nur eine alte Dame war allein in ihrem Haus geblieben. Ihr Sohn, ein Professor an der Universität Seoul, war mit seiner Familie nach Pusan geflüchtet. Von ihr erfuhren wir, dass mein Bruder in nordkoreanischer Militär-Uniform mit verschiedenen roten und goldenen Abzeichen hier gewesen war und nach uns gesucht hatte. Er sei sehr enttäuscht gewesen, weil er niemanden von uns angetroffen habe. Mit Kohle habe er an die Wand geschrieben: «Ich war hier, leider niemand von Euch! Mir geht es gut, hoffentlich treffen wir uns bald! Chong-Hwan.» Nachdem die nordkoreanischen Truppen Seoul wieder hatten aufgeben müssen, hat diese kluge Frau die Mitteilung mit viel Mühe weggewischt, um uns vor Strafmassnahmen seitens der südkoreanischen Truppen zu schützen. Sie versicherte uns, dass sie niemandem davon erzählen würde. Unsere Familie hätte grösste Schwierigkeiten bekommen, wenn bekannt geworden wäre, dass ein Sohn Kommunist war. Wir waren für die weise Voraussicht der alten Nachbarin sehr dankbar, wir waren aber auch sehr froh zu wissen, dass Chong-Hwan noch lebte.

Auf mich allein gestellt

Im Spätsommer endlich bekamen wir Fahrkarten für die ganze Familie, um zu Vater nach Pusan zu fahren. Obwohl alle sehnlichst darauf gewartet hatten, weigerte ich mich mitzufahren, aus Trotz, aber auch, weil ich Chong-Hwan und Hee-Young wiedersehen wollte. Natürlich hatte ich grosse Angst davor, allein in Seoul zu bleiben, aber weder meine Stiefmutter noch deren Mutter zwangen mich mitzukommen. Nur meine Schwester In-Young machte sich Sorgen, dachte aber dann, dass der Krieg nicht mehr lange dauern würde und sie sicher bald zurückkämen. Und so reiste die Familie ohne mich ab, und ich, die damals gerade zwölf Jahre alt war, blieb allein zurück. Wie gern hätte ich einmal erlebt, der Stiefmutter wichtig zu sein, zu spüren, dass sie mich gern hatte und nicht erlaubte, dass ich mich von der Familie entfernte. Doch ein solches Zeichen kam nicht.

Nun musste ich mich selbst um mich kümmern. Ich nahm all meinen Mut zusammen und begann, nach einem Unterschlupf zu suchen, weil ich nicht allein im Haus bleiben wollte. Und ich wurde fündig. Es gab da eine alte, kranke Frau, deren Sohn Lastwagenfahrer war. Er wohnte in Pusan, fuhr aber ab und zu mit Warenladungen nach Seoul. Bei diesen Gelegenheiten schaute er dann nach seiner Mutter. Ich fragte die alte Frau, ob ich bei ihr bleiben und ihr helfen könne, und sie war froh über die unerwartete Unterstützung. So wohnte ich bei ihr, kochte jeden Tag Reissuppe für sie, massierte ihr die Beine und den Bauch, wo sie besonders Schmerzen hatte. Ab und zu, wenn es ihr besser ging, erzählte sie mir aus ihrem Leben. Doch meistens war sie sehr krank und stöhnte nur. Es war schrecklich für mich, ihr nicht helfen zu können. Nach ungefähr zwei Monaten starb sie.

Zum Glück war da gerade ihr Sohn auf Besuch, so dass er eine Notbeerdigung organisieren konnte. Er fragte mich, wohin ich nun gehen würde, aber ich wusste es auch nicht. Vielleicht sollte ich mit ihm nach Pusan fahren, weil meine Familie dort war. Also nahm er mich mit. Er schlug mir vor, bis ich meine Eltern wiedergefunden hätte, bei ihm und seiner Frau zu bleiben und ihr im Haushalt zu helfen, denn er hatte gerade frisch geheiratet. Und weil er sehr nett war, sagte ich sofort zu. So kam ich nach Pusan. Seine Frau war auch sympathisch, aber die beiden stritten jede Nacht, und ein paar Wochen später ging sie zurück zu ihren Eltern, während er wieder ständig unterwegs war. Ich musste mir also erneut eine Bleibe suchen, da ich immer noch nicht wusste, wo meine Familie in Pusan wohnte. Der Lastwagenfahrer schlug mir vor, vorläufig zu seiner Schwester zu gehen und ihr im Haushalt zu helfen. Sie hatte drei kleine Kinder, auf die ich aufpassen sollte. Ich willigte ein, da mir ja doch nichts anderes übrig blieb.

Die Schwester war leider ganz anders als er. Sie war eine sehr verwöhnte, hochnäsige und chaotische Frau, die völlig überfordert war mit drei Kindern im Alter von vier Monaten, zwei und vier Jahren. Sie war deshalb sehr froh, als ich kam. Die Familie war relativ wohlhabend, obwohl auch sie Flüchtlinge aus Seoul waren, denn ihr Mann hatte eine Stelle beim amerikanischen Geheimdienst CIA. Jeden Morgen wurde er mit dem Jeep abgeholt. Auch für besser gestellte Familien war das Leben in Pusan beschwerlich, weil viele Menschen aus dem Norden hierher geflüchtet waren, und die kleine Hafenstadt völlig überfüllt war. Das Trinkwasser war äusserst knapp, und in den meisten Häusern gab es kein fliessendes Wasser. Da und dort gab es zwar Brunnen, die hatten jedoch nur sehr wenig Wasser, das auch noch ungeniessbar war und nur zum Waschen verwendet werden konnte. Alles Koch- und Trinkwasser mussten wir deshalb von weit herholen, in Töpfen, die wir auf dem Kopf trugen.

Ich musste alle Hausarbeiten erledigen. Ich musste die Kinder hüten, die Wäsche waschen, vor allem natürlich die vielen Windeln, dann musste ich Wasser holen, kochen, aufräumen, putzen, einfach alles, was anfiel. Die schlimmste Arbeit für mich war das tägliche Wäsche- und Windelnwaschen im Winter, als es eiskalt war. Die Brunnen froren schnell zu, so dass ich vor dem Schöpfen erst mit dem an einem Seil befestigten Topf die Oberfläche des Eises aufbrechen musste. War das gelungen und hatte ich Wasser hochgeholt, musste ich mit diesem eiskalten Wasser die Wäsche waschen. Nach einer Weile spürte ich meine Hände nicht mehr, und allen Anstrengungen zum Trotz wurden die Windeln oft nicht wirklich sauber, sie hatten noch gelbe Flekken, genauso wie die weissen Hemden des Mannes. Dann schimpfte die Frau jeweils heftig mit mir.

Im Herbst 1951 war ich in dieses Haus gekommen und blieb den ganzen Winter dort. Es kam der Frühling, doch ich wusste immer noch nicht, wie mein Vater sich aufhielt. Ich wusste nur, dass er irgendwo in dieser Stadt wohnte. An einem Frühlingswochenende war die ganze Familie zu Verwandten auf Besuch gegangen. Da sie dort auch übernachteten, blieb ich ganz allein mit einem riesigen Berg Arbeit zurück. Neben vielem anderen musste ich auch das Messinggeschirr mit Ziegelpulver putzen und blitzblank polieren. Trotzdem war es wie Ferien für mich. Endlich konnte ich Zeitung lesen, etwas, was die Hausfrau mir strikt verboten hatte. Ich entdeckte darin sehr viele Familiensuchanzeigen, manchmal sogar mit Bildchen. Ich wurde neugierig, ob mein Name auch darunter stand. Zeile für Zeile las ich die Meldungen durch, und plötzlich sah ich meinen Namen, darunter den Namen meines Vaters und seine Telefonnummer. Mein Herz schlug wie wild, wieder und wieder las ich die kleine Suchanzeige. Wie oft war diese Anzeige wohl schon erschienen? Und hatte die Hausfrau sie gelesen und absichtlich vor mir verheimlicht? Hatte ich deshalb die Zeitung nicht einmal in die Hand nehmen dürfen? Ich überlegte fieberhaft, was ich nun machen sollte.

Nach langem Grübeln entschloss ich mich, mit der Zeitung zur Polizei zu gehen und um Hilfe zu bitten. Zunächst aber erledigte ich alle Hausarbeiten, nur das Messinggeschirr putzte ich nicht. Dann ging ich noch Wasser holen. Unterwegs suchte ich mit der Zeitung in der Hand eine Polizeistation auf. Der Polizist schrieb meinen Namen und meine Adresse auf und sagte, ich solle zu Hause warten. Mit zitternden Beinen kam ich mit dem Wasser und der Zeitung nach Hause zurück und fing an, das Messinggeschirr zu putzen. Spät am Nachmittag standen plötzlich meine Schwester In-Young und Grossmutter vor der Tür. Es war eine unglaubliche Freude. Wir umarmten uns und weinten bitterlich. Sie wollten mich sofort mit nach Hause nehmen. Aber weil die

Familie nicht da war, traute ich mich nicht. Ich wollte bis zum nächsten Morgen auf sie warten. Dies wurde die längste Nacht meines Lebens! Ich hatte furchtbare Angst vor der Frau. Was sollte ich sagen, wenn sie bei ihrer Rückkehr erfahren würde, dass ich meine Familie gefunden hatte? Es war mir ja verboten, die Zeitung zu lesen. So schlecht ich in dieser Familie behandelt worden war, so wenig hatte ich das Gefühl, einfach gehen zu können, dieser Familie nichts schuldig zu sein.

Die Famlie kehrte am folgenden Nachmittag zurück. Doch ich traute mich nicht, der Frau alles zu sagen. Als aber In-Young und Grossmutter kamen, um mich abzuholen, begriff sie, was passiert war. Sie wurde sehr böse, schimpfte und machte mir bittere Vorwürfe. Sie hatte nicht das geringste Verständnis dafür, dass ich ja selber noch ein Kind war und zu meiner Familie gehörte. Mir taten nur ihre Kinder leid, die mich sehr gern hatten und die nun wieder alleine mit ihrer Mutter klarkommen mussten. Ich jedenfalls verliess erleichtert dieses Haus und war fest entschlossen, nach den Erlebnissen der letzten zwei Jahre aus meinem Leben etwas Besseres zu machen!

Alle freuten sich, dass ich wieder da war. Doch die Freude war nur von kurzer Dauer. Wir, mittlerweile nur noch zu acht, wohnten in einer provisorischen Baracke direkt am Hafen, wo uns lediglich ein Zimmer mit Küche zur Verfügung stand. Wir mussten mit einer Reisration für sechs Personen, die Vater vom Institut bekam, auskommen. Dieses Institut war provisorisch in einigen Baracken neben den UNO-Kasernen eingerichtet worden. So beengt wir zusammenlebten, wir hatten dennoch ein Dach über dem Kopf, während viele andere in Pusan unter freiem Himmel schlafen mussten. Vor allem im Umkreis der grossen Zugbrücke hausten unzählige Obdachlose, die sich mit Wahrsagerei versuchten über Wasser zu halten. Eine andere Verdienstmöglichkeit bot der Hafen. Jeden Morgen konnten wir zusehen, wie von grossen Schiffen frisch gefangene Fische ausgeladen wurden. Besonders Tintenfische gab es reichlich. Dann kamen die Einzelhändler, um die Fische zu kaufen und sie dann auf dem Markt oder auf der Strasse zu verkaufen. Von den übrig gebliebenen Tintenfischen wurden die Augen und die Innereien herausgenommen, dann wurden sie flach geschnitten und getrocknet. Solche Arbeit wurde nur von Frauen verrichtet, und sie war miserabel bezahlt. Als Tageslohn gab es nicht einmal einen ganzen Tintenfisch, sondern nur die herausgenommenen Reste. Da wir kein Geld und zu wenig zu essen hatten, blieb In-Young und mir nichts anderes übrig, als es ebenfalls mit dieser Arbeit zu versuchen. Doch nach einer Weile konnten wir trotz des grossen Hungers keine Tintenfischaugen mehr sehen. Wir wollten – wie andere Frauen auch – Tintenfische auf dem Markt verkaufen. Mit unserem letzten Geld kauften wir am nächsten Morgen in aller Frühe Tintenfische, legten sie in eine Wanne und gingen damit auf den Markt. Nach langem Suchen fanden wir einen Platz, wo wir unsere Ware auf einem Waschbrett ausbreiteten und zum Verkauf anboten. Bis zum Nachmittag hatten wir nicht einen Tintenfisch verkauft, und da die Fische immer rötlicher wurden und an Frische verloren, sanken unsere Verkaufschancen massiv. Wir wurden traurig und auch zornig. Als dann auch noch der Marktwächter kam und eine Platzgebühr von uns verlangte, fingen wir vor Wut und Verzweiflung an zu weinen. Wir hatten nicht gewusst, dass der Platz etwas kostete, und Geld hatten wir keins mehr. Der Wächter bekam Mitleid mit uns und liess uns ohne Platzgebühr laufen.

Wir mussten nach anderen Möglichkeiten suchen, etwas zu essen zu bekommen. Wenn in der Nacht das Meer sehr stürmisch war, gab es am nächsten Morgen viel Seetang am Strand, Teile davon waren essbar. Also sammelten wir Tang und machten Salat daraus. Es gab auch Muscheln, die wir sammeln und kochen konnten. Die steckten wir dann wie Bonbons in die Tasche und assen ab und zu davon. Wir haben uns oft am Strand und beim Leuchtturm aufgehalten und zugeschaut, wie Taucherinnen wertvolle Muscheln und verschiedene Meeresfrüchte aus dem Meer holten, ohne Ausrüstung, bloss mit einem Sichelmesser in der Hand. Diese Taucherinnen gingen auch im Winter nur mit einem dünnen Badeanzug bekleidet an die Arbeit. Wenn sie aus dem Wasser kamen, entzündeten sie ein Feuer, um sich daran zu wärmen und etwas zu kochen.

Das Leben war schwierig, und es besserte sich erst, als Vater im März 1952 in einem Betrieb in der Stadt Taejon, die zwischen Pusan und Seoul lag, zu arbeiten begann. Ein guter Bekannter, der Besitzer dieses Betriebs, hatte ihn dorthin geholt, um technische Probleme zu lösen. Damit waren die Voraussetzungen gegeben, endlich wieder einen Schulbesuch ins Auge zu fassen. In-Young ging in eine Schule, die sowohl für die Schülerinnen der Middle wie der High School gedacht war. Ich aber konnte noch nicht gehen, da ich monatelang an einer Fischvergiftung und an einer Allergie litt. Die Familie fürchtete, ich müsse daran sterben. Es gab kaum ärztliche Hilfe, und so lag ich einfach nur da. Irgendwie hat sich mein Körper dann doch aus eigener Kraft wieder erholt. Unter den Folgen der Krankheit hatte ich aber lange zu leiden, Allergien und Rheumatismus machten mir immer wieder das Leben schwer.

Als sich im Juli 1952 die UNO-Alliierten und die Sowjets auf einen Waffenstillstand einigten, befanden wir uns noch immer in Taejon. Die Front sollte, wie bereits vor dem Krieg, am 38. Breitengrad verlaufen. Dort standen sich erneut zwei Korea unüberwindlich feindlich gegenüber. Zwar war die Bevölkerung gegen diesen Waffenstillstand, weil sie noch immer ein vereintes Korea wollte, aber der internationale Druck stand diesem koreanischen Wunsch entgegen. Am 27. Juli 1953 wurde der endgültige Waffenstillstand unterzeichnet, der bis heute Gültigkeit hat, und obwohl es für dieses Ergebnis 765 Konferenzen bedurfte, blieben wichtige Fragen, wie die über den Austausch von Kriegsgefangenen, ungeklärt. Der Krieg galt offiziell als beendet, das Land war zerstört, vier Millionen Menschen waren tot. Ungezählt die Verwundeten und Verschleppten, die, verzweifelt und jeder Perspektive beraubt, diesen Krieg überlebt hatten.

Im Herbst 1953 endlich konnten wir nach Seoul in unser Haus zurückkehren. Auch wenn sich das Leben wieder an vertrauten Orten abspielte, war es ein anderes. Seoul war stark zerstört und musste erst wieder aufgebaut werden. Auch politisch war die Zeit sehr unruhig. Es gab keinerlei Verbindung mehr zwischen Süd- und Nordkorea, beide Seiten sahen sich gegenseitig als Feinde an. Familien waren getrennt und erfuhren nichts mehr voneinander, als wären die Menschen jenseits der Demarkationslinie tot. Auch in unserer Familie redeten wir nicht mehr über die verschwundenen Geschwister Hee-Young und Chong-Hwan.

In Südkorea stand unter Präsident Syngman Rhee der Antikommunismus an erster Stelle. Wer etwas öffentlich äusserte, das als kommunistisch oder sozialistisch gedeutet werden konnte, kam sofort ins Gefängnis und wurde gefoltert; wer die südkoreanische Regierung zu kritisieren wagte, befand sich in grösster Gefahr. Auch gute Freunde unserer Familie sind in dieser Zeit nach Folterungen im Gefängnis gestorben. Syngman Rhee änderte die Verfassung mit Gewalt zu seinen Gunsten und liess die Oppositionsführer, unter dem Vorwand, sie seien Kommunisten, hinrichten. Es gab immer häufiger Demonstrationen gegen sein Regime, aber alles schien zunächst umsonst.

All die schrecklichen Erlebnisse der letzten Jahre hatten die Atmosphäre in unserer Familie nicht verbessert. Trotz der gemeinsam bestandenen Gefahren war weiterhin Streit das tägliche Brot. Die Mutter unserer Stiefmutter, die auf der Flucht so umsichtig unser Überleben gesichert hatte, lebte bei uns, wurde aber von ihrer Tochter ständig beschimpft und beschuldigt, für ihr Unglück verantwortlich zu sein. Auch der sich verschlechternde Gesundheitszustand brachte ihr keine Schonung vor diesen Ausbrüchen. Sie liess es still geschehen, damit unser Vater ja nichts mitbekam, denn ihn als Schwiegersohn wollte sie auf keinen Fall durch ihre Anwesenheit belasten. Sie lebte in einer kleinen Kammer, wo sie bald darauf starb, in Anwesenheit von In-Young, die sich als einzige ihrer angenommen hatte.

Ich wollte möglichst wenig zu Hause sein, um dieser schrecklichen Stimmung zu entfliehen. Die einzige Möglichkeit dafür bot die Schule. Ich war inzwischen vierzehn Jahre alt und hatte in den letzten drei Jahren keine Schule besucht, obwohl ich schon zur Middle School gehen sollte. Ich konnte nicht wieder in die vierte Klasse einsteigen, wo ich vor drei Jahren aufgehört hatte. Stattdessen sollte ich in der sechsten Klasse anfangen, um dann sechs Monate später das Eintrittsexamen für die Mittelschule zu bestehen. Wie das zu schaffen war, wusste ich nicht. Aber es gelang mir, und ich durfte auf die Pung Moon Girls Middle School gehen, eine Schule von mittelmässiger Qualität. Doch das war zweitrangig. Sie war eine der wenigen Schulen, die den Unterricht schon wieder aufgenommen hatte, und ich war eine der neuen Schülerinnen und konnte endlich wieder lernen. Ich ergriff die Möglichkeit mit beiden Händen. Alle Erschütterungen und schlimmen Erfahrungen waren vorläufig tief in mir vergraben. Ich wollte den Krieg und alles, was damit an Schrecklichem verbunden war, vergessen. Für mich gab es nur ein Ziel: gut in der Schule zu sein.

Neuanfang

Die Middle School dauerte drei Jahre. Eine bestandene Aufnahmeprüfung war Voraussetzung für den Besuch der High School. Da beide Schultypen damals nicht der Schulpflicht unterlagen, gab es verschiedene Träger und Qualitätsstufen. Je nach Leistungsfähigkeit wurde eine andere Schule besucht. Die Schülerinnen der Pong Moon Girls Middle School kamen hauptsächlich aus Familien der koreanischen Mittelschicht, und ihre Leistungen waren durchschnittlich. Da aber durch den Krieg diese Schulkategorien durcheinander geraten waren, gab es nun Schülerinnen aller Leistungsniveaus. Äusserlich sahen sowieso alle gleich aus. Wir trugen eine Uniform, die für die Mädchen von Frühling bis Herbst aus einer weissen Bluse mit dunkelblauem Rock und im Winter zusätzlich aus einer dunkelblauen Jacke mit weissem Kragen bestand.

Zu Beginn meiner Schulzeit lernte ich fleissig, weil ich wegen der zwei verlorenen Schuljahre vieles nachholen musste. Nach einem Jahr gehörte ich aber leistungsmässig bereits zu den Besten der Klasse, die etwa achtzig Schülerinnen umfasste. Die Klassen waren so gross, weil die Schulen kaum Unterstutzung vom Staat bekamen und den ganzen Betrieb mit den Schulgeldern ihrer Schüler und Schülerinnen finanzieren mussten.

Ob ich in all diesen Jahren jemals Pubertätsprobleme hatte, ob ich ohne äusseren Anlass schlecht gelaunt, lustlos, trotzig oder gehässig war? Ich weiss es nicht. Bei mir drehte sich alles nur darum, gute Schulleistungen zu erbringen und dafür zu sorgen, dass Vater das Schulgeld bezahlte. Wer nicht rechtzeitig bezahlte, wurde bestraft oder nach Hause geschickt, wie In-Young und ich leidvoll erfahren mussten.

Dass wir beide keine unbeschwerten Schülerinnen sein konnten, lag aber nicht nur an der fehlenden finanziellen Unterstützung, sondern auch an der Hausarbeit, die wir täglich erledigen mussten. Noch bevor wir morgens zur Schule gingen, musste In-Young das Essen für die ganze Familie kochen und die Mittagessen-Pakete für die Schule vorbereiten. Da es noch keinen Elektro- oder Gasherd gab, sondern nur ein Holzfeuer, das jeden Morgen neu angezündet werden musste, war dies eine schwere und langwierige Arbeit. Ich musste täglich den Fussboden mit kaltem Wasser aufwischen, was besonders im Winter hart war. Währenddessen lag die Stiefmutter noch im Bett. Erst wenn wir all unsere Arbeiten erledigt hatten, konnten wir uns auf den weiten Schulweg machen, zu Fuss, weil wir kein Geld für die Strassenbahn erhielten. Die Hausaufgaben und das Lernen für die Prüfungen haben wir in der Schule erledigt, so dass wir immer erst spät heimkamen. Der Hunger war auch in dieser Zeit unser ständiger Begleiter.

Meine Freundin in der Middle School hiess Gyun Yong-Hee. Mit ihr zusammen lernte ich. Nach der Schule gingen wir gern auf Büchermärkte, auf der Suche nach billigem Lesestoff. Dort gab es Schulbücher, aber auch Romane zu sehr günstigen Preisen, und oft wurden sie uns sogar geschenkt. Unsere Lieblingsschriftsteller waren nicht nur die koreanischen Klassiker, sondern auch russische und europäische Autoren wie Tolstoj, Dostojewskij, Goethe und Thomas Mann. Wir lasen einfach alles, was wir in die Finger bekamen.

Neben den Büchern war das Radio damals unsere einzige Unterhaltung. Sehr beliebt waren Radio-Hörspiele, die abends in mehreren Folgen gesendet wurden. Ganze Familien sassen dann ums Radio herum, hörten zu, lachten und weinten. Wer kein Radio hatte, ging zu Nachbarn. Während der Ausstrahlung solcher Hörspiele waren die Strassen menschenleer, und am nächsten Tag sprachen alle davon. Wir lauschten den Geschichten über den Koreakrieg, von Söhnen oder Ehemännern, die nicht zurück nach Hause kamen, von traurigen Abschieden geliebter Menschen und von bestandenen Gefahren. Gebannt verfolgten wir Sendung für Sendung. Hier wurden unsere eigenen Erlebnisse, über die wir sonst in der Familie nicht sprechen konnten, themati-

Mit In-Young beim Abschluss der Middle School 1957

siert. Es gab deshalb auch nur zwei Gründe, diese Sendungen nicht zu hören: die Stiefmutter, die uns durch Erteilen von Aufgaben im Haushalt vom Radio fern halten wollte, oder ein Stromunterbruch.

Nach der Middle School wollte ich unbedingt auf eine gute High School gehen. Sehr gute Leistungen waren die Voraussetzung für das Bestehen einer schwierigen Aufnahmeprüfung. Mein Ziel war es, an die Iwha Girls High School zu wechseln, wo In-Young bereits war. Am Ende der letzten Klasse der Middle School hiess es plötzlich, dass die Schulleitung diesen Wechsel nicht erlauben würde. Obwohl der freie Wechsel auf eine andere High School gesetzlich geregelt war, wurde dies besonders bei den mittelmässigen Schulen nicht gern gesehen, weil sie ihre guten Schülerinnen nicht gehen lassen wollten. Auch in dieser Situation musste ich alleine dafür kämpfen, wechseln zu können. Andere Eltern versuchten die Schulleitung unter Druck zu setzen und bekamen dann die Papiere, die sie für den Wechsel benötigten, ich aber hatte niemanden, der sich für mich einsetzte. Vater wusste nicht einmal etwas von meiner Absicht. Die Schulleitung machte mir zunächst verschiedene attraktive Angebote und versuchte, mich umzustimmen. Aber als ich mich unnachgiebig zeigte, wurde sie böse und rückte erst im allerletzten Moment die Papiere heraus. Ich rannte mit dem Prüfungsantrag zur Iwah Girls High School, da ich kein Geld für den Bus hatte. Als ich dort schweissgebadet ankam, war das Sekretariat bereits geschlossen. Meine Schwester wartete schon auf mich, und zaghaft klopften wir an die Tür des Sekretariats. Wütend kam die Sekretärin heraus und wollte uns wegschicken. Mit dem Mut der Verzweiflung begann ich, ihr von all den Hindernissen zu erzählen, die ich hatte überwinden müssen, um zu ihr zu gelangen. Und tatsächlich bekam sie Mitleid mit mir und nahm meinen Antrag an. Mir fiel ein grosser Stein vom Herzen. In-Young und ich setzten uns auf eine Bank im Schulhof, lachten und weinten vor Erleichterung. Die letzte Hürde war die Aufnahmeprüfung, vor der ich doch ein wenig Angst hatte. Aber In-Young machte mir wie immer Mut. An die Prüfung selbst kann ich mich nicht mehr erinnern, ich weiss nur, dass ich sie mit guten Noten bestanden habe.

Die Atmosphäre an der Iwha Girls High School war ganz anders als an meiner Middle School. Jeden Morgen fand eine Versammlung im grossen Amphitheater statt. Wir durften sitzen und mussten nicht wie früher stramm stehen. Diese Versammlung fing mit einem Gottesdienst an, anschliessend wurden Bekanntmachungen verlesen oder wurde eine Moralpredigt gehalten. Die Schule war hundert Jahre zuvor von amerikanischen Missionaren gegründet worden und wurde immer noch von diesem Missionswerk unterstützt, was ihr weit grössere finanzielle Möglichkeiten gab als anderen Schulen. Sie verfügte über grosse Grünflächen mitten in Seoul und war viel besser eingerichtet. Die Schülerinnen kamen meistens aus christlichen Familien der Oberschicht.

In den Jahren an der High School wurde ich von einigen guten Lehrerinnen und Lehrern unterrichtet. Vor allem die Lehrer in Mathematik und Chemie ermutigten und förderten mich, so dass der Entschluss in mir reifte, später Naturwissenschaften zu studieren. Den Chemielehrer habe ich besonders geschätzt. Er trug immer schäbige, alte Anzüge, und mit seiner dicken Brille sah er etwas merkwürdig aus, doch fachlich war er brillant. Er kannte meinen Vater, da er bei ihm an der Universität Chemische Technologie studiert hatte und ihn fachlich wie menschlich sehr schätzte. Das erstaunte mich enorm, denn bis dahin hatte ich meinen Vater nur als einen arbeitswütigen und unnahbaren Menschen kennen gelernt. Nur wenn ich wieder Schulgeld brauchte, hatte ich direkten Kontakt zu ihm. Je mehr ich aber den Chemielehrer schätzen lernte, um so eher war ich bereit, meine Einstellung gegenüber Vater zu überdenken. Ich bemühte mich um mehr Verständnis für ihn und seine Lage, doch die wirklich wichtigen Beziehungen baute ich auch in diesen Jahren zu anderen Menschen auf.

Trotz der diktatorischen Verhältnisse unter Syngman Rhee gab es in Südkorea viele sinnvolle Studentenbewegungen. Eines ihrer Ziele war es, die armen und unwissenden Menschen im Land aufzuklären und ihnen Lesen und Schreiben beizubringen. Ein anderes, das im Krieg verwüstete Land wieder aufzubauen. Die jungen Aktivisten versuchten auf diese Weise nicht nur anderen zu helfen, sondern auch für sich persönlich einen Lebensinhalt in dieser hoffnungslosen Zeit zu finden. Eine dieser studentischen Gruppen war die 4-H Bewegung, eine andere die Gruppe unter der Leitung von Baek Gy-Wan. In-Young konnte aus finanziellen Gründen nach der High School kein Studium an der Universität aufnehmen, trotzdem war sie sehr aktiv in der Gruppe von Baek. Er hatte ein Hilfsprogramm entwickelt. Im Frühjahr sollten die Wälder aufgeforstet werden, und in den Sommerferien sollten die Studenten den Bauern auf dem Land bei der Arbeit helfen. Auch ich entschloss mich mitzumachen, da ich neben der Schule noch etwas Sinnvolles tun wollte.

Die Mitglieder der Gruppe waren alle älter als ich, sie besassen einen starken Pioniergeist, und sie liebten das Land und seine Menschen auf eine Art, die mich sehr beeindruckte. Ab Anfang Februar bereiteten wir jeden Sonntag die Setzlinge vor. Diese wurden dann an verschiedene High Schools verteilt, damit sie am 5. April, dem Aufforstungstag, gepflanzt werden konnten. Viele hatten an diesen Vorbereitungstagen kein Mittagessen dabei. Dank einer Initiative von Baek erhielten wir immerhin ab und zu Fladenbrot – die Spende einiger Brotfabriken. Aber auch ohne Verpflegung stürzten wir uns mit grossem Eifer in diese Arbeit und waren sehr zufrieden, wenn wieder viele neue Bäume in die Erde gesetzt wurden. Zu Beginn der Sommerferien wurden wir während einiger Tage auf die bevorstehenden Landeinsätze vorbereitet. Wir erfuhren, wo unser Einsatzort lag und mit welchen Aufgaben wir dort betraut sein würden. Anschliessend verbrachten wir vier Wochen in der tiefsten Provinz, die uns jungen Menschen aus der Hauptstadt wie das Ende der Welt erschien. Nachdem die Bürgermeister und Beamten dieser Orte uns wärmstens empfangen hatten, wurden wir verschiedenen Familien zugewiesen, die uns Schlafplätze und Verpflegung zur Verfügung stellten. Die Arbeiten, die von den Gemeinden vorgesehen waren, wurden jeden Tag vom Gruppenleiter verteilt. Wir mussten Brunnen putzen, die Wege ebnen, Feldarbeiten verrichten für Familien, die nur aus alten Leuten oder aus Kriegswitwen mit kleinen Kindern bestanden. Der Krieg hatte ja nicht nur Millionen Todesopfer gefordert, er hatte auch aus Hunderttausenden Frauen Witwen gemacht. Das koreanische Wort für Witwe ist Mimangin, was so viel heisst wie ein Mensch, der nicht gestorben ist. In der konfuzianischen Tradition verwirkte eine Frau mit dem Tod ihres Ehemanns auch ihr eigenes Leben, nachdem sie durch ihre Heirat ganz in seinen Besitz übergegangen war. Da die Witwen physisch aber nicht gestorben waren, verbot es ihnen ihr Zustand als quasi Tote, nochmals zu heiraten. Stattdessen mussten sie sich allein um die Kinder und die Schwiegereltern und deren Haushalt kümmern sowie die Ernährung für alle sicherstellen, bis zu ihrem tatsächlichen Tod. Das Leben dieser Frauen war unter solchen Bedingungen unglaublich schwer.

Nach einem langen Arbeitstag brachten wir am Abend den Dorfbewohnerinnen Lesen und Schreiben bei, auch unterrichteten wir sie über Hygieneregeln im täglichen Leben. Die Leute waren überaus dankbar dafür, dass wir mit unserer jugendlichen Energie und guten Laune so engagiert für sie arbeiteten. Als Dank kochten sie für uns, so gut sie konnten, und versorgten uns mit Melonen und Mais. Zum Abschied veranstalteten sie ein grosses Fest und verteilten Auszeichnungen. In den vier Wochen war unter uns allen eine enge Beziehung entstanden, so dass beim Abschied viele Tränen flossen. Ich vermochte nicht zu beurteilen, ob wir den Leuten wirklich viel helfen konnten. Mir jedoch half diese Arbeit, meine eigene Situation in einem anderen Licht zu betrachten. Verglichen mit den Problemen dieser Familien war mein Leben gar nicht so schlimm. Ich begann zu empfinden, dass ich in diesem Land zu den Bevorzugten gehörte, die besser lebten als die Mehrheit der Bevölkerung. Das Ergebnis war ein Gefühl der Dankbarkeit, aber auch der Verpflichtung diesen Menschen gegenüber. Mit solchen Einsätzen habe ich alle meine Ferien während der High School verbracht, und sie haben mich, nach den schrecklichen Erlebnissen während des Krieges, positiv geprägt.

Eine andere Gemeinschaft, der ich mich während der High School anschloss, war eine christliche Jugendgruppe. Diese Treffen und die damit verbundenen Kirchenbesuche boten mir eine weitere Möglichkeit, von zu Hause zu fliehen. Das galt auch für die Welt der Bücher. Wenn ich Zeit hatte, ging ich auf den Büchermarkt in Chung-Gae Chun. Dort waren die Bücher billig, und manche Händler liehen sie mir auch einfach aus. Dann las ich die ganze Nacht durch, ungeachtet der Stiefmutter, die mit mir wegen des Stromverbrauchs schimpfte. Einen bleibenden Eindruck haben neben der ausländischen Literatur auch koreanische Romane wie «Erde» von Lee Gyung-Soo oder «Ewiger grüner Baum» von Shim-Hoon hinterlassen. Geschrieben in den für Korea perspektivlosen dreissiger Jahren haben sie besonders uns Jungen nach dem Krieg Halt gegeben.

Doch natürlich dachten nicht alle jungen Mädchen wie ich. Die Beziehungen und Erfahrungen in den Jugendgruppen wie auch die Romane, die ich verschlang, prägten mich anders als meine Mitschülerinnen. Die träumten davon zu heiraten, gute Hausfrauen und Mütter zu werden. Unterstützt wurden diese Träume sicherlich auch von den Kinofilmen, die es damals zu sehen gab. Ich wollte da auch nicht ganz abseits stehen und versuchte, etwas Geld zusammenzusparen, so dass ich mir einmal im Vierteljahr einen heimlichen Kinobesuch leisten konnte. Das war von der Schule aus streng verboten, und der Moralkundelehrer zog eigens von Kino zu Kino, um seine Schülerinnen den Armen der Versuchung zu entreissen und sie streng zu bestrafen. Diese Gefahr hielt uns aber nicht davon ab, die amerikanischen Leinwandhelden wie James Dean anzubeten und für kurze Zeit von einem wunderbaren Leben à la Hollywood zu träumen.

Als die Frage der weiteren schulischen Laufbahn aktuell wurde, interessierten sich meine Mitschülerinnen ausschliesslich für Studiengänge an Frauenuniversitäten, insbesondere die Hauswirtschaftliche Fakultät oder die Fakultät für Englische Literatur. Diese Studiengänge waren nicht darauf angelegt, die Absolventinnen auf ein Berufsleben vorzubereiten, sondern ihre Heiratschancen zu verbessern. Es gab noch kaum Stellenangebote für gut ausgebildete Frauen, sie konnten höchstens Sekretärinnen werden, um für ihre Chefs Tee zu kochen oder das Telefon zu bedienen. Dennoch war ich entschlossen, einen guten Beruf zu erlernen, der es mir ermöglichen würde, die Verantwortung für mein Leben selber zu tragen, um nicht von einem Ehemann abhängig zu sein. Ich zog diese Lehre aus meinem bisherigen Leben, welches ganz anders als das meiner Mitschülerinnen verlaufen war, die fast immer aus wohlgeordneten, gläubigen Familien kamen und viel Unterstützung von zu Hause erfahren hatten. Ich hingegen hatte von klein an auf eigenen Beinen stehen müssen, um nicht unterzugehen. Deshalb wollte ich ein praxisorientiertes Studienfach wählen, das mir nach dem Studium, so hoffte ich, Aussicht auf einen guten Arbeitsplatz bot.

Nachdem In-Young bereits aus finanziellen Gründen nicht studieren konnte, fürchtete ich, dass unser Vater mich ebenfalls finanziell nicht würde unterstützen können. Ich begann mich umzuschauen, welche Universitäten Stipendien oder Darlehen gewährten. Auch sollte mein zukünftiger Studienort weit weg von Seoul liegen, weil ich unbedingt von zu

Hause weggehen wollte. Es war damals schwierig, Stipendien oder Darlehen zu bekommen, da die Universitäten ihren Betrieb mit den Studiengebühren finanzierten. Auch waren meine Schulnoten an der High School nicht gerade die ideale Voraussetzung für ein Stipendium. Am Ende der letzten Klasse wussten fast alle meine Mitschülerinnen bereits, an welcher Universität und Fakultät sie studieren würden, nur ich noch nicht. Das änderte sich schlagartig, als eines Tages der Klassenlehrer in den Unterricht kam und uns einen Prospekt der Inha Technical University mitbrachte. Er berichtete, dass diese Hochschule vor einigen Jahren von Immigranten aus Hawaii gegründet worden sei und immer noch von diesen Kreisen unterstützt würde. Daher war sie sehr gut ausgestattet, auch was die Finanzen betraf. Die Immigranten waren meistens Nachkommen von koreanischen Arbeitern, die zu Beginn des 20. Jahrhunderts als Zuckerrohrarbeiter nach Hawaii gekommen waren. Sie wollten in ihrem vom Krieg verwüsteten Heimatland Aufbauhilfe leisten. Zu diesem Zweck hatten sie eine Technische Hochschule eingerichtet, an der Ingenieure und Techniker ausgebildet werden sollten. Nicht nur Männer sondern auch Frauen waren zugelassen. Nachdem ich mir dies alles aufmerksam angehört und die Prospekte durchgelesen hatte, war ich sicher, dass diese Hochschule genau das richtige für mich war. Es gab verschiedene Fakultäten, doch für mich kam nur die für Chemische Technologie in Frage. Das war zum einen auf meinen Chemielehrer zurückzuführen, aber wohl auch auf Vater, dem ich mich auf diesem Weg, wenn schon nicht als Tochter so doch als zukünftige Fachkollegin, vielleicht doch noch würde nähern können.

Berufswunsch Chemikerin

Im April 1959 war es soweit. Ich verliess die Familie in Seoul und begann mein Studium an der Technischen Hochschule Inha in der Nähe von Incheon. Insgesamt waren dort 450 Studenten an sieben Fakultäten eingeschrieben, wobei jede Fakultät in einem eigenen Gebäude untergebracht war. Mit mir zusammen begannen nur sieben Frauen ihr Studium. Diese geringe Zahl war gleichwohl sensationell, denn es war erst zwei Mal vorgekommen, dass eine Frau sich eingeschrieben hatte, und nur eine der beiden studierte noch.

Die Anlage der Hochschule war sehr weitläufig und lag auf dem Land. Die meisten von uns wohnten daher im Wohnheim auf dem Campus. Und weil die Zahl der Studenten so klein war, kannten wir einander nach ein paar Semestern fast alle. Am Ende jedes Semesters gab es eine Prüfungswoche. Wer in den ersten vier Semestern die vorgeschriebenen Noten nicht erzielte, musste die Hochschule verlassen, erst ab dem fünften Semester gab es die Möglichkeit, ein Semester zu wiederholen. Nach vier Jahren bzw. acht Semestern schlossen wir das Studium als Bachelor of Science ab. Die Studenten an dieser Hochschule kamen nicht nur aus der Gegend von Incheon oder Seoul, sondern aus ganz Südkorea. Viele von ihnen waren Söhne reicher Bauern, die gewohnt waren, hart zu lernen und zu arbeiten. Die strengen Studienbestimmungen und die vielen Prüfungen, aber auch die Praktika, die wir absolvieren mussten, liessen uns in den ersten Semestern kaum Zeit für andere Aktivitäten.

Mit einer Studentin zusammen mietete ich ein kleines Zimmer in der Nähe des Hochschulgeländes. Es gab kein

Bad und keine eigene Toilette, nur diesen einen Raum mit einer Kochgelegenheit. Wieder war es In-Young, die mir auch hier, an meinem Studienort, zur Seite stand. Ohne ihre Hilfe wäre es mir nicht möglich gewesen, ausserhalb von Seoul zu wohnen und zu studieren. Sie besuchte mich oft und brachte mir Nahrungsmittel wie Reis und getrocknetes Gemüse mit. Auf unseren Spaziergängen über das Hochschulgelände konnten wir alle Probleme miteinander besprechen. Unermüdlich ermutigte sie mich, das Studium erfolgreich zu meistern. Vor allem die ersten vier Semester waren für mich sehr anstrengend. Da es schwierig war, in allen Fächern einigermassen gute Noten zu bekommen, musste ich Tag und Nacht lernen. Doch ich liess nicht locker und stellte alles andere hintenan.

Meine Zimmerkollegin Kim Sung-Ja studierte Elektrotechnik. Sie war eine schöne, feine, und zerbrechlich wirkende Studentin, die aus einer wohlhabenden Bauernfamilie stammte. Sie war sehr modebewusst und kleidete sich immer auffallend bunt und prachtvoll. Wenn sie in den Kleiderläden nicht das fand, was sie sich wünschte, besorgte sie sich einen Stoff und nähte die ganze Nacht durch, und am nächsten Morgen zog sie ihr neues Kleid an. Unter den Studenten, die immer schwarze oder graue Arbeitsuniformen trugen, erschien sie wie eine exotische Blume und war daher sehr beliebt. Im Sommer trug sie bunte Kleider, die weit ausgeschnitten waren. Damit entsprach sie ganz und gar nicht dem konfuzianischen Frauenideal. Doch das war ihr egal, und was die anderen darüber dachten, kümmerte sie nicht. Für sie war das Studium nicht so wichtig wie für mich, und deshalb versuchte sie, mit möglichst geringem Aufwand die Prüfungen zu bestehen, was ihr aber nicht immer gelang. Sie hatte eine Affäre mit einem Studenten, den sie heftig liebte. Wenn wir auf unserem Zimmer waren, erzählte sie mir die neuesten Wendungen in dieser Liebesgeschichte, und ich hörte gern zu, war dies doch eine willkommene Abwechslung. Ich lachte und weinte mit ihr, je nachdem, wie es gerade um ihre Liebe bestellt war. Vieles an ihrer Art faszinierte mich, war sie doch so ganz anders als ich. Ungläubig fragte ich mich, wie sie es schaffte, am Abend vor einer Prüfung mit ihrem Freund auszugehen. Mir gegenüber war sie sehr grosszügig. Manche Monatsmiete bezahlte sie allein, und oft kaufte sie für uns beide ein. Dafür erledigte ich dann alle Hausarbeiten wie Kochen, Aufräumen und Putzen, und im Winter übernahm ich das Einheizen mit Kohle.

Nicht alle Studenten waren in diesen Jahren ausschliesslich mit ihrem Studium beschäftigt. Viele beteiligten sich an Demonstrationen gegen das diktatorische Regime von Syngman Rhee. Bereits vor meinem Studium hatte es solche Proteste gegeben, aber Ende der fünfziger Jahre stieg ihre Zahl stark an. Gründe dafür lieferte die Regierung zur Genüge. Die Tageszeitungen wurden einer massiven Pressezensur unterworfen, es durfte nur berichtet werden, was der Regierung passte. Sie liess die Verfassung zum eigenen Vorteil ändern, Oppositionsführer wurden unter dem Vorwand der Abwehr des Kommunismus hingerichtet. Die Korruption grassierte in allen staatlichen Bereichen. Auch die wirtschaftliche und soziale Lage im Land war deprimierend. Als es dann zu öffentlichen Protesten kam, begann die Polizei mit kriminellen Schlägertruppen zusammenzuarbeiten, um die Demonstrationen zu verhindern. Die Folge waren jeweils viele Verletzte. 1960 im März fanden Präsidentschaftswahlen statt, wobei Syngman Rhee gegen einen unbedeutenden Konkurrenten kandidierte und angeblich 89 % der Stimmen erhielt. Diese Wahl war ein einziger grosser Betrug und löste massive Proteste in der Bevölkerung aus. Im ganzen Land wurde die Annullierung der Wahl gefordert. Auch in der Stadt Masan kam es zu Ausschreitungen, bei denen ein Schüler von der Polizei getötet wurde. Dieser Vorfall brachte das Fass zum Überlaufen. Das Land explodierte. Syngman Rhee liess den Ausnahmezustand verhängen und alle Schulen und Universitäten schliessen.

An meiner Hochschule waren wir bis zu diesem Zeitpunkt kaum an den Demonstrationen beteiligt gewesen. Aber nach dem Vorfall von Masan und dem Verhängen des Ausnahmezustands nahmen auch wir an diesen Demonstrationen teil. Es war sehr beeindruckend, wie viele Menschen auf die Strassen gingen. Schüler und Schülerinnen, Studenten, alle in Uniformen mit Plakaten, die Medizinstudenten in ihren weissen Kitteln, Arbeiter und Büroangestellte sowie die Professoren der Universitäten. Die grundlegende Idee, die hinter all diesen Protest- und Widerstandsaktionen stand, war die Befreiung des Minjung, des koreanischen Volkes, konkret der einfachen, armen Menschen, die entrechtet und unterdrückt leben mussten und dafür noch verachtet wurden. Die Folge war ein tief verwurzelter Groll gegen die Unterdrücker, genannt «han». Und dieser «han» bildete die emotionale Grundlage des Widerstands, nicht erst jetzt, sondern auch schon früher in der koreanischen Geschichte. Ein weiterer emotionaler Bestandteil des Protests war die Bereitschaft, sich zu opfern und zu leiden, um der Bewegung zum

Durchbruch zu verhelfen. Diese verliehen den Demonstrationen und Streiks eine enorme Schlagkraft, der die Regierung ausser Gewalt nichts entgegenzusetzen hatte.

Wir Demonstranten wurden von der Bevölkerung mit Brot, Reisbällchen und Getränken versorgt und immerzu ermutigt, nicht aufzugeben, bis wir unser Ziel, den Rücktritt des Diktators, erreicht hätten. Und die Manifestationen verfehlten ihre Wirkung nicht. Selbst die amerikanische Regierung als schützende Hand über Syngman Rhee musste erkennen, dass es so in Südkorea nicht weitergehen konnte. Schliesslich gab er am 26. April 1960 seinen Rücktritt bekannt. Das war das Ende einer zwölfjährigen diktatorischen Herrschaft. Der Preis, den die Protestierenden zu bezahlen hatten, war sehr hoch. Bei dieser April-Revolution verloren weit über hundert Menschen ihr Leben, mehr als siebenhundert wurden schwer verletzt.

Die politische Situation in Südkorea war damit aber keineswegs geklärt. Die Regierung unter dem neu gewählten Präsidenten Yun Bo-Sun konnte mit ihren Reformen und politischen Freiheiten, die sie gewährte, die explosive Stimmung im Lande nicht entschärfen. Die neue Verfassung sah ein Parteiensystem vor sowie die Provinzautonomie. Sozialistische und kommunistische Parteien wagten sich erstmals an die Öffentlichkeit, was in den Augen der Militärs und der konservativen Politiker inakzeptabel war. Die gesellschaftlichen Auseinandersetzungen nahmen weiter zu, und es gelang der Regierung nicht, die nötige Ordnung wieder herzustellen. Am 16. Mai 1961 kam es dann zu einem Militärputsch unter Führung von Park Chung-Hee. Die Folge für Südkorea war ein militärisches Regime, das jeden Widerstand im Keim erstickte. Es gab keine Kritik mehr an der Regierung, keine Demonstrationen, keine Pressefreiheit. Den Versuchen der Studenten, politischen Einfluss zu nehmen, war damit ein gewaltsames Ende gesetzt worden, und wir kehrten zurück hinter unsere Bücher und in unsere Labors, ohne eine konkrete Perspektive auf eine demokratische Entwicklung des Landes und die Verbesserung unserer Lebensverhältnisse.

Auch ich wurde wieder auf meine Studienwelt und die Alltagsprobleme zurückgeworfen. Doch es kam zu einer Veränderung, die ich nicht für möglich gehalten hatte. Je länger das Studium dauerte, umso mehr spürte ich, dass Vater stolz auf mich war. Erstmals konnten wir miteinander diskutieren, wenn auch nur über unser gemeinsames Fachgebiet, wobei die Diskussion so aussah, dass er ausführte und ich meistens zuhörte. Immerhin fragte er mich doch ab und zu, wenn ich nach Hause kam, was für ein Fach ich in diesem Semester belegt hatte oder wer es lehrte. Es stellte sich heraus, dass er viele meiner Professoren sehr gut kannte. Einmal hat er mir sogar einen Rechenstab geschenkt. Diese Rechenstäbe waren damals sehr teuer, aber zum Studium der Naturwissenschaften unentbehrlich. Irgendwie hatte er ihn besorgt, und einer seiner Mitarbeiter brachte ihn mir in die Vorlesung. Langsam lernte ich die andere Seite meines Vaters kennen. Viele Stunden lang sprachen wir beim Reiswein miteinander über die Industrie in Korea oder über interessante chemische Reaktionen. Es kam auch vor, dass er mir von Problemen, die er mit seiner Arbeit und in der Familie hatte, erzählte. Und hin und wieder, wenn der Reiswein ihm die Zunge löste, wagte er es sogar, mir gegenüber Gefühle zu zeigen, etwa indem er seiner Trauer darüber freien Lauf liess, dass seine zwei ältesten Kinder in Nordkorea verschollen waren und er sie sehr vermisste. Ich begann zu begreifen, was für ein einsamer Mensch er in unserer Familie war.

Trotz dieses unerwarteten Ansporns durch Vater wollte ich mich nicht nur mit Chemie befassen. Ich suchte eine neue Freizeitaktivität und fand diese schliesslich in der Redaktion der studentischen Zeitschrift unserer Hochschule. Hier war ein Ort, wo ich ausspannen konnte. Die meiste Zeit waren wir zu fünft. Unsere Arbeit bestand darin, Hochschulnachrichten oder Berichte über aktuelle Themen zu verfassen. Die Zeitung erschien alle zwei Monate. Wir waren ein wirklich gutes Team und scheuten keine Nachtarbeit, damit unser Blatt pünktlich erscheinen konnte. Wenn alle Artikel geschrieben waren, gingen wir zusammen zur Drukkerei, um Korrektur zu lesen, und am Schluss holten wir die fertigen Zeitungen mit dem Bus gemeinsam wieder ab.

In dieser Gruppe lernte ich Hyn-Soo kennen, einen kleinen, scharfsinnigen Studenten, der ausgezeichnete Beiträge schrieb. Er war mir sympathisch, und wir diskutierten viel über die Artikel oder Berichte, die in unserer Zeitung erscheinen sollten. Er musste Maschinenbau studieren, weil sein Vater eine kleine Maschinenfabrik besass und er als einziger Sohn sie einmal übernehmen sollte. Er selber wäre lieber Schriftsteller geworden, und da das nicht möglich war, schrieb er für unsere Zeitung. Im Laufe der Monate verbrachten wir immer mehr Zeit miteinander. Wenn es der Stundenplan erlaubte, unternahmen wir gemeinsame Spaziergänge. Es gab ja weit und breit kein Café, kein Tanzlokal oder Restaurant, aber es gab wunderschöne Sonnenuntergänge und romantische Sommerabende. Unserer Beziehung drohte jedoch schon bald das Ende, weil Hyn-Soo Militärdienst leisten musste wie alle jungen Männer in Südkorea. Absolvierten sie ihn während der Studienzeit, so dauerte er anderthalb Jahre, nach dem Studium allerdings drei Jahre. Dieser verkürzte Militärdienst für Studenten war viel härter als der dreijährige, aber die meisten bevorzugten ihn, weil die Gefahr bestand, beim dreijährigen Dienst vieles aus dem Studium zu vergessen. Und dann hätten sie die Aufnahmeprüfungen, die sie bei Firmen ablegen mussten, um einen Arbeitsplatz zu bekommen, nicht bestanden. Dieser Militärdienst wurde von allen gehasst, trotzdem stellte er für viele junge Männer die Möglichkeit der Flucht vor der perspektivlosen Realität dar. Die Arbeitslosigkeit war auch in den akademischen Berufen sehr hoch.

Als Hyn-Soo eingezogen wurde, waren wir beide sehr traurig, und es kam wie befürchtet. Unsere Beziehung war nicht stark genug, um die Entfernung und die fehlenden Kontaktmöglichkeiten auszuhalten. Zum Glück hatte ich In-Young, der ich mein Herz ausschütten konnte. Und bald schon beschäftigte mich eine schwerwiegendere Trennung, die meines Vaters von unserer Stiefmutter.

Den Ausschlag gaben die Schulden, die durch ihre Spielsucht entstanden waren. Während Jahren hatten die beiden wegen des Geldes gestritten. Sie konnte nicht damit umgehen, daher hatte sie nie welches und war ständig unzufrieden. Ihre Unzufriedenheit hatte sie während Jahren an ihrer Mutter ausgelassen, nach deren Tod richtete sich ihr ganzer Zorn gegen Vater und meine Geschwister. Sie kümmerte sich nicht um den Haushalt und nicht um ihre Kinder. Sie verbrachte die meiste Zeit im Kreis von Freunden, ebenfalls Spieler. Es gab damals in bestimmten sozialen Schichten ein Geldspiel, das viele Ehen und Familien zerstört hat. Es hiess Ratenzahlung und verlief nach festen Regeln, die vor allem für den Chef der Geldgemeinschaft ein hohes finanzielles Risiko bedeuteten. Leider war die Stiefmutter oft die Chefin und musste daher ihren Mitspielern Geld ausleihen. Da sie aber über zu wenig eigenes Kapital verfügte, musste sie Bürgschaften oder Kredite bei Banken aufnehmen, was ihr nicht immer gelang. Dann griff sie zu anderen Mitteln der Geldbeschaffung. Die Folge war, dass sich eines Tages eine Brotfabrik mitten in unserem Garten installierte. Stiefmutter hatte kurzerhand das Grundstück an die Fabrik vermietet, um auf diese Weise an Geld zu kommen.

Die ganze Geschichte war für Vater und uns sehr peinlich. Vater versuchte, sich auch weiter hinter seiner Arbeit zu verstecken, doch das gelang je länger je weniger. Immer öfter gab es so heftige Streitereien zwischen den beiden, dass es zu Gewalttätigkeiten kam. In ihrer Wut schmiss die Stiefmutter mit allem um sich, was ihr in die Hände kam. Vater bekam dann Angst vor ihr und rief uns zu Hilfe, wenn sie ihn angriff. Ich empfand Vater als Schwächling, und die Stiefmutter hasste uns nur umso mehr wegen unseres Eingreifens.

Das wahre Ausmass von Stiefmutters Spielsucht begriffen wir erst, als eines Tages die Polizei zu uns kam und alles Mobiliar beschlagnahmte, sogar das Haus wurde uns weggenommen. Wir mussten ausziehen und uns in einem Armenviertel am Rande von Seoul ansiedeln. Erst jetzt brachte Vater den Mut auf, sich von seiner Frau zu trennen, obwohl gemäss konfuzianischer Tradition schon viel geringere Anlässe genügt hätten, die Ehefrau für ihr Verhalten zu verstossen. Im Jahr 1962 kam es zur Scheidung, und sie musste uns verlassen, weil sie die Familie in den Ruin getrieben hatte. Auch von ihren vier Kindern im Alter von 16, 14, 10 und 8 Jahren, die sie zusammen mit Vater hatte, musste sie sich trennen. Sie hatte kein Recht, den Kontakt zu ihren Kindern aufrecht zu erhalten – sie musste einfach gehen und für immer verschwinden.

In-Young war nun für den Haushalt und die Stiefgeschwister verantwortlich. Sie war damals 26 Jahre alt, noch nicht verheiratet und musste die Mutter voll ersetzen. Obwohl die Stiefmutter sich nicht um die Kinder gekümmert hatte, war sie doch für sie eine Mutter gewesen. In-Young blieb nichts anderes übrig, als alle ihre ausserfamiliären Aktivitäten aufzugeben und zu Hause zu bleiben. Dies war, besonders unter den neuen Lebensbedingungen in diesem Elendsviertel, wirklich nicht leicht. Unsere neue Nachbarschaft bestand aus Tagelöhnern oder Arbeitslosen, die sich irgendwie durchschlugen. Entsprechend schlecht war es um den Zustand der Häuser und Strassen bestellt. Da Vater ungeachtet seiner privaten Misere weiterhin eine hohe Stellung als Beamter innehatte, wurde er jeden Morgen von einem Jeep abgeholt, dessen Autonummer für alle sichtbar machte, wie hochgestellt die darin transportierte Person im Staatsapparat war. Der Chauffeur, der den Jeep fuhr, trug weisse Handschuhe. Als er zum ersten Mal an unserer neuen Adresse vorfuhr, kam es zu einem richtigen Auflauf. Warum fuhr ein solches Auto vor, und wem galt dieser Service? Die Leute konnten es gar nicht fassen, dass eine Persönlichkeit wie unser Vater hier unter ihnen wohnte, und sie kamen jeden Morgen erneut angelaufen, um diese Attraktion zu bestaunen. Es war klar, dass wir hier nicht bleiben konnten, doch ohne Geld war ein Wechsel in ein angemesseneres Wohnquartier nicht möglich. Wir hatten es ausschliesslich den Studenten unseres Vaters zu verdanken, dass nach sechs Monaten der Umzug doch möglich wurde. Aus Dankbarkeit ihrem Lehrer gegenüber hatten sie eine Sammelaktion bei Firmen gestartet, die durch die Unterstützung unseres Vaters wirtschaftlich erfolgreich geworden waren. Es kam tatsächlich genügend Geld zusammen, um ein schönes Wohnhaus in einem guten Viertel zu kaufen. Durch diese turbulente Zeit steuerte In-Young die Familie mit ihrem ruhigen, geduldigen und lieben Charakter. Die Kraft, die sie dafür aufbrachte, schöpfte sie aus ihrem Glauben. Ohne sie hätte auch ich nicht in Ruhe weiter studieren können.

Nach Hyn-Soos Eintritt ins Militär war ich traurig und hatte eigentlich nicht im Sinn, mich neu zu verlieben. Doch es kam anders. Gegen Ende meiner Studienzeit lernte ich Kim Tai-Hwan kennen. Er studierte Maschinenbau und hatte damals bereits den Militärdienst hinter sich. Tai-Hwan war ein fröhlicher, witziger Mensch, ein selbstbewusster, brillanter Student, der sich für Buddhismus und Philosophie interessierte. Da ich damals schon von einer Fortsetzung meines Studiums im Ausland träumte und immer noch an meinem Freund Hyn-Soo hing, war ich eigentlich nicht an einer neuen Freundschaft interessiert. Doch Tai-Hwan war hartnäckig und brachte immer wieder sein Interesse an mir zum Ausdruck. Und so kamen wir uns doch allmählich näher, sehr zum Leidwesen anderer Studenten, die sich ebenfalls um mich bemüht hatten. Es herrschte an unserer Hochschule ein absoluter Männerüberschuss, der dazu führte, dass die wenigen Studentinnen stets sehr umworben waren und es von allgemeinem Interesse war, welcher Glückliche schliesslich erhört wurde.

Tai-Hwan kam aus Gaesung, der alten Hauptstadt der Koryo-Dynastie, welche ganz nahe an der Demarkationslinie liegt. Vor dem Waffenstillstand gehörte sie zu Südkorea, danach wurde sie jedoch Nordkorea zugeschlagen. Weil Seoul nur ungefähr 60 km entfernt war, schickten die wohlhabenden Familien von Gaesung ihre Kinder nach Seoul in die guten Mittelschulen. Tai-Hwans Grossvater hatte durch das Ginsenggeschäft sehr viel Geld verdient, so dass eine gute Bildung für die Söhne und Enkel ein Selbstverständlichkeit war. Einer seiner Söhne wurde ein bekannter Frauenarzt mit einer Praxis mitten in Seoul. Auch Tai-Hwans Vater war aus beruflichen Gründen oft in der Hauptstadt. Als Tai-Hwan auf die Mittelschule nach Seoul kam, wohnte er nur noch an den Wochenenden und in den Ferien daheim in Gaesung. Es war damals unvorstellbar, dass eines Tages eine Situation eintreten könnte, in der die Rückkehr nach Gaesung für immer verboten sein würde. Doch nach dem Ende des Koreakriegs, als die endgültige Demarkationslinie gezogen wurde, gehörte Gaesung definitiv zu Nordkorea und lag damit im Feindesland. Tai-Hwans Familie wurde getrennt. Am Anfang gab sie sich noch der Illusion hin, dass es sich dabei nur um eine kurzfristige Trennung handeln würde. Und so blieb Tai-Hwan mit seinem Vater in Seoul und die Mutter mit den anderen drei Kindern in Gaesung.

Diese Trennung war für Tai-Hwan sehr schwer, denn er liebte und respektierte seine Mutter über alles. Sie muss eine sehr weise und gutherzige Frau gewesen sein, während die Beziehung zu seinem Vater schwierig war. Dieser hatte bis zu diesem Zeitpunkt nie auf eigenen Füssen gestanden, sondern immer vom Vermögen des Vaters gelebt. Während Tai-Hwan mit seinen sechzehn Jahren die Trennung von seiner Mutter und den Geschwistern tapfer zu ertragen versuchte, wurde sein Vater depressiv und krank. Am Anfang lebten die beiden noch von Grossvaters Geld, auch der Onkel in Seoul griff ihnen unter die Arme. Doch je länger dieser Zustand der Trennung dauerte, ohne dass sich eine Lösung abzeichnete, um so mehr gingen die Verwandten auf Distanz. Plötzlich stand Tai-Hwan ganz alleine mit seinem kranken Vater da. Irgendwie musste er sich durchschlagen. Er begann, Zeitungen, Zigaretten und Kaugummi zu verkaufen, er arbeitete auf Baustellen. Die Schule trat in dieser Zeit völlig in den Hintergrund. Er hatte aber genügend Selbstbewusstsein, um zu wissen, dass er seine schulische Laufbahn eines Tages fortsetzen würde. Und so kam es auch. Er beschloss, eine Abendschule zu besuchen und anschliessend zu studieren. Als ich ihn in Incheon kennen lernte, studierte er mit einem Darlehen des Staates und gab Nachhilfeunterricht für High School-Schüler. Sein Vater starb, als er nach dem Studium seine erste Stelle in einer Maschinenfabrik angetreten hatte. Äusserlich war Tai-Hwan ein aktiver und fröhlicher Mensch, dem man seine Erlebnisse nicht anmerkte. In seiner Seele jedoch hatte diese schwere Zeit Spuren hinterlassen.

Die Chance ergreifen

Ende 1963, kurz vor den Abschlussprüfungen an der Technischen Hochschule, bewarb ich mich um eine Stelle bei einer Zellstofffabrik in der Nähe von Seoul. Die Prüfungen waren schwierig, und der Konkurrenzdruck war gross. Doch ich war erfolgreich und bekam meine erste Anstellung als Chemie-Ingenieurin. Das war nicht selbstverständlich. Noch immer galt für die Arbeiterinnen in den Fabriken und die 30'000 weiblichen Angestellten in den Büros die Praxis der Zwangspensionierung, sobald die Frau heiratete oder spätestens wenn sie ein Kind bekam. Und Frauen über fünfundzwanzig hatten keine Chance mehr auf eine Stelle, was vor allem für Witwen und Geschiedene eine untragbare Situation bedeutete, denn gerade sie mussten unbedingt Geld verdienen können, um sich und ihre Familie durchzubringen. Wir hoch qualifizierten Frauen bildeten eine absolute Minderheit in den von Männern dominierten Berufen. Selbst zwanzig Jahre später gab es im Management und höheren Verwaltungsbereich unter tausend Männern höchstens eine Frau. In der Forschung sah es nicht besser aus. Deshalb war ich ungeheuer stolz, es geschafft zu haben. Nun würde ich als Akademikerin mein eigenes Geld verdienen, so wie ich es mir immer gewünscht hatte.

Diese Zellstofffabrik wollte als erste Firma in Korea Zellstoffe aus koreanischen Tannen herstellen. Als ich dort mit drei männlichen Kollegen anfing, die wie ich eben erst die Aufnahmeprüfung bestanden hatten, war gerade der Rohbau des Fabrikgebäudes fertig. Die für die Produktion nötigen Maschinen waren in Deutschland bei der Firma Escher Wyss in Ravensburg gekauft worden und mussten erst noch geliefert und installiert werden. Obwohl die Firma in der Nähe von Seoul lag, brauchte ich jeden Tag fast drei Stunden, um dorthin zu kommen. Aber ich war fest entschlossen, dies auf mich zu nehmen.

Anfangs wusste ich nicht, womit ich mich in der neuen Firma beschäftigen könnte. Es war vereinbart, dass ich das Prüfungslabor übernehmen sollte. Dieses befand sich jedoch noch im Bau. Mein Arbeitsplatz bestand aus einem staubigen Tisch und ein paar Büchern über Papier- und Zellstofferzeugung. Meine Kollegen, die Maschinenbau studiert hatten, befassten sich mittlerweile damit, die aus Deutschland eingetroffenen Maschinenteile auszupacken und die Installationsanleitungen zu studieren. Ich fühlte mich nutzlos und schlug deshalb der Firmenleitung vor, ein Praktikum beim Central Research and Test Institute, Abteilung Papier und Zellstoff, zu machen, wo Vater damals Vizedirektor war. Dies wurde für die Dauer von drei Monaten bewilligt, worüber ich sehr glücklich war. Ich hatte das Gefühl, dass mir die ganze Welt offen stünde. Die Praktikumsarbeit machte mir enormen Spass, weil für mich alles neu war, ob es sich um Messungen handelte, um das Lernen der Verfahrenstechniken oder um das Lesen von Fachbüchern. Nach Feierabend hatte ich viel Zeit und sogar noch etwas Geld in der Tasche, so dass ich durch Buchhandlungen schlenderte, mich mit Tai-Hwan oder anderen Freunden in Teehäusern oder Musiksalons traf oder auch meine Schwester In-Young besuchte, die inzwischen verheiratet war.

Diese Musikhäuser waren damals etwas Neues und auch für junge Intellektuelle sehr anziehend. In schönen, abgedunkelten Räumlichkeiten wurde klassische Musik gespielt, während die Gäste in sehr bequemen Sesseln sassen und zuhörten. Dies war eine der ganz wenigen Gelegenheiten für junge Liebespaare, aneinandergelehnt zu sitzen und eine diskrete Berührung zu wagen.

Während dieses Praktikums lernte ich Vater von seiner beruflichen Seite kennen. Das Institut war bis Mitte der sechziger Jahre die einzige staatliche Forschungs- und Prüfungseinrichtung auf technischem Gebiet. Es wurde nicht nur geforscht, sondern es wurden auch Beratungen und Dienstleistungen für kleine und mittlere Unternehmen angeboten, bis hin zur Normenvergabe für die industriellen Produkte Südkoreas. Dieses Institut legte den Grundstein zur heutigen koreanischen Industrie. Unter den leitenden Angestellten gab es bereits einige Frauen, die fast alle in den USA oder in Europa studiert oder sich dort weitergebildet hatten. Sie leisteten nicht nur gute Arbeit, sie trugen auch grosse Verantwortung. Obwohl sie Familie und Kinder hatten, blieben sie weiter in ihrem jeweiligen Fachgebiet tätig. Sie unterzogen sich nicht der gesellschaftlichen Forderung, nach der Heirat ihre Arbeit freiwillig oder unter dem Druck der Familien und Firmen aufzugeben. Denn an diesem Institut herrschte ein anderer Geist. Für Vater waren Wissen und Können entscheidend und nicht das Geschlecht seiner Mitarbeitenden. In dieser Hinsicht war er wirklich ein sehr progressiver Chef.

Die Wochen am Institut verhalfen mir zu Klarheit darüber, wie mein künftiges Leben aussehen sollte. Ich wollte irgendwo im Ausland studieren, genau wie diese Frauen es getan hatten, um ein möglichst gutes Fachwissen zu erlangen und mein Leben als berufstätige Frau gestalten zu können.

Ab und zu ging ich zu meiner Firma und berichtete über die Arbeit am Institut. Bei einem der Besuche erlebte ich eine Überraschung. Ein deutscher Maschinenmonteur wurde mir vorgestellt, sein Name war Eugen Kübler. Er sollte all diese Maschinen aufstellen und zum Laufen bringen. Er war Mitte vierzig, ein ruhiger und feiner Mann. Das ganze Team arbeitete unter seiner Anleitung von morgens bis spät abends. Er war zu diesem Zeitpunkt bereits seit über zwanzig Jahren als Maschinenmonteur bei Escher Wyss tätig und hatte auf der ganzen Welt gearbeitet, vor allem in Südamerika und Europa. Daher kannte er die Abläufe einer im Aufbau befindlichen Firma. Er liess sich von der Hektik und Nervosität nicht anstecken und bewahrte auch in schwierigen Situationen stets die Ruhe. Da ich an der High School und der Technischen Hochschule Englisch und als zweite Fremdsprache Deutsch belegt hatte, konnte ich mich ein wenig mit ihm unterhalten. Wenn Herr Kübler Mühe hatte, sich mit seinem Team zu verständigen, versuchte ich mit Hilfe des Wörterbuchs zu vermitteln. Bei der Firmenleitung entstand dadurch der Eindruck, ich könne gut Deutsch, und als ich nach dem Praktikum vom Institut in die Firma zurückkam, bestand meine erste Aufgabe darin, Herrn Kübler zu helfen und zu übersetzen. An den Wochenenden zeigte ich ihm ab und zu die Sehenswürdigkeiten von Seoul oder lud ihn ein, das Institut zu besichtigen, welches mein Vater leitete. Oft unterhielten wir uns über unsere Arbeit, und dabei kamen wir auch auf meinen Wunsch zu sprechen, mich im Ausland weiterzubilden. Ich sagte ihm, dass die Verwirklichung dieses Wunsches wohl an den fehlenden Finanzen scheitern würde. Das schien ihm keine Ruhe zu lassen, und kurze Zeit später unterbreitete er mir einen Vorschlag. Sein Bruder Walter, der als Diakon ein evangelisches Ferienheim mit Jugendherberge in Süddeutschland leitete, brauchte vielleicht eine Arbeitskraft. Auf diese Weise könnte ich das Geld für die Reise und eventuell für mein weiteres Studium verdienen. Wenn ich einverstanden sei, würde er ihn mal fragen.

So traumhaft mir diese plötzlich auftauchende Chance erschien, so sehr hatte sie doch einen realen Hintergrund: Anfangs der sechziger Jahre boomte die westdeutsche Wirtschaft, auf allen Gebieten fehlten Arbeitskräfte. Da die Bundesrepublik und Südkorea seit den fünfziger Jahren über enge Beziehungen verfügten, hatte die Bonner Regierung 1963 mit Südkorea vereinbart, koreanische Arbeitskräfte in die Bundesrepublik zu schicken. Gesucht waren vor allem Bergarbeiter und Krankenschwestern. Die koreanische Regierung wiederum war daran interessiert, ihren Überschuss an Arbeitskräften im Ausland unterzubringen. Die Einkommensverhältnisse in Korea waren miserabel, ferner gab es offiziell 280'000 Arbeitslose, davon waren ein Viertel Akademiker. In Wirklichkeit lag die Zahl noch weit höher. Viele träumten von einer Chance, im Ausland zu arbeiten, zu studieren, Geld zu verdienen, um so der Armut und Perspektivlosigkeit im eigenen Land zu entkommen. Die Bundesrepublik war das einzige europäische Land, das den Menschen aus Südkorea eine solche Chance bot. Sie sollten das Recht erhalten, drei Jahre in Deutschland zu arbeiten, um dann wieder in die Heimat zurückzukehren und beim Aufbau der koreanischen Wirtschaft zu helfen. So jedenfalls hatte sich das Südkoreas Präsident Park Chung-Hee vorgestellt, als er

1962 ein Gesetz zur Emigration ins Ausland erliess. Bereits 1963 reisten die ersten koreanischen Bergarbeiter nach Deutschland, zwei Jahre später folgten dann die ersten Krankenschwestern.

Die Bergarbeiter mussten diesen Beruf in einer nur wenige Monate dauernden Schnellbleiche lernen, sie kamen ja aus ganz anderen, oftmals akademischen Berufen. Dass diese kurze Zeit nicht ausreichte, um sie auf die Härte eines deutschen Bergarbeiteralltags vorzubereiten, mussten sie in Deutschland schmerzlich erfahren. Einige waren den Anforderungen nicht gewachsen und starben bald. Doch davon konnten wir in koreanischen Zeitungen nichts lesen. Präsident Park Chung-Hee reiste 1964 in die Bundesrepublik und dankte persönlich den Bergarbeitern bei einem Treffen für ihren grossen Einsatz. Nur so könne Korea, dem «Wunder vom Rhein» folgend, ein «Wunder am Han» vollbringen. Wir träumten von einer solchen Chance und waren bereit, sie zu ergreifen, egal wie schwer das Leben im fremden Land werden würde. Unabhängig von Parks Beziehung zur Bundesrepublik genoss Deutschland in Korea einen sehr guten Ruf. Die deutsche Philosophie, Literatur und Musik genauso wie das technische Können fanden grossen Anklang bei allen Bildungsbewussten. Daran hatten auch der Nationalsozialismus und die Judenvernichtung nichts geändert, auch, weil wir darüber kaum etwas Konkretes wussten. Hinzu kam, dass dieses Land zweigeteilt war, genau wie Korea, wodurch wir uns noch verbundener fühlten.

Als Tai-Hwan von meinen Plänen erfuhr, eventuell nach Deutschland zur Arbeit und zum Studium zu gehen, war er natürlich sehr enttäuscht, denn damals war unsere

Beziehung bereits so weit gediehen, dass wir sogar von einer gemeinsamen Zukunft sprachen. Er war erfolgreicher Mitarbeiter in einer Firma, die Fahrräder und Dreiradautos herstellte. Die Zeit schien gekommen, den Traum von einer eigenen Familie im eigenen Heim verwirklichen zu können, wonach er sich seit der Trennung von seiner Mutter so sehr gesehnt hatte. Er wollte mich deshalb unbedingt überreden, meinen Plan aufzugeben. Aber da biss er auf Granit, denn ich war fest entschlossen, für meine Zukunft in Deutschland alles andere aufzugeben. Ein von konfuzianischen Traditionen bestimmtes Leben als gute Ehefrau und Mutter, die gehorsam ihrem Mann diente, erschien mir nicht verlockend. Ich hatte genug abschreckende Beispiele von Frauen vor Augen, die vollkommen hilflos und abhängig waren, da sie finanziell und geistig kein selbständiges Leben führen konnten. Schwierige Gespräche zwischen Tai-Hwan und mir waren die Folge. Schliesslich einigten wir uns darauf, dass wir uns vor meiner Abreise noch verloben würden und er dann nachkäme, wobei ich ihm von Deutschland aus dabei helfen sollte. Wir wollten dann dort heiraten und gemeinsam studieren. Ich sagte zu allem ja, obwohl ich keine Ahnung hatte, was in Deutschland auf mich zukommen würde und wie es dort für mich weitergehen sollte.

Viel weniger schwierig verlief das Gespräch über meine Pläne mit Vater. Als ich ihm erzählte, dass ich die Chance hätte, nach Deutschland zu gehen, reagierte er zu meinem Erstaunen sehr positiv. Er bedauerte nur, dass er mir finanziell nicht helfen könne, weil sein Lohn im Institut zu gering war und die ganze Familie davon leben musste. Er hatte wieder geheiratet und musste neben meinen vier Halbgeschwistern auch seine neue Frau und deren Nichte ernähren, die nun an Stelle von In-Young den Haushalt führte. Ein solches Einverständnis mit den Plänen seiner Tochter war damals für einen koreanischen Vater ganz aussergewöhnlich. Es war eigentlich unvorstellbar, die Tochter ohne finanzielle Sicherheiten in eine unbekannte Welt gehen zu lassen. Ich konnte mit der Gewissheit nach Deutschland reisen, dass er meinen Plan unterstützte. Das war ein sehr gutes Gefühl, das mir Sicherheit gab, das Richtige zu tun.

Eugen Kübler kehrte kurz vor Weihnachten 1964, nach fast sechs Monaten Arbeit in unserem Betrieb, wieder nach Deutschland zurück. Vor seiner Abreise bekam ich bereits die Zusage von seinem Bruder Walter, dass er mich gerne in seiner Jugendherberge beschäftigen wolle und sich auch um die erforderlichen Genehmigungen kümmern würde. Die beiden Brüder hatten sich sogar darauf geeinigt, dass Walter zwei Drittel und Eugen ein Drittel meiner Flugkosten vorläufig übernehmen würden. Ich sollte zunächst Walter Küblers Anteil in seiner Jugendherberge abarbeiten und danach Eugens Anteil zurückzahlen, ganz wie es meine zukünftige Situation erlauben würde. Der Preis für einen Flug nach Deutschland war damals noch astronomisch hoch. Allein der Hinflug kostete 3'300 DM, ein Betrag, von dem ich mir nicht mal im Traum vorstellen konnte, wie er aufzubringen sein sollte. Doch ich wollte das Wagnis eingehen und mich durch nichts davon abbringen lassen.

Und so wartete ich nach Eugen Küblers Abreise Tag für Tag auf einen Brief aus Deutschland. Und es dauerte nicht lange, da traf die Aufenthaltsgenehmigung für mich ein, ausgestellt auf einen mir gänzlich unbekannten Ort namens Tieringen. Alles ging nun recht schnell und reibungslos. Ich war sehr berührt und dankbar für diesen mutigen Einsatz der beiden Brüder. Ob sie sich bewusst waren, wie sehr ihre Entscheidung mir Hoffnung und Mut gab und meinem Leben eine ganz andere Richtung verlieh? Mitte März 1965 stand ich dann tatsächlich auf dem Kimpo Airport in Seoul. Ich verliess Korea als 26-jährige Frau, die keine Ahnung hatte, was in dem fremden Deutschland auf sie zukommen würde. Ich verfügte nur über viel Mut und die Gewissheit, dass es nicht schlimmer als damals im Krieg in Pusan als Dienstmädchen kommen könnte. Erneut hatte sich eine Tür in die Zukunft geöffnet, und ich zögerte keine Sekunde.

Aufbruch

Zum ersten Mal verliess ich mein Heimatland. Ich war aufgeregt und traurig zugleich. Es waren nicht viele Dinge, die ich mitnahm. Das Wichtigste in meinem Gepäck war ein deutsch-koreanisches Wörterbuch. Ausserdem nahm ich die koreanische Tracht, genannt Han-Bok, mit, die ich zu Hause nur zum Neujahr und zum Erntedankfest getragen hatte und die mein bestes Kleidungsstück war. Und schliesslich hatte ich, um für die anderen Essgewohnheiten der Deutschen gewappnet zu sein, auch eine scharfe Paprikapaste eingepackt.

Da es keinen direkten Flug nach Deutschland gab, musste ich zuerst von Seoul nach Tokio fliegen, dort übernachten, um dann am nächsten Tag nach Europa weiterzufliegen. Nie zuvor hatte ich ein Flugzeug betreten. Eingeschüchtert nahm ich die vielen schick gekleideten Geschäftsherren wahr, die ebenfalls mitflogen. Ich war sehr angespannt bis wir in Tokio landeten. Dort war für mich eine Übernachtung in einem First Class Hotel arrangiert, wohin mich nach der Landung ein Taxi brachte. Am nächsten Morgen sollte ich wieder abgeholt und zurück zum Flughafen gefahren werden. Eine neue Erfahrung war auch dieses Hotel: Das Zimmer war japanisch eingerichtet, mit Tadami-Boden, und alles war sehr sauber und perfekt. Ich hatte keine Ahnung, wie ich mich in solch einem Zimmer verhalten musste, und verspürte nur Angst, etwas falsch zu machen. Ich getraute mich nicht, den Wasserhahnen im Badezimmer zu bedienen und die schneeweissen Handtücher zu benutzen. Ich wusste nicht einmal, ob ich tatsächlich in solch einem vornehmen Bett mit edler Bettwäsche schlafen durfte. Alles erschien mir so vollkommen und neu, dass ich mir einfach nicht vorstellen konnte, dass diese Dinge zur täglichen Benutzung durch die Hotelgäste bestimmt waren. Ich getraute mich nicht, jemanden im Hotel zu fragen, wo ich etwas zu essen bekommen könnte. Und so verbrachte ich die Nacht auf der Bettdecke kauernd, schlaflos, auf den nächsten Morgen wartend. Da ich nicht wusste, ob es Frühstück gab und wo, sass ich einfach nur im Zimmer und wartete darauf, abgeholt und wieder zum Flughafen gebracht zu werden. Obwohl ich mehr als einen Tag nichts gegessen hatte, verspürte ich vor lauter Anspannung keinen Hunger. So präsentierte sich mir Japan mit all seinem Luxus und seiner Moderne und demonstrierte damit erneut seine Überlegenheit Korea gegenüber. Ich war wie gelähmt und hatte nur den einen Wunsch, unbeschadet und so schnell wie möglich weiter reisen zu können.

Von Tokio aus flog ich mit der Lufthansa nach Frankfurt und weiter bis Stuttgart. Von dort aus sollte es dann mit dem Auto nach Tieringen gehen. Ich konnte weder den Namen dieser Stadt richtig aussprechen, noch hatte ich eine Ahnung, wo sie lag, ob sie gross oder klein war. Tieringen – bedeutungslose Buchstaben auf einem Blatt Papier.

Am Stuttgarter Flughafen holte Walter Kübler mich ab. Obwohl er mich noch nie gesehen hatte, war es nicht schwer für ihn, mich zu finden, denn es gab damals ja noch kaum asiatische Reisende. Für mich war es genau umgekehrt. Plötzlich sah ich überall gross gewachsene Menschen mit blonden Haaren und grossen, blauen, grünen oder braunen Augen. Und dann diese riesigen Nasen! Dass Europäer bei uns «Langnasen» hiessen, empfand ich beim Anblick dieser Gesichter als überaus zutreffend. Der Flughafen erschien mir enorm gross, er war mit vielen prachtvollen Blumen geschmückt, und alles glänzte vor Sauberkeit. Ich hatte vom «Wunder am Rhein» gehört und wie viel die Amerikaner diesem Land nach dem Krieg beim Wiederaufbau geholfen hatten. Doch ganz offensichtlich hatte dieses Land, das wie Korea durch den Krieg vollkommen zerstört und nun geteilt war, eine völlig andere Entwicklung durchlaufen als mein Heimatland. Das wurde mir erst recht bewusst, als wir über breite Autobahnen zu meinem neuen Wohnort fuhren. Dichte grüne Wälder und zahllose Autos flogen nur so an mir vorbei. Unterdessen erzählte Walter munter drauf los und fragte mich vieles, doch ich brachte kein Wort heraus. Ich hatte einen richtigen Schock.

Am Ziel angekommen, stellte mich Walter seiner Familie vor und zeigte mir mein Zimmer im Nebengebäude der Jugendherberge. Es verfügte über ein grosses Fenster mit Blick ins Grüne, ein Bett mit einer rätselhaften Federbettdecke, einen Kleiderschrank, Tisch, Stuhl und ein Waschbecken. Vollkommen erschöpft fiel ich ins Bett, und dort blieb ich mehrere Tage lang mit hohem Fieber liegen.

Erste Schritte in der neuen Welt
Nachdem ich mich von der Reise erholt hatte, lernte ich allmählich die Herbergseltern kennen. Walter Kübler und seine Frau Rösli leiteten gemeinsam diese evangelische Jugendherberge, das Landheim Tieringen, Walter als Diakon und seine Frau Rösli als Hauswirtschafterin. Besonders Rösli schloss ich wegen ihrer liebevollen Art sofort ins Herz. Walter war ein echter Schwabe, fleissig, aktiv und ordnungsliebend. Sie hatten drei Kinder, die auch im Landheim lebten.

Auf seine schwäbische Heimat, das «Ländle», war Walter stolz. Für mich erstaunlich war, dass er ökologische Ansichten vertrat. Alles was mit Chemie zu tun hatte, erachtete er als giftig. Von ihm erfuhr ich, dass der in Korea so bewunderte Rhein wegen der an den Ufern angesiedelten chemischen Industrien völlig verschmutzt war. Wir bewunderten diesen Fluss als Sinnbild eines wirtschaftlich erfolgreichen Landes, dem wir es in Korea nachmachen wollten. Von Umweltbelastung, Fischsterben und dergleichen hatte selbst ich als Chemikerin bis dahin keine Ahnung gehabt. So sassen wir viele Abende zusammen, und ich erfuhr mehr und mehr über mein Gastland.

Meine Arbeit im Landheim bestand vor allem aus Putzen, Kochen, Wäsche waschen und Bügeln. Das Landheim verfügte über 70 Betten, und die Gäste erhielten Vollpension. Hauptsächlich kamen Schulklassen, Studentenguppen oder Erwachsene, die hier Bibelarbeit machten oder an speziellen Kursen teilnahmen. Das Personal bestand meistens aus vier bis sechs Leuten. Das waren Walter, Rösli, ihre Schwester Gudrun und ich, ab und zu stiess noch eine Praktikantin der Hauswirtschaftsschule zu uns.

Wenn Gästewechsel anstand, ging es hektisch zu, denn innerhalb von einem oder zwei Tagen mussten wir alle Zimmer, Sanitäreinrichtungen und Säle putzen, die Bettwäsche waschen und bügeln und die Betten frisch beziehen. Wir mussten dann alle von früh bis spät arbeiten. Hier erlebte ich, was die Deutschen unter Sauberkeit und Fleiss verstanden. Walter kontrollierte nämlich zum Abschluss mit dem Finger, ob wir auch überall richtig geputzt hatten. Nach solchen Tagen war ich so kaputt, dass ich mich fast nicht mehr auf den Beinen halten konnte. An anderen Tagen musste ich von morgens bis abends nur bügeln, allein in einem grossen Zimmer mit einem Berg voller Bettwäsche. Die einzige Unterhaltung war ein kleines Transistorradio. Ich schaltete es zwar ein, da ich aber zu Beginn meines Aufenthalts nur sehr wenig verstand, überfiel mich in diesen Stunden des einsamen Bügelns oft Heimweh. Erst mit der Zeit begann ich mehr zu verstehen, und das Radio wurde mein ständiger Begleiter und wichtigster Sprachlehrer. Ich gewöhnte mir an, es in der Schürzentasche mit herumzutragen. So konnte ich selbst beim Putzen hören, was in Deutschland passierte, und wenn ich etwas nicht verstand, griff ich in die andere Schürzentasche und zog das Wörterbuch hervor.

Röslis Schwester Gudrun, mit der ich fast 10 Monate lang hier eng zusammen arbeitete, war meine erste deutsche Freundin. Sie erschien mir als Inbegriff einer fröhlichen, offenen, jungen Deutschen. Sie war allein erziehende Mutter. Ihr Freund wollte nichts mehr mit ihr zu tun haben, nachdem ihre gemeinsame Tochter geboren war. Er behauptete, das Kind sei nicht vom ihm, und entzog sich seiner Verantwortung. Damals gab es noch keinen genetischen Vaterschaftstest, und so musste Gudrun mit ihrer kleinen Tochter irgendwie allein zurecht kommen. Sie brachte mir nicht nur geduldig das Putzen und Spülen, das Bedienen einer Waschmaschine und das Bügeln bei, sondern erzählte mir auch, wie junge Menschen in Deutschland lebten, welche Schulen sie absolvieren konnten, welche Berufe es gab. Sie war gelernte Verkäuferin, und am liebsten ging sie zum Tanzen. Doch Tieringen war ein richtiges «Kaff», das nicht mal ein Café, geschweige denn eine Disco hatte. So musste sich Gudrun damit begnügen, beim Putzen zur Radiomusik zu tanzen. Unter den Gästen gab es immer mal wieder einen jungen Mann, der ihr gefiel. Deswegen kam es dann zu Auseinandersetzungen mit Walter, der ihren Lebenswandel für unmoralisch hielt und sie ständig zu kontrollieren versuchte.

Wenn keine dringenden Arbeiten anstanden, hatten wir am Sonntag frei. Dies war für mich die Gelegenheit, Briefe zu schreiben, deutsche Grammatik zu lernen und am Nachmittag spazieren zu gehen. Die wunderschöne Landschaft der Schwäbischen Alb mit ihren vielen grossen Bäumen beeindruckte mich sehr, besonders im Spätherbst, wenn das Laub rot wurde. In Korea war ich nie auf die Idee gekommen, spazieren zu gehen, doch hier wurde das Spazieren zu meiner Lieblingsbeschäftigung. Ich versuchte so, mit dem Heimweh und dem Fremdsein fertig zu werden. Auch wenn die Menschen um mich herum nett zu mir waren, ich lebte eben doch in einer mir unbekannten Kultur. Ich war die Exotin, auf die die Leute aus dem Dorf gerne einen genaueren Blick warfen. Sie kamen extra ins Landheim und fragten Walter und Rösli über mich aus. Mit mir konnten sie sich ja nur schlecht verständigen, da meine Sprachkenntnisse noch ungenügend waren. Für sie schienen alle asiatisch aussehenden Menschen Japaner zu sein, und obwohl ich das nicht gerade als Kompliment empfand, wurde ich doch unter dieser Voraussetzung immer sehr freundlich begrüsst. Japan hatte in Deutschland einen äusserst positiven Ruf.

Neugier löste meine Anwesenheit auch bei Feriengästen aus, die, nachdem sie erfahren hatten, woher ich kam, sich für meine Heimat interessierten. Ein Militärseelsorger, der immer mal wieder mit Bundeswehr-Soldaten in das Landheim kam, war überzeugt, dass es für sie sehr interessant wäre, etwas über Korea zu erfahren, denn es sei, als Folge des Kalten Krieges, wie Deutschland ein geteiltes Land. Er bat mich, ihnen etwas über Korea, seine Geschichte, seine Sitten und Gebräuche, über die Kolonialzeit, den Krieg und die Teilung zu erzählen. Ich zögerte zunächst, nicht nur wegen meiner mangelhaften Deutschkenntnisse, sondern auch, weil ich nicht glaubte, etwas zu erzählen zu haben. Aber Walter und Rösli überredeten mich und machten mir Mut. Ich liess ein paar Dias von Korea kommen und bereitete passend dazu einen Text vor, was gar nicht so einfach war. Aber dann wurde es doch ein sehr schönes Erlebnis. Ich entschied mich, an diesem Anlass die koreanische Tracht zu tragen, und schon das war für die Soldaten faszinierend. Und als ich gegen Ende meines Vortrags über den 38. Breitengrad als der absoluten Trennungslinie berichtete, die jeglichen Kontakt zwischen den Familien auf beiden Seiten der Grenze verbot, waren sie sehr beeindruckt. Hinterher gab es eine intensive und interessante Diskussion. Dieser Abend blieb nicht ohne Folgen. Ich wurde nun öfter angefragt, einen Vortrag über Korea zu halten, was mir nicht nur sprachlich, sondern auch finanziell geholfen hat.

Ab und zu kamen auch Freunde von Walter an den Wochenenden oder in den Ferien ins Landheim. Darunter war einer, der gut English sprach. Walter kündigte ihn mir an und meinte, dass ich ihn alles, was ich wissen wolle, fragen könne. Ich war sehr gespannt und auch froh, denn immer nur mit meinen paar Brocken Deutsch eine Unterhaltung zu führen, war doch sehr anstrengend. Endlich sollte ich mich wieder einmal ausgiebig in Englisch mit jemandem unterhalten können. Ausserdem bereitete mir das Ausfüllen der Formulare für das Landratsamt Schwierigkeiten.

Dann traf der angekündigte Gast ein. Ein grosser und schlanker Mann mit Kinnbart wurde mir vorgestellt. Sein Name war Ernst. Er war gerne bereit, mir zu helfen, und auch sonst konnten wir über alles sprechen, was mich interessierte. Da seine Mutter in Crailsheim lebte, kam er regelmässig mit seinem VW-Käfer auf dem Weg an seinen Arbeitsort Aarau in der Schweiz hier vorbei. Er war 33 Jahre alt und noch ledig. Ernst erzählte vieles über seine Familie, seine Arbeit in der Schweiz und seine Hobbys. Er zeichnete und fotografierte gern und war ein passionierter Wanderer. Auch liebte er klassische Musik, für die ich mich ebenfalls interessierte. Sein Verhalten mir gegenüber war sehr nett und aufmerksam. Eines Tages überraschte er mich mit dem Vorschlag, ihn zu den Musik-Festwochen nach Luzern zu begleiten. Im ersten Moment war ich sprachlos und hatte keine Ahnung, ob ich eine solche Einladung überhaupt annehmen durfte. Schliesslich war ich ja mit Tai-Hwan verlobt, und das würde eine solche Reise mit einem anderen Mann verunmöglichen. Andererseits war ich nun hier in einer ganz anderen Welt, und meine Gedanken waren weit weg von Tai-Hwan. Nach langem Grübeln warf ich alle Bedenken über Bord und nahm die Einladung nach Luzern an.

Ernst und ich fuhren zuerst nach Aarau. Dort zeigte er mir das Haus, wo er wohnte, und den Verlag, wo er als Lektor arbeitete. Wir spazierten durch die Stadt mit ihren wunderschönen alten Gassen und Häusern und den bunt bemalten Giebeln. Ich war sehr beeindruckt von der Bauweise und dem Wohlstand, den alles hier ausstrahlte. Dann fuhren wir auf idyllischen Landstrassen durch herrliche Landschaften nach Luzern. Diese Stadt machte einen ganz anderen Eindruck auf mich als Aarau. Es war eine traumhafte Stadt, an einem grossen See gelegen, umgeben von hohen Bergen. Die herrschaftlichen alten Gebäude entlang des Sees harmonierten völlig mit dieser Landschaft. Ernst hatte bereits zwei Zimmer für uns reserviert, von denen aus wir auf den See und auf die Pilatusspitze schauen konnten. Tagsüber fuhren wir mit der Seilbahn auf den Pilatus und gingen dort oben mitten im Sommer im Schnee spazieren, abends besuchten wir Konzerte, zu denen ich mein koreanisches Festkleid trug. Ernst gefiel es sehr, und er fand es eine gute Gelegenheit zu zeigen, wie eine alte koreanische Tracht aussah. Tatsache war, dass ich ohnehin nichts Besseres zum Anziehen gehabt hätte. Es waren aufregende, schöne Abende. Nach den Konzerten spazierten wir durch die Gassen der Luzerner Altstadt und unterhielten uns über Gott und die Welt. Er war mir sehr sympathisch, und es beeindruckte mich besonders, wie er mir stets aufmerksam zuhörte und wie behutsam und fein sein Umgang war. Er war für mich die Verkörperung eines richtigen europäischen Gentleman, wie ich ihn aus den Filmen meiner Schulzeit kannte.

Nach diesen Tagen in Luzern war uns beiden bewusst, dass wir uns sehr gern hatten. Ernst sprach sogar davon, dass er mich finanziell unterstützen würde, und schlug mir vor, in Basel Chemie zu studieren. Am liebsten hätte ich dieses Angebot angenommen. Doch mich plagte mein Gewissen, und ich fühlte mich hin und her gerissen. An einem Tag war ich mir – aller moralischen Bedenken zum Trotz – ganz sicher, dass ich mit Ernst mein Leben verbringen wollte, und am nächsten Tag wollte ich diese Beziehung wieder beenden. Dieses dauernde Hin und Her wirkte sich auf unsere Stimmung aus, es wurde immer schwieriger. Und so kam es, dass ich, nachdem wir eine kleine Auseinandersetzung gehabt hatten, Ernst im Zorn einen Brief schrieb, in dem ich ihm mitteilte, dass es mit uns aus wäre und ich ihn nicht mehr sehen wollte. Wenn ich den Brief nicht sofort abgeschickt hätte und wir uns stattdessen ausgesprochen hätten, unser Leben wäre wohl ziemlich anders verlaufen. So aber nahm er meinen Brief wörtlich und kam nicht mehr nach Tieringen. Mir tat dies ungeheuer leid, doch ich hatte nicht den Mut, mich mit Ernst zu versöhnen. Auch er meldete sich nicht mehr bei mir.

An Silvester 1965 kam eine Studentengruppe aus Tübingen in das Landheim. Tagsüber gab es Seminare, und abends wurde gefeiert. Zu ihrer Abschlussfeier waren auch wir eingeladen. Hier habe ich zum ersten Mal gesehen, wie deutsche Studentinnen und Studenten feierten, sangen und tanzten. Sie genossen unbeschwert ihr junges Leben. Ich verglich dieses Leben mit meiner Studienzeit in Korea, die so ganz anders verlaufen war. Die Studenten ihrerseits waren neugierig, mehr über mich zu erfahren, und begannen, mich auszufragen. Als sie hörten, dass ich in Korea mein Chemie-Studium beendet hatte und hier sehr gerne weiter studieren wollte, stellten sie mir einen Chemiedoktoranden vor, der seine Doktorarbeit an der Uni Tübingen machte. Nachdem wir uns über alles Mögliche unterhalten hatten, gab er mir den Rat, zunächst einmal ein Praktikum in der chemischen Industrie zu absolvieren. Er versprach, mir ein paar Adressen von Firmen zu schicken, bei denen ich wegen eines solchen

Praktikums anfragen könnte. Ich fand diesen Vorschlag sehr verlockend, und tatsächlich schickte er mir nach einer Weile einen Brief mit einigen Adressen. Mit Gudruns Hilfe schrieb ich Bewerbungen. Im Februar kam dann eine Antwort von der Abteilung für Anwendungstechnik der Badischen Anilin- und Soda-Fabriken in Ludwigshafen. Sie wollten mich anstellen und einen Monatslohn von 680 DM bezahlen. Meine Freude war riesig. Die Bezahlung war besser als hier in Tieringen, und ich würde in einer chemischen Firma arbeiten und wieder etwas lernen. Inzwischen hatte ich bereits zwei Drittel meiner Flugkosten abbezahlt, so dass einem Wechsel nichts im Wege stand. Ich schrieb zurück, dass ich gern am 1. April 1966 anfangen würde, und begann die Landkarte zu studieren, um zu sehen, wo mein neuer Arbeitsplatz lag.

Ende März verliess ich das Landheim Tieringen. Mit demselben Koffer in der Hand, mit dem ich ein Jahr zuvor angekommen war, stieg ich klopfenden Herzens in Tieringen in den Bus nach Balingen ein, um von dort mit dem Zug weiter nach Ludwigshafen zu fahren. Ich wusste noch nicht einmal, wie ich auf dem gelben Fahrplan das richtige Abfahrtsgleis in Erfahrung bringen konnte. Dennoch fand ich meinen Zug und kam unversehrt in Ludwigshafen an, fühlte mich dort aber zunächst völlig verloren. Die Stadt erschien mir riesig und fast nur aus den Industrieanlagen der BASF zu bestehen. Wie sollte ich die Anwendungstechnische Abteilung finden, in der ich mein Praktikum absolvieren würde? Mit meinem Koffer stand ich hilflos da, bis ich ein Fabriktor erblickte. Dem Pförtner zeigte ich das Schreiben der BASF. Er begann mich einiges zu fragen, unter anderem auch, ob ich aus dem Schwabenland käme, ich würde schliesslich schwäbisch sprechen. Diese Bemerkung verblüffte mich, denn ich war mir bis dahin nicht bewusst gewesen, dass ich nicht Hochdeutsch sondern Schwäbisch gelernt hatte. Eine koreanische Schwäbin bei den Pfälzern, ich war gespannt, wie das gehen würde.

Meine neue Arbeit war ziemlich einfach. Mit verschiedenen Farbstoffen, die bei der BASF hergestellt wurden, musste ich Wollmuster einfärben, um sie anschliessend auf ihre Farbechtheit zu prüfen. Neu und interessant war für mich hingegen, wie hier gearbeitet wurde. Die Angestellten kamen morgens um 7 Uhr an ihren Arbeitsplatz in der riesigen Werkhalle, mit der Bildzeitung und Butterbroten unterm Arm. In der Frühstückspause lasen dann alle Zeitung und assen ihre Brote. Es war ganz still, nur das Rascheln beim Umblättern der Seiten war zu hören. Es verstand sich von selbst, dass sie dabei auf keinen Fall gestört werden durften. Ich hielt alle für sehr gebildet und wissbegierig, denn ich wusste ja nicht, dass es sich bei der Bildzeitung um ein Boulevardblatt handelte. Nur die grossen roten, sensationslüsternen Titel und die Bilder von halb nackten Frauen kamen mir irgendwie seltsam vor. Am Nachmittag um Punkt 16 Uhr war Feierabend. Vorher wurden die Arbeitsplätze geputzt und die Tasche gepackt. Danach begaben sich alle zum Ausgang, wo sie so lange warteten, bis die Feierabendglocke ertönte. Keine Minute durfte zu viel und keine Minute zu wenig gearbeitet werden. Dann gingen alle nach Hause. Am Freitag wurde sogar nur vormittags gearbeitet, der Nachmittag galt dem ausführlichen Putzen und Aufräumen.

Das möblierte Zimmer, das ich gefunden hatte, lag nicht weit von meinem Arbeitsplatz entfernt. Es befand sich im vierten Stock eines Wohnblocks und war mit Bett, Schrank, Tisch, Stuhl und Waschbecken ausgestattet. Das war alles. Es gab keine Kochgelegenheit, und das WC befand sich auf dem Korridor. Von meinem Lohn wollte ich soviel wie möglich sparen, um nach sechs Monaten, wenn das Praktikum zu Ende war, irgendwo mit dem Studium zu beginnen. Unter der Woche konnte ich mittags in der Kantine für 60 Pfennige essen, aber das Wochenende war diesbezüglich ein Problem, war mir doch das Essen in einem Restaurant zu teuer. Hinzu kamen die Kosten für die Sprachschule in Mannheim, wo ich einmal in der Woche zwei Lektionen Deutsch belegte, und die Kosten für die Strassenbahn. Alles zusammen belief sich auf etwa 130 DM, plus die Miete von 80 DM pro Monat. Ich wollte unbedingt 300 DM monatlich an Eugen Kübler für meine Flugreise zurückzahlen. So blieben mir nur ungefähr 100 DM zum Leben während der Praktikumsmonate. Es war ein verrückter Finanzplan, getragen von der Hoffnung, dass es irgendwie klappen würde.

Eines Sonntags klopfte es an meine Zimmertür. Vor der Tür stand eine junge Frau mit einem Blumenstrauss. Sie fragte mich, ob ich Fräulein Lee sei, und stellte sich vor. Sie hiess Doris Kohl und studierte Pädagogik an der Heidelberger Universität. Eine Professorin, die ich kurz zuvor zufällig kennen gelernt hatte, habe sie gebeten, mich doch mal zu besuchen, weil wir beide in Ludwigshafen wohnten. Ich lud die Studentin zu mir ins Zimmer, was sie dankend ablehnte. Stattdessen sollte ich sie begleiten. So ging ich mit und lernte die Familie Kohl kennen. Nicht weit von mir wohnte sie in einem wunderschönen Einfamilienhaus. Doris war die einzige Tochter. Herr Kohl arbeitete bei der BASF in der Finanzabteilung, Nana, seine Frau, besorgte den Haushalt. Neben der Hausarbeit war sie in der Kirche sozial engagiert. Sie war immer fröhlich und hatte eine positive Lebenseinstellung, wo sie hinkam, verbreitete sie gute Laune. Ihr Mann Fritz war ebenfalls ein humorvoller Mensch. Mit seinen Witzen brachte er die Menschen immer zum Lachen. Schnell fühlte ich mich wohl in dieser Familie, und ich wurde nun oft am Wochenende eingeladen, ob Tochter Doris da war oder nicht. Nana kochte und backte reichlich, und immer auch Extraportionen für mich. Wenn ich am Sonntagabend nach Hause in mein Zimmer ging, packte sie mir Kuchen ein, der für die ganze Woche reichte. Wir unternahmen gemeinsam Ausflüge, auch zu Nanas elterlichem Weingut in der Pfalz. Sie machten mich mit der Winzerei bekannt und brachten mir die pfälzische Art der Weinprobe mit Leberwurst und dunklem Brot bei. Diese Freundschaft mit Nana und Fritz war ein grosser Glücksfall für mich. Ihre gute Laune und ihr positives Denken halfen mir sehr, für eine gewisse Zeit meine Probleme zu vergessen und es mir gut gehen zu lassen, wenn ich bei ihnen war. Und Probleme gab es ja genug. Ich hatte noch immer keine Ahnung, wie es mit meinem Studium weitergehen sollte, ob ich einen Studienplatz finden würde und wie ich zu einem Stipendium käme. Das erschien mir viel wichtiger als meine Beziehung zu Tai-Hwan. In meinem Herzen war keine Liebe mehr für ihn, ich wollte nicht mehr heiraten und auch keine Familie gründen. Da Tai-Hwan dies aber unbedingt wünschte, gab es in unserem Briefwechsel viel Anlass zu Streit. Dennoch wollte er an unserer Beziehung festhalten. Und so kam es, dass Tai-Hwan Ende August 1966 mitten in mein BASF-Praktikum platzte. Er hatte das Schiff von Kobe in Japan nach Marseille genommen und war von dort mit dem Zug nach Mannheim gefahren. Diese einmonatige Schiffsreise war sein grosser Traum gewesen, nur hatte er nicht damit gerechnet, so schwer seekrank zu werden. Als er in Mannheim ankam, war er derart geschwächt, dass er sich fast nicht mehr auf den Beinen halten konnte. Obwohl meine Zimmerwirtin es nicht gerne sah, musste ich Tai-Hwan wohl oder übel eine Weile bei mir aufnehmen und pflegen. Nun, da er hier war, gab es kein Zurück mehr für mich. Wir versöhnten uns und fassten den Entschluss, unsere Zukunft in Deutschland gemeinsam anzugehen.

Noch während des Praktikums erkundigte ich mich nach möglichen Studienorten. Technische Hochschulen gab es in Aachen, Berlin, Stuttgart und Darmstadt. Meine guten Beziehungen in Ludwigshafen wollte ich nicht schon wieder aufgeben, deshalb zog ich die nächstgelegene Hochschule vor, die in Darmstadt, obwohl ich nicht die geringste Ahnung von dieser Stadt und der Qualität der Hochschule hatte. Ich besorgte von Ludwigshafen aus alle nötigen Papiere für das Chemiestudium und bekam die Zulassungsgenehmigung unter der Voraussetzung, dass ich die deutsche Sprachprüfung vorher erfolgreich ablegte. Als ich die BASF Ende Oktober verliess, hatte ich alle meine Schulden zurückbezahlt und sogar schon 1200 DM auf einem Sparbuch angelegt. Dieses Geld sollte mein Startkapital für das Studium in Darmstadt sein.

Durch Vermittlung des Ausländischen Studentenwerks an der Darmstädter TH bekamen Tai-Hwan und ich in einer

Mit Tai-Hwan und Nana Kohl 1967

Wohngemeinschaft ein grosses Zimmer mit gemeinsamer Bad- und Küchenbenutzung. Es war ein Haus, in dem der berühmte Musiker Felix Mendelssohn eine Weile gewohnt hatte, wie die kleine Tafel an der Hauswand bezeugte. Das Haus war von einem grossen Grundstück umgeben und lag direkt hinter der Orangerie. Der Besitzer wohnte mit seiner Frau und dem kleinen Sohn in einem Anbau. Er hiess Karrer, war moderner Maler und hatte ein grosses Atelier, wo er meistens nachts arbeitete, weil er tagsüber seinen Sohn hüten und die Hausarbeit erledigen musste. Seine Frau arbeitete als Psychologin in der Personalabteilung der Firma Merck. Es war die erste Begegnung mit einer Familie, in der die Frau erwerbstätig war und der Mann sich um Haushalt und Kindererziehung kümmerte. In Korea wäre so etwas vollkommen undenkbar gewesen.

Anscheinend hatte ich in der Sprachschule in Mannheim gut Deutsch gelernt, denn ich bestand die Sprachprüfung für die Zulassung zum Chemiestudium. Für Tai-Hwan hingegen war es etwas schwieriger. Er hatte in Korea nicht genügend Deutsch gelernt. Ausserdem musste er dringend Geld verdienen. Daher beschlossen wir, dass er tagsüber arbeiten und abends in den Sprachkurs der Hochschule gehen sollte. Vielleicht hätte es eine geeignete Arbeit für Tai-Hwan als Maschinenbauer gegeben, aber er konnte dafür ja nicht genug Deutsch. Von Studenten erfuhren wir, dass auf dem Bau immer relativ gut bezahlte Arbeit zu finden wäre. Mutig wie Tai-Hwan war, ging er einfach auf irgendeine Baustelle und fragte, ob er dort arbeiten könne. Er hatte Glück, und so begann seine Berufstätigkeit in Deutschland.

Die Arbeit auf der Baustelle erwies sich als sehr anstrengend, weil Tai-Hwan keine schwere körperliche Arbeit gewohnt war. Ausserdem fiel sein Einstieg in die regennasse und kalte Winterzeit. Anfangs kam er mit geschwollenen, roten Händen heim, weil er raue Steinbrocken oder Holzplatten schleppen musste. Alle Knochen taten ihm weh. Ich hatte Mitleid mit ihm. Während ich studieren konnte, musste er auf der Baustelle schwer arbeiten. Deshalb tat ich mein möglichstes, um ihm beizustehen. Abends kam ich rechtzeitig heim, kochte für ihn, machte kalte Umschläge für seine Hände und massierte seine Schultern und Beine. Danach bereitete ich sein Frühstück für den nächsten Tag vor. Er versuchte das Beste aus der Situation zu machen und fröhlich zu bleiben. Aber es kam auch oft zu Streitereien, in denen er mir vorwarf, an seiner Lage schuld zu sein. Mit der Zeit erholte er sich und wurde kräftiger. Seine Kollegen auf der Baustelle hatten inzwischen auch gemerkt, dass man ihn besser für andere Arbeiten einsetzte. Sie waren der Meinung, dass Tai-Hwan besser rechnen könne und flinker sei als sie. Deshalb sollte er jeden Morgen die Baubaracke heizen, Essens- und Getränkebestellungen für den Tag aufnehmen, alle Einkäufe tätigen und anschliessend korrekt abrechnen. Mit solchen Arbeiten verging fast der ganze Vormittag, und beim Abrechnen bekam er sogar ab und zu Trinkgeld oder durfte das Flaschenpfand behalten. Diesen ersten beruflichen Erfolg feierten wir dann entsprechend.

Studentin und Mutter

Je länger wir in Darmstadt zusammen wohnten, umso mehr belastete es uns, dass wir nicht verheiratet waren. Gemäss konfuzianischer Tradition war das Zusammenleben von Mann und Frau vor der Heirat undenkbar, und ein Verstoss dagegen war in Korea ausgeschlossen. Hier in Deutschland konnten wir natürlich nicht eine Hochzeit nach koreanischer Sitte feiern, aber wir wollten wenigstens in einer Kirche eine kleine Zeremonie durchführen, gerade so, wie wir dies in Filmen oft gesehen hatten. Also entschlossen wir uns, einen Pfarrer zu fragen, ob das möglich wäre. Diese Aufgabe fiel mir zu, nicht nur weil ich besser Deutsch konnte als Tai-Hwan, sondern auch weil ich als Studentin mehr Zeit hatte. Nicht weit von uns entfernt entdeckte ich eine alte wunderschöne Kirche, die Pauluskirche. Es war Ende November und ich trat ohne Voranmeldung im Pfarramt ein. Die Sekretärin, die dort arbeitete, bat ich um ein Gespräch mit dem zuständigen Pfarrer.

Es beeindruckte mich tief, als ich zum vereinbarten Termin in ein grosses, schönes Arbeitszimmer geführt wurde, die Bücherregale voll mit alten Büchern, an den Wänden alte Gemälde und auf dem Tisch frische Blumen. In dieser schönen Umgebung sass ein sehr warmherzig aussehender Mann, Pfarrer Britz. Er fragte mich, wo ich wohne, woher ich komme, seit wann ich hier sei und was ich mache. Schliesslich wollte er wissen, warum ich zu ihm gekommen sei. Als er hörte, dass Tai-Hwan und ich so bald wie möglich heiraten wollten und dass wir uns eine kirchliche Trauung wünschten, freute er sich und erklärte sich gern bereit, uns zu trauen. Dann jedoch fragte er mich, ob wir schon standesamtlich getraut seien. Ich hatte keine Ahnung, wovon er sprach, und fragte ihn, was das sei. Dass das in den Filmen, die Tai-Hwan und ich gesehen hatten, nicht vorgekommen war, konnte er ja nicht wissen. Er war sehr überrascht, dass in seiner Gemeinde eine Ausländerin wohnte, die von den hiesigen Sitten und Gebräuchen so gar nichts wusste. Er erklärte mir dann mit viel Geduld, was ich alles vorbereiten müsse und wohin ich gehen solle. Ich bedankte mich und ging zum Standesamt. In der Folge mussten wir viele Papiere für die standesamtliche Trauung aus Korea kommen und übersetzen lassen. Nachdem dies geschehen war, wurde unsere Vermählungsabsicht zwei Wochen lang am Schwarzen Brett im Rathaus ausgehängt. Alles war nun vorbereitet, sogar ein Hochzeitskleid lag bereit. Meine Familie hatte mir eine koreanische Tracht aus Korea geschickt, in der ich mir zu heiraten gewünscht hatte. Es fehlten nur noch die Trauzeugen. Da baten wir einfach unsere Mitbewohner, einen Koreaner und einen Chinesen, uns diesen Gefallen zu tun, und so wurden wir standesamtlich getraut. Ende Februar 1967 konnten wir schliesslich auch kirchlich heiraten. Unser Trauzeuge war ein guter Freund des Pfarrers, Herr Heinz. Mit dem staatlichen und nun auch dem kirchlichen Segen waren wir endlich ein richtiges Ehepaar. Pfarrer Britz stellte uns einen Raum im Gemeindehaus zur Verfügung, wo wir anschliessend mit unseren koreanischen und deutschen Freunden feierten.

Durch die Vermittlung von Herrn Heinz konnte Tai-Hwan im Frühjahr 1967 von seinem Arbeitsplatz auf der Baustelle in die Konstruktionsabteilung einer Druckmaschinen-Fabrik wechseln. Dadurch ging es uns bald viel besser, nicht nur weil Tai-Hwan eine interessantere Arbeit hatte, sondern auch finanziell. Und schliesslich half uns das ausländische Studentenwerk in Darmstadt bei der Suche nach einer besseren Wohnung, die wir schliesslich in Griesheim, einem Vorort von Darmstadt fanden. Es handelte sich um ein kleines Gartenhäuschen, das aus zwei kleinen Zimmern, einer Küche und einem WC bestand. Ein Bad gab es nicht, doch daran waren wir gewöhnt, denn im Mendelssohn-Haus hatten wir auch kein Bad gehabt. Es gab ja Hallenbäder.

Ein Häuschen nur für uns allein mitten im Garten mit einer eigenen Küche! Wir waren glücklich und begannen, unser gemeinsames Leben richtig zu geniessen. Unter der Woche arbeiteten wir beide sehr viel, doch am Wochenende hatten wir Zeit für uns. Wir unternahmen ausgiebige Spaziergänge, vor allem durch den Griesheimer Wald, wo wir eines Tages ein kaputtes Fahrrad fanden. Wir schleppten es nach Hause, Tai-Hwan reparierte es, und ich strich es rot an. Bis dahin war ich – im Gegensatz zu Tai-Hwan, der bereits ein Fahrrad besass – noch nie Fahrrad gefahren. Fast eine Woche lang übte ich nun jeden Abend in der Dämmerung. Tai-Hwan hielt mein Fahrrad hinten fest und instruierte mich. Nach einigen Wochen fühlte ich mich so sicher, dass wir einen Ausflug ins 100 km entfernte Ludwigshafen machen konnten, um die Familie Kohl zu besuchen. Nana staunte und rief: «Mit dem Fahrrad von Korea nach Ludwigshafen! Unglaublich!»

Jeden Tag fuhr ich nun mit meinem roten Fahrrad auf dem Waldweg nach Darmstadt zur Hochschule. Wir waren, wie es so schön heisst, arm, aber glücklich und steckten voller Pläne und Hoffnungen. Am Sonntag besuchten wir ziemlich regelmässig den Gottesdienst in der Pauluskirche in Darmstadt, wo wir uns mit Pfarrer Britz und seiner Frau oder mit Familie Heinz trafen.

In diesen glücklichen Wochen des Spätsommers 1967 holte uns die Politik wieder ein. Es geschah etwas, das schlagartig deutlich machte, wie gefährlich selbst in Deutschland das Leben für uns sein konnte. Eines Abends, als wir von der Hochschule nach Hause kamen, erschien unsere Hauswirtin sehr aufgeregt bei uns und sagte, die Polizei sei da gewesen und habe uns gesucht. Wir sollten uns auf dem Polizeiposten melden, ansonsten kämen die Polizisten gegen Abend nochmals vorbei. Wir erschraken natürlich sehr, denn wir hatten doch nichts verbrochen. Noch ehe wir uns auf den Weg machen konnten, standen die zwei Polizisten erneut vor unserer Haustür. Sie stellten viele Fragen, waren aber freundlich zu uns. Unter anderem wollten sie wissen, ob uns in letzter Zeit verdächtige Personen aufgefallen seien, besonders uns unbekannte Koreaner, die uns beobachtet oder angesprochen hätten. Dies war aber nicht der Fall gewesen. Nun erst erfuhren wir, dass in den letzten Tagen siebzehn koreanische Studenten und Professoren aus Deutschland entführt worden waren, dass die Polizei aber noch nicht wusste von wem. Da die Polizisten für unsere Sicherheit verantwortlich waren, forderten sie uns auf, sofort zu ihnen zu kommen, wenn uns etwas Verdächtiges auffiele. Von diesen Entführungen war auch die Bundesregierung überrascht worden. Die Zimmerwirtin eines Germanistikstudenten in Heidelberg hatte es sehr seltsam gefunden, dass ihr Mieter tagelang nicht mehr nach Hause gekommen war, ohne sich abgemeldet zu haben. Deshalb entschloss sie sich, bei der Polizei eine Vermisstenmeldung aufzugeben. Nachdem das Verschwinden dieses koreanischen Studenten bekannt geworden war, trafen weitere Vermisstenmeldungen aus verschiedenen Universitätsstädten wie West-Berlin, Heidelberg, Münster und Frankfurt bei der Polizei ein. Auch die Zeitungen berichteten über das mysteriöse Verschwinden koreanischer Studenten. Schliesslich stellte sich heraus, dass es der südkoreanische Geheimdienst war, der die Koreaner entführt und bei Nacht und Nebel nach Korea verschleppt hatte. Dies war eine unglaubliche Aktion, absolut illegal und brutal, die lautstarken Protest in den Medien zur Folge hatte. Die Bundesregierung war empört über diese Verletzung der deutschen Souveränität durch den koreanischen Geheimdienst. In der Folge liess sie alle Koreaner in der Bundesrepublik unter Polizeischutz stellen. Anlass für diese Entführungen war die sogenannte Ostberliner Spionage-Affäre, in die über 190 Koreaner in Europa, hauptsächlich in Deutschland, verwickelt waren. Unter ihnen waren auch der bekannte Komponist Yun Ui-Sang und andere Künstler. Da die Grenze zwischen West- und Ostberlin vergleichsweise durchlässig war, pflegten Südkoreaner, die in der Bundesrepublik lebten, und Nordkoreaner, die in der DDR lebten, regen Kontakt untereinander. Sie trafen sich in Berlin, und manch ein Südkoreaner soll auf dem Umweg über Ostberlin sogar Nordkorea besucht haben.

Da in Südkorea der Kommunismus generell als die grösste nationale Bedrohung und Nordkorea als Staatsfeind Nummer eins galten, waren diese Kontakte in den Augen der südkoreanischen Regierung Landesverrat. Das Nationale Sicherheitsgesetz erlaubte es der Polizei, Koreaner, die auch nur den Anschein von Sympathie für sozialistische oder kommunistische Ideen erweckten – von direkten Kontakten ganz zu schweigen – sofort zu verhaften und sie zum

Schutz des Volks für unbestimmte Zeit einzusperren. Die Tatsache, dass jeder dritte Südkoreaner Teile seiner Familie oder enge Verwandte in Nordkorea hatte, mit denen er seit dem Krieg absolut keinen Kontakt mehr haben durfte, wollte die Regierung einfach nicht zur Kenntnis nehmen.

Ich selber war am Anfang in Deutschland mehr als erstaunt darüber gewesen, dass hier die Westdeutschen und Ostdeutschen Kontakte pflegen konnten, ohne deshalb als Staatsfeinde behandelt zu werden. Einige der aus Deutschland Entführten wurden im Dezember 1967 in einem Schauprozess zum Tod oder zu lebenslanger Haft verurteilt. Erst nach langen, diskreten Verhandlungen der westdeutschen Regierung mit dem koreanischen Militärregime von Park Chung-Hee wurden die Entführten wieder freigelassen. Die Entführungsaktion war nur ein Beispiel für die diktatorischen Mittel der südkoreanischen Regierung unter Park. Obwohl es erst wenige Monate her war, dass der deutsche Bundespräsident Lübke auf Staatsbesuch in Südkorea von Staatspräsident Park empfangen worden war und sie über die weitere wirtschaftliche Zusammenarbeit, über das Selbstbestimmungsrecht der beiden Völker und über die Wiedervereinigung gesprochen hatten, hielt das Park nicht davon ab, eine solche Politik gegenüber der Bundesrepublik einzuschlagen. Die Entführungen machten uns schlagartig deutlich, dass wir noch so weit weg leben konnten, die Überwachung durch die südkoreanische Geheimpolizei funktionierte. Jegliche politische Äusserung oder Aktivität, die auf demokratische Reformen in Korea abzielte, sollte verhindert werden. Wir durften in die Bundesrepublik ausreisen, um zu lernen und dieses fachliche Know-how nach

Südkorea zurückzubringen, nicht aber, um uns von politischen Ideen eines demokratischen Staatswesens beeinflussen zu lassen.

Nachdem diese Affäre überstanden war, dominierten bald wieder andere Probleme unser Leben. Ich war schwanger, und das bedeutete, dass wir bald drei Menschen würden versorgen müssen, obwohl die Finanzierung meines Studiums noch immer nicht geklärt war. Pfarrer Britz war uns auch hier eine grosse Hilfe. Bei einem seiner Besuche erzählte er von einem Projekt, das seit Jahren von verschiedenen evangelischen Kirchgemeinden in Darmstadt durch Spenden unterstützt wurde und armen ausländischen Studenten ein Studium in Deutschland ermöglichen wollte, mit dem Ziel, dass sie nach ihrem Studienabschluss in ihre Heimat zurückkehrten und dort beim Aufbau des Landes mitwirkten. Ich war sehr dankbar für diesen Hinweis und erkundigte mich sofort. Ich erfuhr, dass dem Antrag das Gutachten eines Professors beiliegen musste, der meine fachlichen Fähigkeiten beurteilte. Das war schwierig, denn ich kannte hier an der TH Darmstadt die Lehrenden noch nicht, hatte ich doch eben erst die Studienzulassung erhalten. Wer also sollte ein Gutachten über meine Leistungen schreiben können?

Nach einigen schlaflosen Nächten entschloss ich mich, einen Professor der Organischen Chemie aufzusuchen, ihm meine Lage und meine Probleme zu unterbreiten und ihn um Hilfe zu bitten. Weil ich mich ohnehin für die Organische Chemie als Hauptstudienfach interessierte, wählte ich ahnungslos einen gewissen Professor Hafner aus. Später erfuhr ich von Studienkollegen, dass er einer der strengsten war. Seine erste Frage war natürlich zu Recht: «Wie kann ich für Sie ein Gutachten schreiben, wenn ich Sie und Ihre Leistung überhaupt nicht kenne?» Schliesslich einigten wir uns darauf, dass ich in drei Monaten eine Klausurarbeit schreiben sollte, und je nach Resultat würde er dann das Gutachten für mein Stipendium schreiben. Ich fand seinen Vorschlag akzeptabel. Mit einem Studienkollegen, der von Anfang an seine Vorlesungen besucht und bereits einige Prüfungen absolviert hatte, unterhielt ich mich über den Stoff und wählte dann einige Lehrbücher aus. Tag und Nacht lernte ich in unserem Gartenhäuschen. Geplagt von Schwangerschaftsbeschwerden, war ich trotzdem fest entschlossen, diese Prüfung zu bestehen. Denn nur so hatte ich eine Chance, ein Stipendium zu bekommen. Tai-Hwan war sehr bemüht und verständnisvoll und half mir nach Feierabend auch im Haushalt. Er brachte jeweils abends auf dem Heimweg von der Arbeit eine Tasche voll Obst mit, von dem ich mich tagsüber ernährte, denn wegen der dauernden Übelkeit konnte ich fast nichts anderes zu mir nehmen.

Nach drei Monaten bestand ich die vereinbarte Klausur mit einem guten Resultat, worauf der Professor mir ein positives Gutachten schrieb. Und tatsächlich bekam ich das Stipendium, 400 DM pro Monat, für vier Jahre ab dem Wintersemester 1967, wobei ich es jedes Jahr durch neue Gutachten und Leistungsausweise verlängern lassen musste.

Nun waren unsere finanziellen Probleme nicht mehr so drängend, und ich sah auch immer klarer, was mein Studium anbetraf. Doch wie würde ich studieren können, wenn unser Kind geboren war? Da wir damals noch nicht wussten, dass es für die Kinder von Studentinnen Krippen gab, überlegten wir sogar schon, unser Kind eine Zeitlang zu meinen

Eltern nach Korea zu schicken. Mein Vater war damit einverstanden. Da also eine Lösung in Sicht war, genoss ich neben dem Studium meine Schwangerschaft, vor allem da es mir nach dem fünften Monat gesundheitlich auch wieder recht gut ging. Ich konnte den ganzen Tag im Labor arbeiten und nebenbei noch die Vorlesungen in Organischer Chemie besuchen.

Und selbst vor einem Umzug schreckte ich nicht zurück. Pfarrer Britz hatte sich schon längere Zeit darum bemüht, für uns eine Wohnung in seiner Gemeinde in Darmstadt zu finden. Als er uns im Spätherbst 1967 mitteilte, dass er fündig geworden sei, war uns das zunächst gar nicht recht, denn wir liebten unser Gartenhäuschen sehr, und mit der Hauswirtin hatten wir auch ein gutes Verhältnis. Sie hatte mir sogar angeboten, unser Kind ab und zu zu hüten. Da wir Pfarrer Britz aber nicht enttäuschen wollten, entschlossen wir uns schliesslich höflichkeitshalber, die Wohnung wenigstens anzuschauen. Doch wir überlegten uns bereits eine Ausrede, um nicht umziehen zu müssen.

Also fuhren wir nach Darmstadt. Auf einem grossen Grundstück standen zwei Häuser, ein neu gebautes und ein altes. Im neuen wohnte Herr Brambach mit seiner Frau und zwei Töchtern, im alten Haus seine Mutter. Die zu vermietende Wohnung war in diesem alten Haus im Erdgeschoss. Es war eine Wohnung mit zwei Zimmern, die lediglich durch einen Vorhang getrennt waren, einer Küche und einem WC. Im Wohnzimmer stand ein Ölofen, der aus einem Behälter im Garten mit einer Kanne gefüllt werden musste. Die Wohnverhältnisse waren also eher schlechter als in Griesheim. Die Miete war zwar recht günstig, dafür sollten wir aber ab und zu nach Oma Brambach schauen, ihr eventuell beim Einkauf helfen und das Treppenhaus putzen. Sie konnte aus Altersgründen nicht mehr gut gehen und sehen. Wenn uns diese Wohnung nicht von Pfarrer Britz empfohlen worden wäre, hätten wir sofort abgesagt. Aber so meinten wir, dass wir es uns überlegen wollten, und verabschiedeten uns. Wir suchten nach Ausreden, wollten aber unsere Absage nicht einfach telefonisch oder schriftlich übermitteln, sondern höflicherweise der Familie persönlich vortragen. So verabredeten wir mit Frau Brambach einen Termin.

Als wir am vereinbarten Tag zu Brambachs kamen, sass die ganze Familie in ihrem wunderschönen Wohnzimmer und empfing uns sehr herzlich. Wir unterhielten uns erst eine Weile, bis wir ihnen dann mitteilten, dass wir aus mehreren Gründen nicht hierher kommen könnten. Ich würde ja bald ein Kind zur Welt bringen, das dann die alte Frau Brambach vielleicht stören könnte, wir würden ab und zu Besuch von koreanischen Studenten bekommen, auch hätten wir ein altes verstimmtes Klavier, was ebenfalls Lärm machen würde, wenn Tai-Hwan und ich darauf spielten. Frau Brambach sagte, das sei alles kein Problem, auch sie würde sich auf unser Kind sehr freuen. Sie würden auch einen neuen grösseren Ölofen hinstellen, damit das Baby nicht frieren müsse. Bei so viel Entgegenkommen getrauten wir uns gar nicht mehr abzusagen, und so versprachen wir, es uns doch noch einmal zu überlegen. Es war wirklich nicht einfach, uns zu entscheiden. Meine Neugier auf ein Leben in unmittelbarer Nähe zu dieser Familie überwog aber dann alle Bedenken, und so zogen wir kurz vor Weihnachten 1967 von Griesheim nach Darmstadt an den Heinrichwingertsweg.

Liesel Brambach erwies sich als eine Frau, die genau wusste, was sie wollte, und die das auch fast immer erreichte. Sie war eindeutig die Chefin der Familie, freundlich, praktisch und zupackend. Ihr Mann, Helmut Brambach, war Architekt, ein feiner, liebenswerter Mensch, der nie ein verletzendes Wort in den Mund nahm. Er war leidenschaftlicher Gärtner und Briefmarkensammler, aber er ging nicht gern spazieren. Zu Fuss war er aus der Kriegsgefangenschaft an der russischen Grenze bis nach Darmstadt gelaufen, das hatte ihm gereicht.

Helmuts Mutter, Oma Brambach, war schon sehr schwach und kränklich, trotzdem wurde sie von Liesel nicht versorgt. Stattdessen kam ihr Sohn jeden Abend nach der Arbeit bei ihr vorbei. Beide unterhielten sich kurz, und er half ihr, ins Bett zu gehen. Jeden zweiten Samstag kam ihre Tochter aus Bad Nauheim, putzte ihre Wohnung und besorgte alles, was sie brauchte. Mir tat die Oma leid, weil sie den ganzen Tag so alleine war. Anscheinend gehörte es in Deutschland nicht zu den Aufgaben einer guten Schwiegertochter, sich um die Schwiegermutter zu kümmern. In den Wochen vor der Geburt, als ich nicht mehr zur Uni ging, schaute ich deshalb oft nach ihr, kochte Tee und unterhielt mich mit ihr. Später allerdings musste ich viel im Labor arbeiten, und so war sie wieder den ganzen Tag allein. Nachdem sie sich dann bei einem Sturz den Oberschenkel gebrochen hatte, konnte sie nach dem Krankenhausaufenthalt nicht mehr allein in ihrer Wohnung bleiben. Sie wurde in ein Pflegeheim gebracht, wo sie nach ein paar Jahren verstarb. Bei meinen Besuchen konnte ich zum ersten Mal das Zusammenleben von alten, kranken und dem Sterben nahen Menschen beobachten. Ich war schockiert, denn so etwas gab es in Korea nicht. Trotz aller Veränderungen galt noch immer die konfuzianische Tradition, dass die älteren Menschen verehrt wurden und den Mittelpunkt der Familie bildeten. Sie wurden nicht abgeschoben, sondern konnten in Ruhe alt werden und in Würde sterben. Ich hatte bis dahin nur die negativen Seiten des Konfuzianismus gesehen, der eine moderne Entwicklung der koreanischen Gesellschaft behinderte. Beim Anblick der einsamen und pflegebedürftigen alten Menschen in diesem Heim erkannte ich erstmals wieder dessen positive Seiten.

Am 19. Februar 1968 wurde unser erstes Kind Paula Gong-Zie geboren. Für mich war sie das hübscheste Baby der Welt. Alle unsere Freunde waren schon sehr gespannt, hatten sie doch nie zuvor ein schlitzäugiges asiatisches Kind gesehen. Auch als sie zum ersten Mal das blaue mongolische Rassezeichen auf Paulas Popo sahen, waren sie sehr überrascht. Diesen blauen Fleck haben alle mongolischen Babys. Nach einigen Jahren verschwindet er wieder. Tai-Hwan und ich waren sehr stolz und glücklich. Nun war ich also Mutter geworden, im Alter von fast 29 Jahren. Es war ein unbeschreibliches Gefühl von Glück und Dankbarkeit, gleichzeitig aber hatte ich auch ein wenig Angst, ob ich bei meinem Kind alles richtig machen würde. Erinnerungen an die eigene schwere Kindheit kamen wieder hoch.

Die Familie Brambach war sehr aufgeregt, ganz als ob Paula ihr Enkelkind wäre, und sie waren stolz, dieses asiatische Baby mit platter Nase und Schlitzaugen in ihrem Haus zu haben. Sie stellten alles auf den Kopf, richteten ein Bettchen und einen Wickeltisch her. Die ersten paar Wochen verbrachte unser Baby im neuen Haus der Brambachs, weil Liesel meinte, dass es bei uns ohne Zentralheizung zu kalt sei. Obwohl uns dieser Vorschlag nicht gefiel, willigten wir ein, weil wir dachten, Paula sei dort vielleicht wirklich besser aufgehoben als bei uns. Alles drehte sich nun um unser Kind. Wenn Helmut und die beiden Töchter abends heimkamen, schauten sie zuerst nach Paula, trugen sie herum und spielten mit ihr. Liesel nähte wunderschöne Kleidchen für sie, und auch sonst fehlte es ihr an nichts. So fühlten sich alle für das Kind verantwortlich, was mir aber nicht immer gefiel. Ich wollte auch mal allein mit meiner Tochter sein, wenigstens nach Feierabend. Ich sagte mir dann aber immer wieder, dass es so doch besser für Paula sei, und um ihr eine friedliche, harmonische Umgebung zu bewahren, versuchte ich, meine Gefühle zu unterdrücken. Nur manchmal wurde es mir wirklich zu viel, und ich nahm meine Tochter mit in unsere Wohnung. Das hat Liesel wiederum nicht gern gesehen. Einmal war sie derart erbost darüber, dass sie alle Geschenke, die ich ihr bis dahin gemacht hatte, vor unsere Wohnungstür legte, wo ich sie am nächsten Morgen fand. Meine konfuzianische Erziehung hielt mich davon ab, mich gegen sie durchzusetzen. Ich hatte gelernt, ältere Menschen zu ehren, und so ordnete ich mich ihrem Willen unter und liess es zu keinem Streit kommen. Wenn ich Vorlesungen besuchte oder im Labor arbeitete, hütete Liesel unser Kind, dafür half ich ihr dann freitags im Haushalt. Wir alle fanden es besser, dass Paula vorläufig hier blieb und nicht zu einer Pflegemutter oder gar nach Korea zu meinen Eltern geschickt wurde.

Im April 1968 konnte auch Tai-Hwan, nachdem er die deutsche Sprachprüfung bestanden hatte, mit seinem Maschinenbaustudium beginnen. Wieder war es Pfarrer Britz, der sich dafür einsetzte, dass auch er ein Stipendium bekam. Tai-Hwan durchlief nun die gleiche Prozedur wie ich. Es war jedoch nicht mehr so kompliziert, da wir ja den ganzen Ablauf bereits kannten. Und schliesslich bekam auch Tai-Hwan dieses Stipendium für die Dauer von vier Jahren gewährt. Es ging uns nun finanziell recht gut. Es war die glücklichste Zeit, die ich mit Tai-Hwan verbracht habe. Dass gleichzeitig in vielen deutschen Städten und selbst an der TH Darmstadt unsere Kommilitonen den Vorlesungsbetrieb bestreikten, Sit-ins veranstalteten und auf die Strasse gingen, so wie wir damals in Korea für gesellschaftliche Veränderung protestiert hatten, wusste ich nicht aus eigener Anschauung, sondern nur durch Zeitungslektüre. Ich verstand die Motive dieser Studenten und Studentinnen nicht wirklich. Wir waren glücklich über die uns gebotenen Studienchancen und die damit verbundenen beruflichen Aussichten, und wir freuten uns an unserer kleinen Familie, alles Dinge, von denen wir in Korea nur hatten träumen können, ohne eine konkrete Aussicht auf Verwirklichung. Uns erschien das politische Leben in der Bundesrepublik im Vergleich zur Militärherrschaft in Südkorea so viel freier und der Wohlstand so viel grösser, dass unsere Wünsche nicht auf Veränderung ausgerichtet waren, sondern darauf, diese grosse Chance zu nutzen und von diesen positiven Errungenschaften so viel wie möglich zu profitieren.

Paula entwickelte sich zu einem lebhaften Kind, und für Liesel wurde die Betreuung von Paula neben ihrem grossen, perfekten Haushalt und ihren Hobbys zu viel. Daher bemühten wir uns um einen Platz in einer Kinderkrippe. Diese

Krippe befand sich in der Nähe der Hochschule und wurde zumeist von studierenden Eltern genutzt. Sie war neu und wurde von gut ausgebildeten Betreuerinnen geleitet. Aber es war nicht einfach, Paula dort hin zu bringen. Es gab zwar eine Strassenbahn, aber wir mussten umsteigen, und im Berufsverkehr mit einem Kinderwagen in die überfüllten Waggons zu kommen, war schwierig. Im Winter hatte Paula eine rote Nase und kalte Hände, und auch an regnerischen Tagen tat mir das Kind sehr leid. Daher entschlossen wir uns, den Führerschein zu machen und ein billiges, gebrauchtes Auto zu kaufen. Bereits drei Monate später war dieses Problem gelöst. Wir hatten nicht nur die Führerscheinprüfung bestanden, sondern uns auch gleich einen VW Käfer für 350 DM gekauft. Ich kann gar nicht sagen, wie glücklich wir waren. Stolz fuhren wir mit Paula durch die Gegend. Nun konnte ich sie immer mit dem Auto in die Krippe bringen, auch wenn unser Käfer keinen vertrauenswürdigen Eindruck machte. Er hatte einen undichten Boden, und die Karosserie war verrostet. Wenn es stark regnete, drang Wasser von unten in den Innenraum ein. Oft mussten wir auf Parkplätzen anhalten und das Regenwasser mit einer Schüssel wieder herausschaufeln.

Wegen ihres Aussehens wurde Paula bewundert. Später, als sie in den Kindergarten ging, wollte sie sich immer fein anziehen. Jeden Morgen stand sie vor dem Kleiderschrank, und wollte, trotz der Kälte, einen kurzen Rock anziehen, obwohl ich schon am Vorabend Kleidung für sie herausgesucht hatte, die besser zum Wetter passte. Beunruhigt fragte ich mich, ob wohl ihr besonderes Aussehen ihre Entwicklung beeinträchtigen könnte. Ich begann Bücher über Kindererziehung zu lesen, unter anderem von A. S. Neill über die antiautoritäre Erziehung. Sein Erziehungsstil wurde damals viel diskutiert. Mich persönlich hat das Buch «Liebe, Disziplin und Freiheit» von J. A. Hadfield mehr überzeugt. Ich las es gleich mehrmals und schlug in jeder Situation darin nach, wenn ich nicht wusste, wie mich verhalten. Für solche Lektüre hatte ich allerdings erst spät am Abend Zeit, und ich musste dabei oft gegen meine Müdigkeit ankämpfen.

Mein Chemiestudium bestand aus sehr viel Laborarbeit. Oft musste ich das ganze Semester von morgens bis abends im Labor stehen und Substanzen synthetisieren und analysieren. Zwischendurch besuchte ich Vorlesungen oder schrieb Klausuren. Mein besonderes Interesse galt der organischen Chemie, in der ich mich spezialisieren wollte. Deshalb belegte ich freiwillig die entsprechenden Vordiplomkurse, obwohl mein Vordiplom aus Korea in Deutschland anerkannt war. Abends war ich dann oft wirklich kaputt. Doch immer, wenn ich Paula von der Krippe abholte, verschwand meine Müdigkeit, und ich war froh und dankbar, dass mein Kind mir so viel Kraft schenkte. Dafür, dass Paula sich gut entwickelte und unser Studium Fortschritte machte, nahm ich in Kauf, dass die Hausarbeit an mir hängen blieb und ich vor zehn Uhr abends keinen Feierabend hatte. Ich war fest entschlossen, keine Arbeit mit nach Hause zu nehmen. Dadurch würde zwar mein Studium möglicherweise etwas länger dauern, aber dafür hatte ich wenigstens abends und am Wochenende Zeit für die Familie, wenn auch nicht uneingeschränkt. Denn trotz aller Arbeit erwartete Tai-Hwan von mir, dass ich noch zusätzlich Geld verdiente, damit unser Sparguthaben schneller wachsen würde, dies, obwohl wir doch mit den beiden Stipendien finanziell einigermassen zurecht kamen. Ich hätte meine Zeit zwar lieber mit Paula verbracht, aber dann sagte ich mir, dass es auch gut für sie sei, mit ihrem Vater zusammen zu sein. So ging ich jeden Samstag zu einer alleinstehenden Lehrerin mit drei Kindern, um ihr im Haushalt zu helfen. Sie war eine selbstbewusste Frau, aber masslos überfordert mit ihren drei Kindern, dem Beruf und dem Haushalt. Wenn ich in die Wohnung kam, sah es meistens schlimm aus. Zuerst musste ich alles dreckige Geschirr in der Badewanne einweichen und die Küche aufräumen. Sie war eine liebenswürdige Frau, nahm sich immer gern Zeit, um mit mir Tee zu trinken und zu plaudern. Sie hatte gleich nach dem Abitur geheiratet, doch die Ehe war trotz der Kinder zerbrochen. Nach der Scheidung musste sie einen Beruf erlernen, um sich und die Kinder zu ernähren. Sie wurde Lehrerin, wobei die Eltern ihr während der Ausbildung beistanden. Nun war sie froh, allmählich wieder ihren Lebensrhythmus zu finden. Sie erzählte viel von ihren Kindern und ihrem geschiedenen Mann. Der holte die Kinder jeden Sonntag zu sich. Bei dieser Frau sah ich, wie Kinder trotz der Scheidung ihrer Eltern zu beiden Elternteilen eine lebendige Beziehung haben können. Das war eine neue Erfahrung für mich, denn in der patriarchalischen Gesellschaft Koreas hatten geschiedene Frauen keinerlei Rechte und Ansprüche darauf, mit ihren Kindern in Kontakt zu bleiben. In Deutschland hingegen behielt die geschiedene Frau die Kinder, weil die Richter der Auffassung waren, sie seien bei der Mutter besser aufgehoben. Und nach ihrer Scheidung versuchten beide Elternteile auch weiterhin für ihre Kinder da zu sein.

An einer Semesterabschlussfeier an der TH Darmstadt 1969

Ein anderer Nebenjob, den ich ab und zu in den Semesterferien für einige Wochen übernahm, führte mich zu Wella, einer weltberühmten Haarkosmetik-Firma. In einem grossen Raum standen Abfüllmaschinen an Fliessbändern, die von sieben bis acht Frauen bedient wurden. Diese Frauen waren etwa fünfzig Jahre alt, ihre Kinder bereits erwachsen und selbständig, und sie wollten nun noch etwas dazuverdienen, um Urlaub oder sonstige Ausgaben der Familie mitzufinanzieren. Um diese langweilige Arbeit während des Tages erträglicher zu gestalten, unterhielten sie sich die ganze Zeit, meist über ihre Familie, die Kinder, ihre finanzielle Situation, ihre Freizeitaktivitäten. Was mich an diesen Gesprächen besonders beeindruckte, waren die Schilderungen der Beziehungen zwischen Eltern und Kindern. Wenn ihre Kinder einen Beruf gelernt hatten, zogen sie meist aus, und die Eltern fingen an, ihr eigenes Leben zu leben. Oft wohnten ihre Kinder mit einer Freundin oder einem Freund zusammen, ohne zu heiraten, was von den Eltern als ganz normal akzeptiert wurde. Sollte es mit den Kindern Probleme geben, sei es aus sozialen oder gesundheitlichen Gründen, quälten die Eltern sich nicht mit ständigen Selbstvorwürfen. Dies war eine ganz andere Lebenseinstellung als die unsere, wo die Eltern sich sehr stark mit den Kindern identifizierten und alle negativen Entwicklungen im Leben der Kinder als ihre eigene Schuld, ihr eigenes Versagen betrachteten. Weniger gefiel mir hingegen der ständige materielle Vergleich. Dauernd ging es darum, sich etwas Neues zu kaufen und es als das Beste anzupreisen. Immer gab es noch eine bessere Maschine, ein noch tolleres Küchengerät, ein noch komfortableres Auto, das es anzuschaffen galt. Diese Unbescheidenheit war mir nicht nur fremd, sie stand ganz im Gegensatz zu den in Korea geschätzten Tugenden.

Freunde und Reisen

Trotz Studium und Familienleben nahmen wir uns auch Zeit, mit unseren koreanischen Freunden Kontakt zu pflegen. Diese Treffen fanden meist bei uns in der kleinen Küche statt. Dabei waren gegrillte Heringe unser bevorzugtes Essen. Heringe waren hier sehr billig, während sie in Korea als Delikatesse gehandelt wurden. In der kleinen Küche gab es einen uralten Kohleofen, mit dem wir im Winter zusätzlich zum Ölofen die Wohnung heizen konnten. Einmal versuchte ich, Heringe auf diesem Ofen zu grillen, und weil der alte Ofen so wunderbar zog, roch es in der Wohnung nachher kaum. So zauberten wir eine köstliche Delikatesse, die es nur bei uns gab. Und da wir ja zwischen Wohn- und Schlafzimmer nur einen Vorhang hatten und Paula im Schlafzimmer schon schlief, mussten wir in der kleinen Küche sitzen bleiben, eng zusammen gerückt, essend, trinkend und erzählend bis weit nach Mitternacht.

Die häufigsten Gäste waren das Ehepaar Lee und das Ehepaar Kong. Samuel Lee studierte Soziologie in Göttingen und war wie wir Stipendiat beim Evangelischen Kirchenrat. 1969 waren wir ihm auf dem Jahresausflug, den unsere Förderer organisierten, erstmals begegnet. Wir waren gleich mit ihm ins Gespräch gekommen, und dabei hatte sich herausgestellt, dass seine Frau und ich zur gleichen Zeit auf dieselbe High School in Seoul gegangen waren. Das war eine Überraschung, und als Duk-Soo ein Jahr später auch nach Deutschland kam, wurden wir enge Freunde. Duk-Soo studierte ebenfalls Soziologie in Göttingen, mit besonderem Interesse für feministische Fragestellungen.

Das Ehepaar Kong hatten wir auf kuriose Weise kennen gelernt. Als wir schon bei Brambachs wohnten, es war im Sommer 1969, klingelte es eines Abends. Vier Koreaner standen vor der Tür. Sie stellten sich als Musikstudenten aus Hannover vor, die wegen der Musikfestwochen nach Darmstadt gekommen waren. Unsere Adresse hatten sie über das hiesige Studentenwerk erhalten. Wir baten sie herein. Ich kochte für alle etwas, und wir verbrachten einen vergnügten Abend zusammen. Sie hatten als koreanische Komponisten Stipendien erhalten, um ein Jahr lang in Hannover am Konservatorium zu studieren. Einer von ihnen war mit einer Musikerin verheiratet und hatte zwei Kinder. Seine Frau, Cho Byung-Ok, unterrichtete an der Ewha-Frauenuniversität in Seoul. Bei einem seiner nächsten Besuche stellte er sie uns sogar vor, da sie ihn in Deutschland besuchte, bevor sie gemeinsam wieder nach Seoul zurückkehrten.

Geraume Zeit verging, bis Cho Byung-Ok überraschend wieder vor unserer Tür stand, mit ihren zwei Kindern, aber ohne ihren Ehemann. Stattdessen lernten wir Herrn Kong kennen, dessen Frau sie nun war und mit dem sie in Neu-Isenburg bei Frankfurt lebte.

Herr Kong hatte in der ersten Hälfte der sechziger Jahre in Wien Philosophie studiert. Von dort aus hatte er, wie viele andere auch, Kontakte zu Nordkoreanern in der DDR gehabt. Dies war der Grund dafür, dass er vom südkoreanischen Geheimdienst aus Wien entführt und in ein Gefängnis für ideologische Schwerverbrecher in Taejon gebracht worden war. Jahrelang blieb Herr Kong inhaftiert, bis er dank deutscher Hilfe wieder freikam. Über die unmenschlichen Haftbedingungen konnte Herr Kong mit uns nie sprechen, weil ihn die Erinnerungen zu sehr schmerzten. Sie waren der Grund für seine stark geschwächte Gesundheit und seinen frühen Tod. Dass er die Gefängniszeit überlebt hatte, hing in hohem Masse mit Cho Byung-Ok zusammen. Aus sozialen und religiösen Motiven heraus besuchte sie regelmässig Inhaftierte im Gefängnis von Taejon. Sie lernte dabei Herrn Kong kennen, und sie verliebten sich ineinander. Diese Liebe war so stark, dass sie sich zur Scheidung entschloss, allen konfuzianischen Moralgesetzen zum Trotz. Glücklicherweise war ihr Mann sehr liberal. Er willigte nicht nur in die Scheidung ein, sondern er war auch damit einverstanden, dass sie die Kinder behielt und mit ihnen ihrem neuen Mann nach Deutschland folgte. Sie lebten in Neu-Isenburg, also nicht weit weg von uns, so dass wir uns regelmässig treffen konnten. Diese Treffen bedeuteten mir sehr viel, denn schnell hatte ich festgestellt, was für ein grossartiger Mensch Herr Kong war. Er verbreitete eine Atmosphäre getragen von Freude und Lebensbejahung, obwohl er so gelitten hatte und auch jetzt mit seiner Frau und den Kindern nur über wenig Geld verfügte.

Fast so wichtig wie die Treffen mit den Freunden waren uns Reisen. Weil wir ja die Absicht hatten, eines Tages nach Korea zurückzukehren, wollten wir soviel wie möglich von Europa sehen. Wir machten ein Zelt auf dem Dach unseres Autos fest und fuhren los. Wie viele Kilometer wir in diesem Käfer zurückgelegt haben, weiss ich nicht, aber er brachte uns nicht nur in Deutschland herum, sondern ermöglichte uns auch Besuche vieler europäischer Städte, unter anderen

Amsterdam. Auf die Idee, dorthin zu fahren, hatten uns Nana und Fritz Kohl in Ludwigshafen gebracht. Ihre Tochter Doris hatte inzwischen ihr Studium in Heidelberg abgeschlossen und lebte seit über einem Jahr in Amsterdam als Deutschlehrerin. Die Eltern hatten sie allerdings noch nie besucht, was uns sehr erstaunte. Als wir im Mai 1969 eine Woche bei Doris verbrachten, begriffen wir allmählich weshalb. Sie lebte hier in einer ganz anderen Welt.

Über die Hippies hatten wir bisher nur aus Zeitungen oder im Fernsehen etwas erfahren. Unter den Studenten an unserer TH gab es zwar ab und zu solche Hippietypen, aber nur wenige, da wir eine technisch und naturwissenschaftlich ausgerichtete Hochschule waren und uns viel weniger mit gesellschaftlichen Problemen und Politik befassten. Erst hier in Amsterdam, auf dem grossen Säulenplatz, sahen wir Tausende von Hippies auf einmal. Menschen mit blumengeschmückten langen Haaren, mit Stirnbändern, mit bunten Schlaghosen oder mit bodenlangen Gewändern. Sie assen zusammen, rauchten, schwatzten, küssten sich und schliefen sogar auf dem Platz. Es gab darunter auch Eltern mit Kindern. Amsterdam, diese wunderschöne alte Stadt mit ihren vielen Grachten, war ein Zentrum der Hippie-Bewegung in Europa. Die Hippies mit ihren Idealen der freien Liebe und des gemeinsamen Lebens in Kommunen, die antiautoritäre Erziehung, die Bewegung gegen den Vietnamkrieg, die ersten ökologischen Gruppen, all das war für uns weit weg, obwohl wir räumlich gesehen nahe dran lebten. Nun realisierten wir, dass es eine Zeit tiefgreifender Veränderungen war, in der die bisherigen Moral- und Wertvorstellungen in Frage gestellt wurden. Mir gefiel an dieser Hippie-Bewegung das

Streben nach einem neuen Denken, das Liebe, Frieden und Freiheit miteinander verband. Es war eine Auflehnung gegen die von den Eltern vertretene Gesellschaftsordnung, in der vor allem äussere Werte zählten. In Amsterdam traf ich Menschen, die zwar wie Bettler aussahen, aber revolutionäre Ideen zu leben versuchten. Ich sass oft einfach da, beobachtete sie und hörte ihnen zu. Dabei spürte ich eine Sehnsucht nach einem solch freien Leben in mir wach werden. Gleichzeitig wurde mir aber auch bewusst, dass ich unter anderen Lebensbedingungen aufgewachsen war, als die Menschen hier. Sie kamen, so wie Doris, aus einer Wohlstandsgesellschaft und wussten nicht, was Hunger, Elend und Krieg bedeuteten. Vielleicht konnten sie deshalb idealen Gesellschaftsvorstellungen nachhängen. In mir wuchs die Überzeugung, dass diese Ideen Ausdruck eines Denkens waren, das mit meinen Realitäten nicht vereinbar war. In Korea waren solche alternativen Lebensformen absolut undenkbar, und wer gegen das System protestierte, landete auf unbestimmte Zeit im Gefängnis. Polizei und Militär hatten allen Handlungsspielraum, den sie benötigten, um die Grabesruhe im Land zu sichern.

Doris wohnte mit ihrem Freund in einem alten besetzten Haus in einer Kommune. An der Fassade war ein grosses rotes Plakat befestigt, auf dem stand «Besetzt». Von Doris erfuhr ich, was das bedeutete. In Amsterdam gab es viele alte herrschaftliche, aber renovationsbedürftige Häuser, die leer standen, weil die Renovation für die Besitzer zu teuer war. Sie liessen diese Häuser ungenutzt und wohnten lieber ausserhalb der Stadt in einem Neubau. Solche Häuser wurden von Hippies besetzt, aber die Stadt Amsterdam liess sie vorläufig gewähren. Doris genoss ihr Leben in dieser Kommune. Als einziges Kind einer wohlhabenden bürgerlichen Familie, das schon die Studentenbewegung an der Heidelberger Uni miterlebt hatte, schien sie dort so leben zu können, wie es ihr gefiel. Sie unterrichtete jeden Tag an einer Amsterdamer Schule, aber ihre Freizeit verbrachte sie in der Kommune. Nach unserer Rückkehr berichteten wir Doris' Eltern von unseren Erlebnissen und Eindrücken, über ihr Leben und ihre Freunde. Wir wollten sie beruhigen und versicherten ihnen deshalb, dass Doris eines Tages wieder zurück kommen und ein sogenannt normales Leben führen würde.

Im Unterschied zur generellen Gesellschaftskritik der Hippies richtete sich mein Protest gegen konkrete Ereignisse, in die Korea involviert war. Wir waren empört über den Krieg der USA in Vietnam. Wieder wurde einem kleinen asiatischen Land nicht zugestanden, seine Geschichte selbst in die Hand zu nehmen, wie nach 1945 Korea. Und wieder mischten sich die Grossmächte ein und führten einen schrecklichen Krieg. Aber am schlimmsten für uns war, dass Präsident Park koreanische Truppen nach Vietnam entsandte, die an der Seite der Amerikaner kämpfen mussten. Während zehn Jahren waren über dreihunderttausend Koreaner dort stationiert, viele starben oder wurden verwundet. Als Gegenleistung erhielt Park amerikanische Wirtschaftshilfe.

Neben dem Krieg in Vietnam beschäftigte uns natürlich die politische Situation in unserer geteilten Heimat. Wir diskutierten viel darüber mit koreanischen Freunden. Das Ehepaar Lee arbeitete aktiv in einer Gruppe, die für die Beseitigung der Militärdiktatur von Park Chung-Hee kämpfte. Diese Gruppe nannte sich «Vereinigung für Demokratie in

Korea», auf koreanisch «Minhyop». Es wurden mehrere Demonstrationen in deutschen Städten organisiert, durch die sie die Welt auf die Situation von Korea aufmerksam machen und Solidarität wecken wollten. Herr Lee war nach Abschluss seines Studiums vom nordrhein-westfälischen Sozialamt angestellt worden, um als Berater und Interessenvertreter für die koreanischen Bergarbeiter und Krankenschwestern zu fungieren, die sich weder mit den deutschen Behörden auskannten, noch um ihre Rechte wussten. So hatten Herr Lee und seine Frau Duk-Soo auch zu diesen Menschen Kontakt, und Duk-Soo versuchte vor allem unter den Krankenschwestern aufzuklären und sie zur Teilnahme an den Demonstrationen zu bewegen. Den an dieser Bewegung aktiv Beteiligten wurde dann lange Zeit die Rückkehr in die Heimat verboten. Auch Herr Kong konnte sich auf Grund seiner Verhaftung durch den koreanischen Geheimdienst nicht mehr offen gegen die Militärdiktatur engagieren, aber seine Haltung war unverändert, und er half, wo er konnte. Wir drei Familien trafen uns oft und redeten ganze Nächte lang über die politische Situation. Wir hatten grosses Mitgefühl für die vielen mutigen Widerstandskämpfer, besonders für den Dichter Kim Chi-Ha, der uns mit seinen Gedichten aus der Seele sprach.

Ich interessierte mich immer mehr für die Minhyop Vereinigung, und Herr Lee versuchte uns dafür zu gewinnen. Aber Tai-Hwan war absolut dagegen. Er begründete dies damit, dass er gleich nach dem Studium nach Korea zurückkehren und dort Karriere machen wolle. Wenn ich bei dieser Bewegung mitmachen würde, wäre seine Zukunft in Korea bedroht, denn Minhyop wurde von der südkoreanischen Regierung als staatsfeindlich eingeschätzt. Er war auch der Auffassung, dass wir als Naturwissenschafter ja nicht direkt mit Politik zu tun hätten oder davon betroffen seien. Ich gab nach, behielt aber weiterhin engen Kontakt zu Familie Lee und wünschte von Herzen, dass deren Arbeit erfolgreich sein würde.

Am Ziel meiner Träume

Nach Abschluss des Studiums als Diplom-Chemikerin im Dezember 1970 überlegte ich mir, wie es nun weitergehen sollte. Die regelmässigen Stipendienzahlungen entfielen und ich sollte eine Arbeit in der Industrie suchen, bis Tai-Hwan sein Maschinenbau-Studium beendet hatte. Das war Tai-Hwans Wunsch, weil ich auf diese Weise Geld verdienen würde, das wir für unsere Rückkehr nach Korea brauchen konnten. Mein innerster Wunsch aber war es zu promovieren, weil der Beruf der Chemikerin Selbständigkeit in der Forschung voraussetzte, welche erst durch die Promotionsarbeit erreicht wurde. Diese Arbeiten wurden daher je nach Institut und Thema von der Industrie oder durch Forschungsgelder finanziert, und die Promotionsjahre wurden als Berufsjahre voll anerkannt. Ohne gross mit Tai-Hwan darüber zu diskutieren, schaute ich mich um, bei welchen Instituten interessante Themen und eine gut bezahlte Arbeit angeboten wurden. Das Deutsche Kunststoff-Institut in Darmstadt, wo ich bereits meine Diplomarbeit gemacht hatte, war nicht abgeneigt, weil ich mich auf die angewandte organische Chemie spezialisieren wollte, und weil den Kunststoffen als Werkstoffen des täglichen Lebens die Zukunft gehörte. Diese Institute wurden auch vom Verband der Kunststoff-Industrie getragen, daher hatten sie Gelder, um die nötigen Einrichtungen und die Löhne für ihre Doktoranden zu zahlen. Nachdem ich mit dem Leiter des Instituts, Professor Braun, gesprochen hatte, war ich mir sicher, dass ich hier meine Promotionsarbeit machen wollte.

Nun musste ich Tai-Hwan von meinen Plänen unterrichten, was mich vorab einige schlaflose Nächte kostete. Ich wusste ja, wie Diskussionen bei uns verliefen. Er überzeugte mich von seiner Auffassung, und dann wurde meistens das gemacht, was er wollte. Doch dieses Mal wollte ich auf keinen Fall nachgeben. Vorsichtig begann ich, Tai-Hwan mein Vorhaben zu unterbreiten, und versuchte ihm klarzumachen, dass die Promotionsarbeit unsere Familie weniger belasten würde, als eine Arbeit irgendwo in der Industrie, weil ich am Institut eine 50 %-Stelle haben würde und zeitlich flexibel arbeiten könnte. Dies brachte zwar weniger Lohn, aber zusammen mit seinem Stipendium würde es uns gut zum Leben reichen. Was ich nicht erwähnte, war, dass der Doktortitel später in Korea für mich als berufstätige Frau sehr wichtig sein würde. Tai-Hwan hingegen war an meiner beruflichen Karriere nicht wirklich interessiert. In seinen Augen war ich eine dickköpfige Frau, über die er sich zu oft ärgern musste. Aber war es meine Schuld, dass ich nicht seinen Vorstellungen entsprechen konnte? Mein bisheriges Leben war zu schwierig verlaufen, ich konnte nicht eine liebe, gehorsame Frau ohne eigenen Kopf sein.

So fing ich meine Promotionsarbeit im Januar 1971 an. Thema waren die Makromolekularen Stoffe, vor allem in Epoxyharzen. Ich hatte die Aufgabe, eine Methode zu entwickeln, um die Eigenschaften der Epoxyharze, wie sie in Farben und Baumaterialien vorkommen, vor ihrer Härtung bestimmen zu können. Das Institut verfügte über vier Abteilungen, je eine für Chemie, Physik, Technologie und Dokumentation. Mehr als siebzig Leute arbeiteten an verschiedenen Forschungsprojekten auf dem Gebiet der Kunststoffe und deren Verarbeitung. Das DKI lag auf dem Gelände der Hochschule, was dazu führte, dass Studenten ihre Diplom- und Doktorarbeiten dort machen konnten. Wir waren eine international zusammengesetzte Forschungsgruppe. In den sieben Jahren, in denen ich an diesem Institut arbeitete, lernte ich viele neue Kollegen und ein paar wenige Kolleginnen kennen, Deutsche, aber auch Ägypter, Libanesen, Spanier, Indonesier, Koreaner, Rumänen, Schweden, Norweger. In der Forschung galt das Prizip, dass wissenschaftliche Erfolge nicht von der Nationalität der Forschenden, sondern von deren Fähigkeiten und Arbeitseinsatz abhingen.

Ganz anderer Ansicht waren diesbezüglich die Beamten auf der Ausländerbehörde. Jedes Jahr aufs Neue musste ich dort erscheinen, um meine Aufenthaltsberechtigung verlängern zu lassen. Schon Tage vorher war ich angespannt. Es kam mir immer vor wie bei einem Verhör, wo es darum ging, mir eine Straftat nachzuweisen. Jedes Mal musste ich vor dem Zimmer des Beamten lange warten. Durfte ich dann endlich eintreten, war die Begrüssung äusserst frostig. Und dann kamen die bohrenden Fragen nach den Gründen, weshalb ich noch immer da und nicht bereits wieder in Korea sei, und wann ich nun endlich abschliessen werde. Diese stellte er, obwohl ich immer ein Gutachten des Professors dabei hatte, in dem alles genau stand. Es war eine Qual, weil der Beamte mir immer das Gefühl gab, eine Schmarotzerin zu sein. Am Ende dieser Befragung hiess es dann jeweils, dass ich nun das letzte Mal eine Verlängerung erhalten würde. Ich bekam den entsprechenden Stempel und konnte wieder gehen. Bis zum nächsten Mal.

Tatsache war, dass wir sehr diszipliniert und fleissig arbeiteten. Wir hatten offizielle Arbeitszeiten, genau wie in der Industrie, während denen wir im Labor oder in der Bibliothek arbeiteten. Wir besuchten aber auch Vorlesungen und Seminare. In Wirklichkeit arbeiteten wir weit länger. Oft hatten wir stundenlange Diskussionen, die von Fachproble-

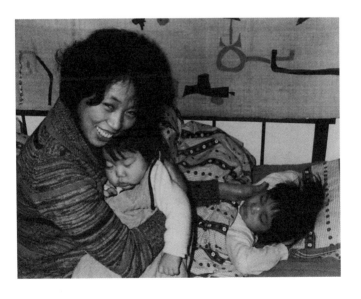

Ein glücklicher Moment an einem Wochenende

men bis zum täglichen Kleinkram reichten. Es gab immer wieder schwere Zeiten, besonders wenn die eingeschlagene Richtung der Arbeit experimentell nicht vorwärts ging, oder wenn sich plötzlich allen Vorabklärungen zum Trotz herausstellte, dass die eigenen Ideen bereits von andern in ähnlichen Arbeiten publiziert worden waren. Insgesamt waren die Jahre meiner Promotionsarbeit von 1971 bis 1974 eine wertvolle Zeit für mich, nicht nur beruflich.

Ich war am 16. Oktober 1972 zum zweiten Mal Mutter geworden. Wir hatten nun auch einen Sohn, dem wir den Namen Sven Goung-Il gaben. Etwa zur gleichen Zeit schloss Tai-Hwan sein Studium ab. Er beabsichtigte, im Werkzeugbau zu promovieren. Unser Leben in Deutschland verlief in geregelten Bahnen, und auch unsere finanzielle Lage war für ein Studentenehepaar zufriedenstellend. Svens Geburt bereitete Tai-Hwan und mir grosse Freude. Schon mit drei Monaten konnte Sven in die Krippe gehen, so dass er sich viel leichter an die Umgebung gewöhnte als damals Paula. Er wuchs auch ohne weitere Kinderkrankheiten auf. Tai-Hwan war besonders stolz auf ihn, weil er ihm so ähnlich sah, witzig, klein, aber standhaft, sein Oberkörper war breit wie der des Vaters, alle nannten ihn kleiner Tai-Hwan.

Meine Aufgaben als Mutter und berufstätige Frau unter einen Hut zu bringen, wurde nun noch schwieriger. Jeden Tag musste ich zunächst durch die ganze Stadt, um Paula zum Kindergarten und anschliessend Sven in die Krippe zu bringen, bevor ich weiter zum Institut fahren konnte. Dort endlich angekommen, musste ich mir zuerst einen starken Tee kochen, um meine Arbeit anpacken zu können. Am Abend war es dann umgekehrt: zuerst Sven, dann Paula abholen und dann weiter nach Hause. Aber mein Stress und meine Müdigkeit verschwanden, sobald ich die Kinder in die Arme schloss. Ich war einfach glücklich und dankbar, dass die beiden sich so gut entwickelten, und dass ich meine Arbeit machen durfte.

Krisen

Als die schwierigste Aufgabe erwies sich je länger je mehr unser Eheleben. Ich hätte unsere Ehe als glücklich bezeichnet. Doch was bedeutete glücklich genau? Tai-Hwan und ich hatten am Anfang kaum Zeit und Mittel gehabt, unser Zusammenleben zu pflegen. Wir hatten viele Probleme zu bewältigen, das stand für uns im Vordergrund. Und wir gaben unser Bestes, die Schwierigkeiten in den Griff zu bekommen. Wir hatten ja ein gemeinsames Ziel und das lautete, so bald als möglich das Studium beenden, um dann nach Korea zurückzukehren und eine grosse Karriere zu machen. Oft hatten wir zwar unterschiedliche Ansichten über unser Leben, und manchmal gab es auch Streit darüber, aber nach einer Weile wurden wir wieder vernünftig und versöhnten uns, wenigstens äusserlich. Mich plagte oft ein schlechtes Gewissen, weil ich studierte und deshalb nicht hundertprozentig für ihn und die Kinder da sein konnte. Tai-Hwan war sehr rechthaberisch und talentiert, mit logischen Argumenten seinen Standpunkt zu vertreten. In den meisten Fällen akzeptierte ich dann seine Meinung, nur um mich nicht in eine dieser langen Diskussionen verwickeln zu lassen. Das war mein Verhalten nach aussen, doch innerlich hatte ich meine eigenen Pläne, die ich stillschweigend verfolgte, und so kam es, dass ich letztendlich doch oft das tat, was ich wollte. Tai-Hwan sehnte sich je länger je mehr nach einer gehorsameren, eleganteren Frau. Er warf mir oft vor, dass ich nicht fügsam genug sei, und forderte, dass ich mehr auf mein Äusseres achten sollte. Doch was er von mir verlangte, konnte ich ihm nicht sein. Und so kam es, dass Tai-Hwan sich in andere Frauen verliebte. Ich war zutiefst getroffen, als ich von seinen Affären erfuhr.

Eines Tages, als ich mit beiden Kindern nach Hause kam, wartete auf dem Parkplatz vor dem Haus eine koreanische Frau auf mich. Sie fragte, ob ich Tai-Hwans Frau sei, sie habe etwas mit mir zu besprechen. Wir gingen zusammen in die Wohnung, ich kochte Tee, und dann begann sie, mir die Geschichte zu erzählen. Sie habe eine enge Freundin, die jünger sei und ledig. Die konfuzianische Tradition verlangt es, dass Ältere sich um Jüngere kümmern, und so hatte sich diese Frau ihrer jungen Freundin angenommen. Seit einiger Zeit nun sei diese in Tai-Hwan verliebt, und er auch in sie. Sie habe ihre Freundin zwar immer wieder gebeten, die Beziehung aufzugeben, weil er bereits eine Familie habe, aber alles Bitten sei vergeblich gewesen. Nun wolle ihre Freundin mit Tai-Hwan einige Tage in die Ferien fahren. Das wäre eine Katastrophe, da die Keuschheit für unverheiratete Frauen in Korea existenziell war. Daher wollte sie mich um Hilfe bitten, damit diese Reise nicht zu Stande komme und ihre Freundin sich und uns nicht ins Unglück stürze. Ich wusste, dass Tai-Hwan am folgenden Morgen wegen einer Fachkonferenz für einige Tage verreisen wollte, dass er dazu eine andere Frau mitnehmen wollte, wusste ich allerdings nicht. Es war ein unglaublicher Schlag für mich. Ich versuchte, die Fassung zu wahren. Ich beruhigte die Frau und versicherte ihr, mein möglichstes zu tun, um die gemeinsame Reise zu verhindern. Am Abend, nachdem die Kinder im Bett waren, fragte ich Tai-Hwan vorsichtig, ob seine morgige Reise sehr wichtig sei. Der clevere Tai-

Hwan merkte gleich, um was es ging und fragte, ob diese Frau bei mir gewesen sei. Anscheinend hatte sie ihn mehrmals gewarnt, dass er als Familienvater keine tiefere Bindung mit ihrer Freundin eingehen solle, anderenfalls würde sie seine Frau besuchen und ihr alles erzählen. Tai-Hwan bat mich um Verzeihung. Er sagte, er wolle diese Reise sowieso nur dazu benutzen, die Beziehung zu beenden. Am nächsten Tag besuchte er sie, kam aber bereits am Nachmittag zurück. Ob er wirklich gleich mit ihr Schluss gemacht hatte oder nicht, wusste ich nicht, denn wir sprachen nie wieder darüber. Hätte ich mich einer deutschen Freundin anvertraut, so hätte diese mir sicher sofort geraten, mich scheiden zu lassen. Und das konnte ich mir der Kinder wegen nicht vorstellen. Hätte ich mich einer koreanischen Freundin mitgeteilt, so hätte diese mir geraten, Tai-Hwans Seitensprünge still zu ertragen. Und das konnte ich mir nach all den Jahren hier in Deutschland auch nicht mehr so einfach vorstellen.

Ich blieb mit meinem Kummer allein, ohne zu wissen, wie es weitergehen sollte, auch wenn ich nach aussen Arbeit und Familie erfolgreich zu managen schien und auch Tai-Hwan nie mehr mit dem Geschehenen konfrontierte. Die Promotionsarbeit lief ohne grosse Probleme, ich arbeitete den ganzen Tag am Institut und versuchte dort alles zu erledigen, damit ich am Feierabend für die Kinder und das Familienleben voll da sein konnte. Paula und Sven entwickelten sich problemlos, und sie bekamen viel Liebe und Aufmerksamkeit von ihrer ganzen Umgebung. In unseren Augen waren die beiden einfach genial, aber wahrscheinlich denken das alle Eltern von ihren Kindern in diesem Alter. Tai-Hwan äusserte immer lautstark, dass unsere Kinder überwiegend seine brillanten Gene besässen, was typisch für ihn war, mich aber nicht weiter störte. Ich war nur glücklich, dass es den Kindern gut ging und dass Tai-Hwan sie so sehr liebte und stolz auf sie war.

Innerlich aber war ich ständig hin und her gerissen und nie wirklich zufrieden mit mir. Oft spielte ich mit dem Gedanken, die Doktorarbeit aufzugeben, um nur noch für die Kinder und für Tai-Hwan da zu sein. Unter den fünfundzwanzig Doktoranden meines Fachbereichs waren nur drei Frauen, und von diesen drei Frauen war ich die einzige, die verheiratet war und Kinder hatte. Die beiden Kolleginnen verstanden gar nicht, wie ich das alles schaffen wollte, denn für eine wissenschaftliche Karriere war es am besten, sich der Forschung ganz ausschliesslich zu widmen. Ihre Zweifel und die Argumente Tai-Hwans bedeuteten eine ständige Verunsicherung und Belastung. Dennoch schob ich den Gedanken aufzuhören wieder beiseite und machte weiter. Ich merkte lange nicht, dass mein Körper unter dieser dauernden Anspannung litt und eine Auszeit verlangte. Nur ab und zu spürte ich in der Herzgegend dumpfe Schmerzen, fühlte mich kraftlos und war oft sehr müde. Wenn ich an den Tod meiner Mutter dachte, bekam ich richtig Angst davor, krank zu werden. Monatelang verdrängte ich solche Gedanken, bis ich endlich doch zum Internisten ging. Er untersuchte mich gründlich, meinte dann aber, dass ich an Eisenmangel leide, mir sonst aber nichts fehle. Ich war sehr erleichtert. Als mir der Arzt dann trotzdem ein Formular in die Hand drückte, dachte ich zunächst, dass es sich um ein Rezept handelte. Das war ein Irrtum. Es war ein Trainingsplan für Waldläufe, an denen ich fortan zweimal die Woche teilnehmen sollte. Nicht gerade begeisert machte ich mich auf den Weg.

Auf dem Waldlaufgelände standen Tafeln, die verschiedene Strecken anzeigten, mit einer Länge von 5, 7, 10, 12, 15 und 20 km. Es gab verschiedene Gruppen. Alle liefen gleichzeitig los in den Wald, in verschiedene Richtungen, und trafen sich nach einer Stunde wieder am Ausgangspunkt. In meiner Gruppe, die die 5-km-Strecke absolvierte, waren überwiegend ältere Männer und Frauen, die gemütlich liefen und sich dabei unterhielten. Unterwegs legten wir einen Halt für Atemübungen und Gymnastik ein. Eine Frau hatte immer einen Papagei dabei, der beim Laufen auf ihrer Schulter sass. Am Anfang hatte ich eigentlich keine grosse Lust, besonders bei dunklem regnerischem Novemberwetter, aber mit der Zeit merkte ich, dass der dumpfe Schmerz in meiner Brust nachliess. Ich war weg von zu Hause, tat etwas nur für mich und das an der frischen Luft. Der Wald wurde wieder zu einer Art Zuflucht, besonders wenn es mir nicht gut ging. Ich begann die Natur in ihrem jahreszeitlichen Wechsel zu geniessen, wobei mir der rotbraune Buchenwald im Spätherbst am liebsten war.

In dieser Zeit fand ich noch ein anderes Hobby, das auch zu meinem körperlichen Wohlbefinden beitrug. Beim Nachbarhaus von Brambachs, in das wir aus Platzgründen umgezogen waren, gab es einen Garten mit zahlreichen Obstbäumen, so dass wir mit Kirschen, Birnen, Zwetschgen und Mirabellen bestens versorgt waren, ausserdem hatte es Beerensträucher und Gemüsebeete. Diese Gartenarbeit war ein Genuss. Sie erinnerte mich an meine Kindheit in Seoul in unserem grossen Haus mit den vielen Bäumen drum herum. Endlich konnte ich nach Belieben gärtnern. Ich wurde richtiggehend erfinderisch, wenn es um die unterschiedlichen Verwendungsmöglichkeiten des Obstes ging, wobei mir mein Wissen als Chemikerin zugute kam. Weil unser Zwetschgenbaum nicht gegen Ungeziefer gespritzt worden war, konnten wir die Früchte nicht essen. Um sie nicht verfaulen zu lassen, überlegte ich mir eine geeignete Verwendungsmöglichkeit. Auf dem Flohmarkt kaufte ich einige grosse Flaschen, in denen früher Obstsaft transportiert worden war, und im Labor fertigte ich Glasröhrchen an. Ich füllte die Zwetschgen in die Glasflaschen und setzte die Röhrchen darauf. Der Gärprozess konnte beginnen. Im Spätherbst brachte ich dann sogar eine richtige Destillationseinrichtung vom Labor mit heim, und an den Wochenenden bis spät in die Nacht hinein filtrierte und destillierte ich die gegorenen Zwetschgen. Das ganze Quartier roch danach, was mich aber nicht beunruhigte, da ich damals nicht wusste, dass das Schnapsbrennen Privatpersonen verboten war. Jedes Mal, wenn Freunde uns besuchten, liess ich sie von meinem Zwetschgenbrand probieren, sagte ihnen aber nicht, dass ich ihn selbst hergestellt hatte.

Die Jahre in diesem Haus waren meine beste Zeit mit Tai-Hwan. Wir hatten in der Zwischenzeit unseren alten Käfer verschrottet und ein anderes Auto gekauft. Mit diesem Citroën fuhren wir in den Sommerferien quer durch Europa, die norwegische Küste entlang, nach Schweden, in die Schweiz, nach Österreich, Italien. Wir zelteten immer, was den Kindern sehr gefiel. Sie konnten im Freien spielen, und abends im Zelt lagen wir alle zusammen, erzählten Märchen oder selbst erfundene Geschichten und schliefen dabei ein.

Noch ehe ich meine Promotion abgeschlossen hatte, begann für Paula der «Ernst des Lebens». Im August 1974 wurde sie eingeschult, und wir fieberten diesem ersten Schultag wohl mehr entgegen als sie selbst. Wir bereiteten alles vor, womit eine Erstklässlerin in Deutschland so ausgestattet wurde: schöne Kleidung, einen Schulranzen, eine grosse bunte Schultüte voller Süssigkeiten. Es zeigte sich bald, dass wir uns um Paulas schulische Leistungen keine Sorgen zu machen brauchten.

Kurz vor Weihnachten 1974 hatte ich mein grosses Ziel erreicht. Ich hatte meine Doktorarbeit mit dem Titel «Charakterisierung ungehärteter Epoxyharze aus Bisphenol A und Epichlorhydrin» erfolgreich verteidigt und sogar schon ein Angebot erhalten, mit der Firma Siemens gemeinsam an einem Forschungsprojekt im DKI zu arbeiten. Für die feierliche Zeremonie wurde ich mit dem traditionellen Doktorhut ausgestattet, den vor mir schon über dreissig Leute getragen hatten, und die Kollegen führten mich anschliessend mit einem selbstgebauten Wagen durch die Stadt. Sven und Paula sassen mit mir im Wagen, und ich war sehr bewegt, als ich anschliessend zur Dokumentation meines Erfolgs sogar auf das zentrale Denkmal in der Darmstädter Innenstadt gestellt wurde. Ich war am Ziel meiner Träume angelangt. Die Freude darüber wurde aber bald durch ein anderes Gefühl verdrängt. Ich spürte, wie sich eine innere Leere in mir breit machte, und ich wünschte mir sogar, einfach alles stehen und liegen zu lassen und alleine wegzugehen, obwohl ich mich so darauf gefreut hatte, endlich viel Zeit für die Kinder zu haben. Ich wurde melancholisch, und undefinierbare Sehnsuchtsgefühle packten mich. Ich wünschte mir, einfach zu jemandem gehen zu können, um mich mal auszuheulen und zu sprechen. Mit Tai-Hwan war das nicht möglich, und auch sonst wusste ich nicht, wohin ich mich wenden sollte. Ich wurde immer depressiver, auch mein Herz meldete sich wieder mit diesem dumpfen Schmerz. Erneut packte mich die Angst, sterben zu müssen. Aber was würde dann aus Paula und Sven? Sollte es ihnen wie mir ergehen? So weit wollte ich es auf keinen Fall kommen lassen. Ich musste wieder Kraft bekommen, die Kinder brauchten mich. Aber wie? Es war damals ja noch nicht üblich, sich an einen Psychologen zu wenden, Therapiegespräche zur Heilung der Depression zu führen und geeignete Medikamente einzunehmen. Und selbst wenn ich die Möglichkeit gehabt hätte, bin ich mir nicht sicher, ob ich sie wahrgenommen und tatsächlich beansprucht hätte. Für mich als Koreanerin waren diese modernen Formen der professionellen Hilfe doch sehr fremd. So war ich auf mich gestellt und grübelte wochenlang über einen Ausweg. Schliesslich entschloss ich mich, nicht gleich wieder voll zu arbeiten, sondern zuerst einmal die Dinge zu tun, die mir Spass machten. Ich wollte erstmals mehr Zeit für mich beanspruchen. Deshalb übernahm ich die Forschungsstelle im Rahmen eines 50%-Pensums. Daneben würde ich noch meine Promotionsarbeit veröffentlichen. Da unsere finanzielle Lage inzwischen recht gut war und wir sogar einige Ersparnisse auf der Bank hatten, akzeptierte Tai-Hwan meinen Plan. Die nun folgenden Monate bis zu unserer Rückkehr nach Korea konnte ich richtig geniessen. Vormittags arbeitete ich am Institut. Meine Arbeit über die Bestrahlung von Polyolefinen ging so gut vorwärts, dass ich sie in der zur Verfügung stehenden Zeit abschliessen und sogar eine gute

Publikation daraus machen konnte. Zu den wichtigsten Polyolefinen zählen Polyethylene und Polypropylene. Es handelt sich dabei um einen sehr gebräuchlichen, kostengünstigen Kunststoff, der von Behältern, über Verschlüsse bis hin zu Folien und Rohren überall vorkommt. Damals konnte ich noch nicht ahnen, dass gerade diese Publikation eines Tages für meine berufliche Zukunft ausschlaggebend sein würde. Am Nachmittag erledigte ich die Hausarbeiten und tat Dinge, die mir gefielen: Waldlauf, Lesen oder mit Freundinnen Tee trinken. Ich entschloss mich sogar, bei einem Bäcker und bei einem Metzger ein Praktikum zu absolvieren, weil Paula und Sven so gerne Butterbrot mit Salami assen und weil es diese Art von Brot und Wurst in Korea nicht gab. Durch Vermittlung von Freunden konnte ich bei einem Bäcker in Eberstadt tatsächlich ein Praktikum machen. Der Bäcker freute sich so sehr über meine Mitarbeit, mein pünktliches Erscheinen und meine Zuverlässigkeit, dass er mich am liebsten richtig angestellt hätte. Eine Praktikums-Metzgerei konnte ich leider nicht finden.

Abschied von Deutschland

Im Sommer 1976 rückte auch das Ende von Tai-Hwans Doktorarbeit näher. Er entschloss sich deshalb, Korea zu besuchen, um sich nach einer Stelle für die Zeit nach unserer Rückkehr umzuschauen. Seit wir Korea verlassen hatten, waren wir nie mehr dort gewesen. Dennoch wussten wir, dass sich unsere Heimat inzwischen zumindest ökonomisch sehr verändert hatte.

Seit 1961 regierte Präsident Park Chung-Hee Südkorea mit eiserner Hand. Er wollte aus Korea ein ökonomisch erfolgreiches und starkes Land machen und dies auch mit Mitteln, die in der Bevölkerung Unmut und Widerstand hervorriefen. Besonders wichtig war die von Park lancierte Saemaeul-Bewegung, die Bewegung des Neuen Dorfes, die landwirtschaftliche Reformen zum Ziel hatte, ohne die Korea sich nicht würde modernisieren können. Schliesslich waren noch immer über 80 % der koreanischen Bevölkerung Bauern. In der konfuzianisch geprägten Gesellschaft war dieser Stand immer als minderwertig betrachtet worden. Entsprechend schlecht war ihre Lebenssituation. Durch die Saemaeul-Bewegung wurden erstmals von staatlicher Seite grosse finanzielle Mittel in den Bauernstand investiert, was nicht nur ihre Wahrnehmung innerhalb der Gesellschaft veränderte, sondern sie auch wieder motivierte. Hilfe zur Selbsthilfe war das Ziel. Diese Bewegung ergriff nach und nach alle Schichten der Bevölkerung, und mit ihr setzte sich die Überzeugung durch, dass wenn wir hart arbeiten, wir auch gut leben würden. Die enorme Initiativkraft, die sich in der koreanischen Gesellschaft breit machte, war die menschliche Grundlage des Wirtschaftswachstums in Korea. Das durchschnittliche Jahreseinkommen hatte 1960 gerade mal 73 $ betragen, 1978 waren es bereits 1117 $.

Parallel dazu förderte Park auch die Industrie. Dutzenden von Grosskonzernen, den sogenannten Chebols, wie Hyundai, Samsung und Daewo, gewährte er steuerliche Vorteile und bot ihnen staatliche Bürgschaften an, damit sie investierten und Arbeitsplätze schufen. In der Folge entwickelte sich Südkorea zu einer erfolgreichen Exportnation.

Um das Land als grosse Industrienation weiter voranzubringen, bedurfte es auch der koreanischen Wissenschafter im Ausland, die Park aufforderte, wieder in die Heimat zurückzukehren. Er bot ihnen massive finanzielle Hilfen und Privilegien an und liess für sie grosse Forschungsinstitute in Seoul bauen, u.a. das Korea Institute of Science and Technology, genannt KIST, das zur Entwicklung der koreanischen Industrie einen grossen Beitrag leistete.

All diese Reformen wurden mit diktatorischen Mitteln durchgesetzt. Parks Innen- und Aussenpolitik war ausschliesslich von ökonomischem Nutzendenken geleitet und nicht von demokratischen Vorstellungen. Er regierte uneingeschränkt, mittels Verfassungsänderungen, manipulierten Wahlprozeduren und mit Hilfe des Militärs und der Polizei. Er verhängte den Ausnahmezustand, politische Gruppen und Gewerkschaften wurden unterdrückt und verfolgt, die Presse wurde zensiert. Unzählige endeten in den Folterkellern.

Park schickte koreanische Soldaten auf Seiten der USA in den Vietnamkrieg, weil er im Gegenzug finanzielle Hilfe für den Aufbau der Wirtschaft Südkoreas erhielt. Es schien ihn wenig zu kümmern, dass dieser zehnjährige Krieg Zehntausenden von Koreanern das Leben kostete. Aus den gleichen wirtschaftlichen Gründen betrieb er aktiv die Annäherung an Japan. Er verzichtete auf jegliche Reparationszahlungen für all die Unterdrückung und Zerstörung, die Korea unter den Japanern erlitten hatte, nur damit Japan in den koreanischen Markt investierte. In Südkorea riefen diese Schritte Opposition hervor, denn die Erinnerungen an die japanische Besatzung waren noch frisch. Der Druck auf Park wuchs. Als 1971 bei den Wahlen sein politischer Gegner Kim Dae-Jung 45 % der Stimmen auf sich vereinigte, ernannte sich Park zum Präsidenten auf Lebenszeit und zementierte damit seine Militärdiktatur ohne Aussicht auf Veränderung. Wir mussten uns also auf ein Leben in einem autoritären Staat vorbereiten, der zwar wirtschaftlich aufstrebend war und für Wissenschafter grosse Chancen bot, der aber im politischen und gesellschaftlichen Leben so ganz anders war als Deutschland.

Als Tai-Hwan aus Korea zurückkam, ging ich mit den Kindern zum Darmstädter Bahnhof und holte ihn ab. Ich freute mich sehr auf ihn und war neugierig zu hören, was er erlebt und gesehen hatte. Doch das erste, was er sagte, als er aus dem Zug stieg und uns umarmte, war: «In Korea würdest du alt aussehen. Oh, da gibt es viele schöne Frauen!». Es sollte zwar nur ein Witz sein, aber er traf mich sehr. Und dann kam es noch schlimmer. Er berichtete von einem grossartigen Angebot von KIST, von einer guten Stelle, wo er ohne finanzielle Einschränkungen seine Arbeit würde tun können. KIST würde ausserdem die Umzugskosten tragen und ihm eine Wohnung auf dem Institutsgelände zur Verfügung stellen. Das klang ja alles ganz toll, doch von einer Stelle für mich war nicht die Rede und dies, obwohl es an diesem Institut eine grosse Polymer-Abteilung gab. Ich war einerseits froh, dass er ein gutes Angebot bekommen hatte, aber andererseits auch sehr enttäuscht. Ich wäre ja auch gerne vor unserer endgültigen Heimreise nach Korea geflogen, um eine Stelle zu suchen, aber das lag nicht drin. Mir blieb nur die Hoffnung, dass es irgendwie auch für mich beruflich klappen würde.

Nachdem Tai-Hwan im Frühjahr 1977 sein Studium mit dem Doktorat in Maschinenbau abgeschlossen hatte, ging alles sehr schnell. Es blieben nur noch wenige Wochen bis zu unserer Heimreise. Ich dachte mit sehr gemischten Gefühlen an den baldigen Abschied von diesem Land, in dem ich so intensiv gelebt und so wichtige Jahre verbracht hatte. Aber ich verspürte auch grosse Freude und Neugier, nach zwölf Jahren Vater, Geschwister und Freunde wieder zu sehen. Meine grosse Sorge galt den Kindern, die in Deutschland fest verankert waren und sich fortan in einer ganz fremden Welt zurechtfinden mussten.

Paula war sehr unglücklich über die Aussicht, Darmstadt verlassen zu müssen. Alles gute Zureden half nur sehr beschränkt. Auch Sven verstand nicht, was vor sich ging und hoffte nur, dass wir wieder nach Hause – und damit meinte er natürlich Darmstadt – zurückkommen würden.

Wie würden sie das schaffen? Sie konnten zwar ein wenig Koreanisch verstehen, sprachen es aber kaum. Paula sollte in die vierte Klasse der Grundschule eingeschult werden. Ob sie da mitkommen würde, war völlig offen. Um Sven mussten wir uns weniger Sorgen machen, denn er war noch nicht ganz fünf Jahre alt und würde in den Kindergarten gehen. Und was würde nach unserer Rückkehr aus mir werden? Ich wollte so gerne auch in Korea in der Forschung arbeiten, dort, wo mein Wissen und meine Erfahrung gebraucht wurden. Doch wo und als was könnte das sein? Und würde ich in dieser von Männern dominierten Welt als Polymer-Chemikerin überhaupt zurechtkommen? Diese Fragen quälten mich. Wenn es nur um die Kinder und um mich gegangen wäre, hätte ich am liebsten alle Umzugspläne abgesagt und wäre hier geblieben. Aber zu bleiben war für Tai-Hwan undenkbar, wartete doch seine grosse Karriere auf ihn in Korea. Und ich verstand ihn. Schliesslich waren wir beide im konfuzianischen Denken erzogen worden, in welchem der berufliche Erfolg des Familienvaters absoluten Vorrang vor allem anderen hat und die Wünsche und Bedürfnisse des Einzelnen hinter denen der Gemeinschaft zurückstehen mussten. Korea war all die Jahre unsere Heimat geblieben, und es erschien uns als vordringlichste Aufgabe, unser Wissen und Können zum Wohle aller einzusetzen. Viele unserer koreanischen Freunde in Deutschland dachten und fühlten genauso, und selbst so oppositionell Denkende wie Herr Lee nahmen die Chance wahr, nach Korea zurückzukehren, auch um den Preis der völligen politischen Abstinenz.

Unsere baldige Abreise hatte sich so weit herumgesprochen, dass sogar eine Journalistin des Darmstädter Echos auftauchte und ein Interview mit uns führte. In einem grossen, kurz vor Pfingsten erschienenen Artikel wurden wir als «Heiner» präsentiert, der lokalen Bezeichnung für Darmstädter. Darin hielt ich mit meinen Befürchtungen, was meine Zukunft in Korea anbetraf, nicht hinterm Berg und sagte offen, dass ich mit den Kindern lieber in Darmstadt bleiben würde, wenn ich zu entscheiden hätte.

Die letzten Wochen vergingen wie im Flug. Wir waren ständig damit beschäftigt, Sachen zu besorgen, die wir mitnehmen wollten. Weil Tai-Hwans zukünftiger Arbeitgeber unseren Umzug finanzierte, mussten wir uns nicht beschränken. So kauften wir ein, was uns wichtig schien: Möbel, Geschirr, Teppiche, eine Waschmaschine, eine Spülmaschine, Fahrräder und anderes mehr. Viele dieser Sachen konnten wir günstig erstehen, da damals ein erstklassiges altes Hotel seine Pforten schloss und alle Einrichtungsgegenstände billig verkaufte. Ende Juli kamen die Männer der Umzugsfirma und packten zwei Tage lang alles in Kartons, die schliesslich in einem grossen Container Platz fanden. Wir waren beide mit je einem kleinen Koffer nach Deutschland gekommen, unwissend und unerfahren, und nun verliessen wir es mit zwei Studienabschlüssen, zwei prächtigen Kindern und diesem riesigen Container! In den sechziger Jahren hatte die deutsche Wirtschaft floriert, ausländische Arbeitskräfte waren willkommen gewesen. Von dieser Offenheit hatten wir in jeder Hinsicht profitiert. Nicht zum ersten Mal hatte sich mein Lebensweg im richtigen Moment in die richtige Richtung bewegt. Hoffentlich würde das in Korea auch so sein.

Wir wollten uns von unseren deutschen Freunden verabschieden und fuhren deshalb nach Ludwigshafen und Tieringen. Der Abschied fiel uns allen sehr schwer, da wir nicht wussten, wann wir uns wieder sehen würden. Die Reise nach Tieringen berührte mich besonders. Dieser Ort, in dem ich vor zwölf Jahren als junge und mutige Frau angekommen war, wo ich mich oft einsam gefühlt hatte, nicht wissend, wie es weitergehen sollte. Nun kam ich mit all den Erfahrungen, die ich seither gemacht hatte, noch einmal hierher zurück, bevor wir nach Korea aufbrachen. Ich hatte in all den Jahren kaum mehr Kontakt zur Familie Kübler gehabt, und dies nicht nur wegen der geographischen Distanz.

Am Abend, bevor wir wieder wegfuhren, sassen wir mit Walter und Rösli bei einem Glas Wein zusammen, unterhielten uns über dies und jenes und kamen auch auf meine Zeit hier zu sprechen. Ich fragte nach Ernst, den ich damals kennen gelernt, von dem ich aber nie wieder etwas gehört hatte. Rösli erzählte, dass er nach wie vor vorbei käme, mehr wollte sie aber nicht sagen. Meine Gedanken kehrten zurück zu unseren Spaziergängen am Vierwaldstätter See, zu den Konzerten, an denen ich meine koreanische Tracht getragen hatte, und an die verschneiten Fusswege auf dem Pilatus, auf denen ich mit den feinen Schuhen spaziert war. Wie in einem schönen Roman, von dem ich als junges Mädchen nicht im Traum geglaubt hätte, dass er für mich Wirklichkeit werden könnte. Ich bat Rösli, ihm schöne Grüsse und alles Gute von mir auszurichten.

Der schwerste Abschied, vor allem für Paula und Sven, war der von Familie Brambach. Liesel war zwar bemüht, die Kinder zu beruhigen, doch beim Abschied am Frankfurter Flughafen gab es kein Halten mehr. Wir brachen alle in Tränen aus, und vor allem die Kinder weinten heftig. Ich verliess meine zweite Heimat, das Land, das mir die Möglichkeiten eines emanzipierten Lebens geschenkt hatte. Nun musste ich die intensive und abenteuerliche Lebensphase abschliessen, ohne zu wissen, was auf uns zukam. Doch solchen Gedanken konnte ich jetzt nicht nachhängen, unmittelbarere Probleme galt es zu lösen: unsere weinenden Kinder trösten und dabei so tun, als ob wir selber ganz zuversichtlich in die Zukunft schauen würden.

Rückkehr

Der kleine Flughafen Kimpo, von dem aus ich zwölf Jahre zuvor Korea verlassen hatte, war inzwischen ein internationaler Flughafen geworden. Dort warteten bereits meine Familie und unsere Freunde, um uns einen herzlichen Empfang zu bereiten. Es war ein unbeschreibliches Gefühl, nach all den Jahren meine Schwester In-Young, Vater, die anderen Verwandten und Freunde wiederzusehen. In-Young hatte immer an mich geglaubt, und auch Vater hatte meine Studienpläne in Deutschland uneingeschränkt bejaht, und nun war ich tatsächlich am Ziel all dessen, wovon ich als junges Mädchen so sehnlich geträumt hatte. Nach einer langen Reise kehrte ich zurück, freudig und doch voller Ungewissheit über meine Zukunft.

Vom Flughafen aus wurden wir in ein Hotel mitten in der Stadt gebracht, wo Tai-Hwans Cousine für uns bereits Zimmer reserviert hatte. Vor allem die Kinder waren sehr müde von der langen Reise. Nur zu gern hätte ich bei meiner Familie gewohnt, doch ihr Haus war zu klein für uns vier Neuankömmlinge. So blieben wir einige Tage in diesem Hotel, bis wir eine Wohnung in der Siedlung von Tai-Hwans neuem Arbeitgeber beziehen konnten.

Fremd in der Heimat

Seoul war enorm gewachsen. Über zehn Millionen Menschen lebten hier mittlerweile auf engstem Raum unter oft chaotischen, menschenunwürdigen Bedingungen zusammen. Hochhäuser waren wie Pilze aus dem Boden geschossen, dazwischen standen nur noch vereinzelt die kleinen traditionellen koreanischen Häuser. Die Slums, die ich von früher kannte, existierten noch immer. Diese Entwicklung hatte auch unmittelbare Auswirkungen auf unsere Familie. Vater war zu Beginn der 70er Jahre gezwungen gewesen, die seit Jahrhunderten genutzte und gepflegte Grabstätte zu räumen, weil Seoul sich ständig ausdehnte und den Boden für Neubauten benötigte. Er musste weit ausserhalb der Stadt eine neue Grabstätte errichten. Dazu liess er alle noch vorhandenen Gräber der Vorfahren öffnen und die restlichen Knochen in einer grossen Porzellanurne sammeln und wieder bestatten. Jeder Ahne, den er noch persönlich gekannt hatte, bekam wieder eine eigene Urne. Vater war davon überzeugt, mit dieser Arbeit seine wichtigste Lebensaufgabe erfüllt zu haben.

Es gab nun kaum mehr Grünflächen in der Stadt, und die wenigen kleinen Parkanlagen, die übrig geblieben waren, wurden am Wochenende von den Erholungsuchenden richtiggehend überschwemmt. Die Gehsteige waren stets überfüllt, so dass ich mich nicht fortbewegen konnte, ohne ständig angerempelt, geschoben und vorangetrieben zu werden. Immer um siebzehn Uhr, wenn in den Strassen über Lautsprecher die Nationalhymne erklang, blieben alle Menschen stehen, legten ihre rechte Hand aufs Herz und verharrten schweigend. Kaum war die Hymne verklungen, ging es im gleichen Tempo weiter wie zuvor.

Erstaunt war ich über das veränderte Aussehen der Frauen, die mir hier auf den Strassen entgegenkamen. Sie waren nicht nur viel besser gekleidet als vor zwölf Jahren, sie waren auch viel stärker geschminkt. Das Schminken gehörte für sie zur Körperpflege wie die Gesichtswäsche. Wer sich nicht schminkte, galt sogar als ungebildet und unkultiviert. Diese Entwicklung war an mir vorbei gegangen. Auch wegen meinen Kleidern und Bewegungen wurde ich trotz meines koreanischen Aussehens als aus dem Ausland kommend wahrgenommen.

Die Menschen drängten sich auf den Gehsteigen, die Autos auf den Fahrbahnen. Entsprechend schlecht war die Luft. Ich getraute mich nicht mehr, eine Strasse zu überqueren, da ich Angst vor den rücksichtslos fahrenden Autos hatte. Deshalb benutzte ich in den ersten Tagen nur noch Taxis, um all diesen Gefahren zu entgehen. Um wie viel ruhiger und beschaulicher war doch das Leben in Darmstadt gewesen.

Die Umstellung fiel nicht nur mir schwer. Auch die Kinder waren unglücklich. Die fremde Umgebung, die Sprachprobleme, das Leben in einem Hotelzimmer und dann noch die ungewohnte Augusthitze mit der hohen Luftfeuchtigkeit. Das war einfach zuviel. Ich musste gute Stimmung verbreiten und versuchen, fröhlich zu sein, um so die Wartezeit auf unsere eigenen vier Wände zu verkürzen. Erleichtert war ich, als endlich der grosse Wagen des Instituts vorfuhr und der Fahrer uns zur neuen Wohnung brachte. Das ganze Institutsareal war von einem hohen Stacheldrahtzaun umgeben und wurde mit speziellen Scheinwerfern zur Bewachung ausgeleuchtet. Die Regierung ging davon aus, dass bei einem Überfall der Nordkoreaner die Truppen zuerst hierher kommen würden, um alle Wissenschafter und die technischen Einrichtungen nach Norden zu verschleppen. Deshalb war der Sicherheitsstandard enorm. Es gab zwei Tore, vor denen Soldaten mit Gewehren patrouillierten und alle, die hinein wollten, gründlich kontrollierten. Als sie Tai-Hwan sahen, nahmen sie Haltung an und begrüssten ihn militärisch. Wir fanden das einerseits sehr komisch, andererseits machte es uns aber auch ein wenig Angst. Ein Leben hinter Stacheldraht und unter militärischer Bewachung war nicht das, wovon ich geträumt hatte. Schlagartig wurde mir bewusst, wie unterschiedlich die politische Stimmung im geteilten Korea und im geteilten Deutschland war.

Nachdem die Wachen uns eingelassen hatten, fuhren wir durch Parkanlagen mit vielen alten Bäumen und prachtvollen Blumen an Institutsgebäuden vorbei zu den Wohnblocks. Hier lebten ausschliesslich koreanische Wissenschafter und Ingenieure mit ihren Familien, die in Amerika oder Europa ausgebildet worden waren. Hier zu arbeiten und zu wohnen war für koreanische Verhältnisse ein absolutes Privileg. Es gab nirgends in dieser chaotischen Hauptstadt einen Ort, der so im Grünen lag und gleichzeitig so gesichert war, wie diese Siedlung. Und wir sollten diese Privilegien geniessen dürfen, wir gehörten von nun an zur südkoreanischen Wissenschaftselite.

Tai-Hwan war begeistert, dass er hier bei KIST sogleich als Gruppenleiter in einer Maschinenbauabteilung anfangen konnte. Das Institut war zehn Jahre zuvor gegründet worden und hatte in dieser Zeit einige neue Entwicklungen zur industriellen Reife gebracht, so z.B. das Kunsthaar, mit dem unterbezahlte Koreanerinnen unter menschenunwürdigen Arbeitsbedingungen in Fabriken Perücken herstellten, die dann in die ganz Welt exportiert wurden. Tai-Hwan arbeitete hier unter anderem an einem Projekt zur Entwicklung eines Elektroautos. Die Luft von Seoul war durch die vielen Fahrzeuge, die mit qualitativ schlechtem Benzin fuhren und die sich keiner mit Deutschland vergleichbaren Fahrzeugkontrolle unterziehen mussten, sehr schlecht. In solch einer Situation wirkte die Nachricht von der Entwicklung eines Elektroautos als sensationelle Neuigkeit und gab Anlass zu Hoffnungen auf bessere Luftqualität. Tai-Hwan kamen seine Erfahrungen und Kontakte zugute. Er importierte die Teile für das Fahrzeug aus Deutschland und liess sie in eine koreanische Autokarosserie einbauen. Tagelang wurde in den Zeitungen gross über dieses Elektroauto berichtet. Ab und zu ist Tai-Hwan mit Paula und Sven in diesem Auto durch die Gegend gefahren, was die Kinder mit grossem Stolz auf ihren Vater erfüllte, auch wenn das Elektroauto letztendlich nie die Produktionsreife erlangt hat.

Durch Tai-Hwans Tätigkeit und die Berichterstattung in den Medien waren einige Zeitungen auf uns aufmerksam geworden und begannen, sich für unser Privatleben zu interessieren. Sie baten uns um Interviews. Wir wurden als Ehepaar von zwei in Deutschland promovierten Naturwissenschaftern präsentiert – eine Rarität in Korea. Dabei wurde Tai-Hwan als sehr toleranter und progressiver Mann dargestellt, der den Beruf seiner Frau respektierte und eine partnerschaftliche Ehe führte. Tai-Hwan liess dies gerne so stehen, obwohl er für mein berufliches Fortkommen kein Interesse zeigte. Bei seinem Anstellungsgespräch hatte er meine Qualifikationen und meinen Wunsch nach einer Fortsetzung der Berufstätigkeit mit keinem Wort erwähnt, obwohl mir das den Zugang zum Institut sehr erleichtert hätte. Und so fand in dem Artikel die Tatsache keine Erwähnung, dass ich noch immer keine Arbeit gefunden hatte, und dies, obwohl es am

KIST eine Abteilung für Polymerchemie gab und deren Chef am Institut in Darmstadt bei meinem Doktorvater promoviert hatte. Er war gerade nach Korea zurückgekehrt, als ich in Darmstadt angefangen hatte zu studieren. Er wollte mich zwar gerne in seiner Abteilung einstellen, aber die Herren in der Verwaltung zögerten, weil sie über keine Erfahrung mit so hoch qualifizierten Naturwissenschafterinnen verfügten. Sie wussten nicht, wie sie mit mir umgehen sollten, denn eigentlich gehörte ich doch ins Haus zu den Kindern und nicht ins Labor – dies war zumindest die noch immer herrschende Auffassung, und es gab keine Bestimmungen, die es mir ermöglicht hätten, eine adäquate Stelle einzufordern.

So musste ich mich zunächst zwangsläufig ganz auf die Lösung der familiären und häuslichen Probleme konzentrieren. Der Schulbeginn stand vor der Tür. Paula sollte nun doch erst in die dritte Klasse der Grundschule eingeschult werden und Sven in den Kindergarten gehen. Die Verwaltung von KIST hatte die Kinder bereits an den jeweiligen Einrichtungen angemeldet, ohne dass wir davon gewusst hatten.

Für Paula begann der Besuch der privaten Gyung Hee Grundschule ohne Sprachkenntnisse, ohne Koreanisch lesen und schreiben gelernt zu haben. Ich hatte mit ihr zwar in den Ferien geübt, aber in der kurzen Zeit war es unmöglich gewesen, so viel zu lernen, dass sie auf dem Stand einer Drittklässlerin gewesen wäre. Was Paula in ihrer neuen Schule erlebte, war ein totaler Schock für sie. Der Unterrichtsstil war völlig anders als in Deutschland. Er war sehr autoritär. Die Klassen waren riesig. Obwohl es sich um eine

Privatschule handelte, sassen bis zu sechzig Kinder in einem Raum. Der Umgang war militärisch. Die Kinder mussten zur Begrüssung der Lehrer strammstehen. Aufgerufen wurden sie nicht mit ihrem Namen, sondern mit Nummern. Für das kleinste Vergehen wurden sie bestraft, die Steigerungsformen waren für Paula furchteinflössend. In den ersten Monaten ging sie morgens einfach mit den andern Kindern in die Schule und sass den ganzen Tag in der Klasse, ohne etwas zu verstehen. Dennoch musste sie die Prüfungen mitschreiben. Und wenn sie darin viele Fehler hatte, was bei ihrem Stand nicht anders sein konnte, wurde sie vom Lehrer ohne jegliches Verständnis körperlich bestraft. Immer wieder wurden Multiple-Choice-Tests durchgeführt, die als Beleg des Niveaus von jedem einzelnen Kind, aber auch der Klasse im Vergleich zur Parallelklasse und vor allem des Lehrers dienten. Für den Lehrer stand sein Ansehen vor den Kollegen, Vorgesetzten und Eltern auf dem Spiel. Entsprechend wichtig war ihm der Erfolg seiner Klasse. Doch Paula konnte ihm, so sehr sie sich auch anstrengte, die Freude eines fehlerlosen Tests nicht machen, sie war dazu sprachlich noch gar nicht in der Lage. Sie kreuzte immer die falsche Antwort an, worauf der Lehrer derart in Rage geriet, dass er sie heftig prügelte. Vor Schmerzen konnte sie kaum mehr sitzen. Heulend kam sie nach Hause, in völliger Verzweiflung. Doch was konnte ich tun? Hier in Korea war es das offizielle Erziehungsrecht der Lehrer, ihre Schüler und Schülerinnen auch durch Schläge zum Erfolg zu führen. Es bereitete mir selbst grosse Schmerzen, Paula solchen Methoden ausgesetzt zu wissen, doch abstellen konnte ich diese Behandlung nicht. Zum militärischen Drill gehörte auch, dass die Kinder nicht krank sein durften. Es gab einen Wettbewerb zwischen den Klassen, bei dem es darum ging, wer am wenigsten Krankentage zu verzeichnen hatte. Da Paula unter der Schule so litt, wurde sie oft aus Angst vor der neuen Schulwoche montags krank. Wenn sie danach wieder in die Schule kam, wurde sie von dem wütenden Lehrer erneut schwer bestraft, denn mit ihrem Fehlen hatte sie ja die Siegeschancen der Klasse beeinträchtigt.

Sommers wie winters mussten die Kinder einmal in der Woche nach militärischer Manier im Schulhof stramm stehen. Im Sommer war es oft so quälend heiss, dass Paula sogar in Ohnmacht fiel. Und im Winter war es furchtbar kalt, dennoch durften die Mädchen zu ihren Schulröcken nur Nylonstrumpfhosen anziehen, die überhaupt nicht wärmten. Da Paula fror, zog ich ihr unter diese Nylonstrümpfe noch wollene Strumpfhosen an. Als sie so zur Schule ging, wurde sie bei der Eingangskontrolle sofort ausgeschimpft und nach Hause geschickt, um die Wollstrumpfhosen wieder auszuziehen. Dadurch kam sie zu spät in den Unterricht, was ihr erneut den Zorn des Lehrers zuzog. Paula litt dermassen unter den Verhältnissen, dass sie Haarausfall, Ausschläge und Entzündungen bekam – Krankheiten, die sie in Darmstadt nie gehabt hatte. Erschwerend kam hinzu, dass die koreanischen Schulen Ganztagsschulen waren, so dass sie von morgens bis am späten Nachmittag dem Lerndrill ausgesetzt war und am Abend noch mit mir weiter lernen musste, um den fehlenden Stoff nachzuholen. Dabei brachen Wut und Verzweiflung mit aller Heftigkeit aus ihr heraus. Ich versuchte zwar sie zu ermutigen, aber es gelang mir auch nicht immer. Dann kam es vor, dass wir zusammen weinten.

Zum Glück hatten wir in der Nachbarschaft eine Familie mit zwei Mädchen, die Paulas Probleme gut verstanden. Kati und Helga waren einige Jahre älter als Paula. Ihr Vater hatte Maschinenbau in Aachen studiert und war mit seiner Familie zwei Jahre vor uns zurückgekehrt. Jetzt arbeitete er in der gleichen Abteilung wie Tai-Hwan. Die beiden Mädchen waren ebenfalls ohne Sprachkenntnisse nach Korea gekommen und deshalb genauso frustriert über die Schule, die Lehrer und die ganze neue Situation. Gemeinsam schimpften sie heftig und konnten so ihrem Frust ein wenig Luft verschaffen. Mit der Zeit erfuhr ich, wie es anderen Kindern in der Schule erging, und das war oftmals noch viel schlimmer. Ein Junge, der ebenfalls in Deutschland aufgewachsen war, litt so sehr unter den schulischen Bedingungen, dass er sich mit seinen vierzehn Jahren heimlich Geld zusammensparte und dann eines Tages verschwand. Keiner wusste, wo er war. Die Eltern suchten ihn und fanden dann heraus, dass er es bis nach Deutschland zu einer befreundeten Familie geschafft hatte. Sie holten ihn dennoch wieder zurück.

Bei Paula dauerte es ungefähr ein Jahr, bis sie fliessend Koreanisch sprach und auch im Schreiben und Lesen so gut war, dass sie keine Schläge mehr für unbefriedigende Leistungen einstecken musste. Nur in Fächern wie Aufsatzschreiben und Moralkunde hatte sie noch lange Zeit Schwierigkeiten, weniger wegen der formalen Ansprüche als vielmehr wegen der von den Lehrern erwarteten Inhalte. Die Kinder wurden antikommunistisch erzogen und lernten Nordkorea als Todfeind zu fürchten und vor Spionen ständig auf der Hut zu sein. Einmal im Monat mussten sie in der Schule Propagandaposter malen, die ihren unablässigen

Kampf gegen Nordkorea zum Thema hatten. Sie lernten, stets wachsam zu sein und gleichwohl jeder Gefahr mutig zu begegnen.

Der Kindergarten für Sven befand sich auf dem KIST-Areal, nicht weit von unserer Wohnung entfernt. Ihm fiel es wesentlich leichter, sich an die neue Umgebung anzupassen als Paula. Die Sprache war für ihn kaum ein Problem, weil er noch nicht in die Schule gehen musste. Dafür machte ihm die Hitze mehr zu schaffen. Am ehesten war sie zu ertragen, wenn er ohne Kleider im Garten spielen konnte, so wie er es auch in unserem Haus in Darmstadt getan hatte. Ich konnte nichts Schlimmes daran finden, doch offensichtlich war das hier ganz anders. Das wurde mir schlagartig bewusst, als ich eine Frau auf der Strasse traf, die auch in der KIST-Anlage wohnte. Zunächst unterhielten wir uns allgemein über dieses und jenes, bevor sie dann auf einen kleinen Jungen zu sprechen kam, der angeblich frisch aus Deutschland gekommen sei und hier nackt herumlaufe. «Er muss geistig etwas zurückgeblieben sein, so dass er wohl nichts dafür kann. Aber dass die Mutter so etwas erlaubt, zeigt doch, dass auch sie nicht ganz normal sein kann.» Die Frau wusste natürlich nicht, dass dieser angeblich zurückgebliebene Junge mein Sohn war, und ich gab mich auch nicht als seine gestörte Mutter zu erkennen. Mir war es nur unglaublich peinlich. Ich hatte schon ganz vergessen gehabt, wie konfuzianisch geprägt Korea noch immer war, und dass die rigiden Sittlichkeitsvorstellungen auch für die kleinen Kinder galten.

Durch die Kinder lernte ich mit der Zeit andere Eltern kennen, d.h. nur die Mütter, denn die Väter hatten genau wie Tai-Hwan keine Zeit für die Familie und überliessen die

Erziehungsaufgaben und den Haushalt ihren Frauen. Und selbst wenn einer der Ehemänner mal zu Hause gewesen wäre, er hätte sich nicht zu uns Frauen setzen dürfen, um mit uns Tee zu trinken und sich zu unterhalten. Eine konfuzianische Regel besagt, dass Jungen und Mädchen ab dem siebten Lebensjahr nicht mehr beisammen sitzen dürfen, und das gilt ein Leben lang. Auch wenn diese Regeln nicht mehr ganz so streng befolgt wurden wie früher, so war eine ungezwungene Unterhaltung zwischen den Geschlechtern noch immer unvorstellbar. Alle, die in unserer Siedlung wohnten, hatten lange in den USA oder in Europa gelebt. Hier aber benahmen sie sich, als ob sie nie aus Korea weg gewesen wären.

So wurde ich von den Müttern ab und zu zum Tee eingeladen und erfuhr dabei, wie sie sich das Leben hier eingerichtet hatten. Fast alle Frauen blieben zu Hause, obwohl sie sowohl in Korea als auch im Ausland eine gute Ausbildung erhalten hatten und einige dieser Frauen im Ausland berufstätig gewesen waren. Besonders mit zwei Frauen, die beide in unserer Siedlung wohnten, habe ich mich angefreundet. Da war die Mutter von Svens Freundin Min-Sun. Sie und ihr Mann hatten Biologie in Korea studiert. Danach unterrichtete sie als Lehrerin in einer High School. Später ging sie mit ihrem Mann nach Wien, wo er in Biologie promovierte, während sie die Familie versorgte. Sie war eine ruhige, feine, sprachgewandte Frau. Ich ging oft zu ihr oder sie kam zu mir, und so verkürzten wir uns die einsamen Abende ohne unsere Männer, die ja immer spät heimkamen. Es entwickelte sich eine vertrauliche Beziehung, die uns auch über unsere persönlichen Freuden und Probleme reden liess. Ihr Mann war der einzige, der es wagte, sich mit mir, wenn wir uns auf dem Parkplatz oder der Strasse zufällig trafen, auf ein kurzes, ungezwungenes Gespräch einzulassen. Wenigstens bei ihm hatte die europäische Zeit ihre Spuren hinterlassen.

Die andere Frau war Hwang Young-Hee, die mit ihrer Familie kurz vor uns aus den USA zurückgekommen war. Sie hatte zwei grössere Kinder. Zunächst waren diese auch in eine koreanische Schule gegangen, doch dort hatten sie enorme Schwierigkeiten gehabt, besonders Sung-Uk, der Sohn. Ab und zu traf ich ihn auf dem Heimweg von der Schule. Er war dann jeweils derart verzweifelt, dass er sterben wollte, nur um nicht mehr in die koreanische Schule gehen zu müssen. Einmal hatte er eine Anordnung seines Lehrers nicht befolgt und wurde von diesem derart misshandelt, dass er ins Krankenhaus eingeliefert werden musste. Seiner Schwester fielen vor Stress die Haare büschelweise aus, so dass sie ganz furchtbar aussah. Schliesslich schickten die Eltern beide Kinder auf eine amerikanische Schule in Seoul. Die jedoch kostete dermassen viel, dass der Vater trotz seines Gehalts von KIST bald an die Grenzen seiner finanziellen Möglichkeiten stiess. So musste Frau Hwang mit den beiden Kindern, aber ohne ihren Mann, zwei Jahre später wieder in die USA gehen, wo die Schulen wenigstens kostenlos waren. Ich habe das sehr bedauert, denn mit ihr konnte ich wirklich über alles sprechen, besonders über unsere Ehemänner.

Auch Samuel und Duk-Soo Lee aus Göttingen waren mir in Seoul wichtige Freunde. Sie hatten etwa zur gleichen Zeit wie wir trotz ihrer offenen Opposition zum politischen Regime Südkoreas Deutschland verlassen und in die Heimat zurückkehren können, allerdings mit der Auflage, sich gänzlich aus der Politik herauszuhalten. Samuel Lee hatte einen Lehrstuhl für Soziologie an einer der Universitäten von Seoul inne, und Duk-Soo war, ebenfalls als Soziologin, an einer Universität in Taegu tätig. Mit deutschen Entwicklungshilfegeldern gelang es Samuel, auf dem Universitätsgelände ein Bildungszentrum einzurichten, das auf einer christlichsozialen Basis koreanischen Arbeiterinnen an Wochenenden und in den Ferien zu Schulungszwecken über ihre beruflichen Rechte offen stand. Auch Duk-Soo engagierte sich für die Besserstellung der koreanischen Frauen. Sie löste mit ihren Ausführungen zur Gleichberechtigung von Mann und Frau einen wahren Sturm der Entrüstung aus. Was sie über das Leben in der BRD zu erzählen wusste, erschien vielen gänzlich neu und unglaublich, und die damit verbundenen Forderungen nach gesellschaftlichen Veränderungen waren für koreanische Männer schlichtweg unerhört. Wie konnte sie es wagen, Forderungen nach staatlicher Bezahlung von Haus- und Erziehungsarbeit überhaupt öffentlich zu formulieren? Solche Entwicklungen galt es hier um jeden Preis zu verhindern. Entsprechend heftig wurde Duk-Soo attackiert. Auch an der Universität fand sie mit ihrem Schwerpunktthema Geschlechterfragen keine Akzeptanz. Deshalb entschloss sie sich, nochmals nach Deutschland zu gehen und zu promovieren. Danach kehrte sie an ihre Universität zurück und arbeitete aktiv mit Frauengruppen zusammen.

Zu den Lees ging ich, wenn ich mich aussprechen wollte, sie verstanden mich. Ihre beiden Kinder, die etwas älter als unsere waren, hatten noch grössere Schwierigkeiten, sich hier einzuleben als Paula und Sven. Auch von diesen Erfahrungen her fühlte ich mich dieser Familie sehr verbunden.

Was mich an meinem neuen Leben besonders belastete, war die berufliche und soziale Begrenztheit, der die Frauen ausgesetzt waren. Die meisten Koreanerinnen der Mittelschicht kleideten sich elegant und gingen in schicke Cafés und gute Restaurants, wo sie ihre Freundinnen trafen. Was nach aussen nach einem perfekten Leben aussah, war in Tat und Wahrheit oft geprägt von Langeweile, Frustration, sozialer Bedeutungslosigkeit und Angst. Sie waren auf Gedeih und Verderb ihren Männern ausgeliefert. Sollte die Frau eines Tages die Scheidung verlangen, würde sie alles verlieren, Kinder, den sozialen Status und ihre materielle Lebensgrundlage. In den Cafés trafen Koreanerinnen ihre Leidensgenossinnen, die genauso frustriert waren wie sie selber. Und so war in diesen Lokalitäten ein ständiges und lautes Schimpfen und Klagen über die Ehemänner zu hören, nur um nachher wieder so weiterzumachen wie immer. Auch für die Frauen unserer Siedlung gab es ausserhalb der Familie kaum sinnvolle Betätigungsmöglichkeiten. Sie konnten nicht arbeiten, und der Haushalt wurde von Haushälterinnen erledigt. Diese Azumma, zu Deutsch Tante, kam morgens ins Haus, putzte, kochte, betreute die Kinder und ging abends wieder. Für die Kinder gab es zusätzlich einen Tutor, der für das Lernen zuständig war. Einkaufen gingen die Frauen auch nicht selbst, weil die Händler gerne auf telefonische Bestellung hin alles an die Haustür brachten. Die Ehemänner kamen abends spät heim, so dass ihren Frauen nur die Treffen mit anderen Frauen blieben. Ihr Hauptgesprächsthema waren die Kinder und die Haushälterinnen; sie wussten aus ihrem Leben allen Privilegien zum Trotz nichts Sinnvolles zu machen. Wie sehr ich dies für eine inakzeptable Form von Verschwendung fachlicher Kompetenzen hielt, die grosse seelische Konflikte zur Folge hatte, brachte ich in einem Interview der «Korean Times» zum Ausdruck. Ich forderte die Koreanerinnen auf, dieser absurden Situation ein Ende zu bereiten. Sie sollten berufstätig werden und beweisen, dass sie ihre Arbeit genauso gut wie ihre Kollegen erledigen könnten. Darüber hinaus müsste aber die koreanische Gesellschaft ihre Einstellung, was die Bestimmung einer Frau sei, grundsätzlich ändern.

Auch ich suchte eine Azumma, aber nicht, um frei zu haben, sondern weil ich gerne wieder arbeiten wollte. Durch die Vermittlung einer Nachbarin hatte ich eine ruhige, etwa 40 Jahre alte Frau gefunden. Da mein Haushalt durch das Leben in Deutschland ziemlich rationalisiert war, hatte sie im Vergleich zu Haushälterinnen in anderen Familien nicht viel zu tun. Bei uns wurde nur einmal am Tag gekocht, während in anderen Familien dreimal Reis mit Beilagen serviert wurde, die jedes Mal neu zubereitet werden mussten. Die Wäsche wurde nur einmal in der Woche mit der Waschmaschine gewaschen, während in anderen Haushalten die anfallende Wäsche jeden Tag von Hand gewaschen wurde, da noch immer die Auffassung verbreitet war, dass das viel hygienischer sei. Wenn ich nach Hause kam, konnte sie jeweils gleich gehen, während die Haushälterinnen in anderen Familien auch das Abendessen zubereiten und anschliessend noch alles aufräumen mussten. Dafür hatte sie viel Zeit für Sven und Paula, was mir viel wichtiger und lieber war, weil die Kinder dabei koreanisch sprechen lernten. Wir genossen, was sie kochte, und ich war ihr sehr dankbar für alles, was sie für uns tat.

Die zwölf Jahre in Deutschland hatten mich verändert. Alle meine Freunde und Verwandten sagten, dass ich etwas Deutsches ausstrahlen würde. Äusserlich kam das wohl daher, dass ich mich im Gegensatz zu den Frauen in Korea nicht schminkte und die Kleider, die ich trug, fast alle aus meiner Zeit in Darmstadt stammten. Schnitt und Farbe waren etwas dezenter als hier üblich. Auch mein Verhalten war anders. Ich war selbstbewusster geworden und dachte etwas zweckorientierter, was durch meine Doppelbelastung als berufstätige Frau und Mutter bedingt war. Ich konnte mir nicht mehr vorstellen, Dinge allein des gesellschaftlichen Ansehens wegen zu tun. Es fiel mir besonders stark auf, wie sehr die Menschen in meiner Umgebung in ihrem Handeln auf die anderen achteten. Wie oft vernahm ich den Satz «Was würden die Leute sagen, wenn ich... ». Sie taten nichts aus einer inneren Überzeugung heraus, sondern nahmen ständig Rücksicht auf andere. Das konnte mitunter ganz absurde Formen annehmen. So fiel mir auf, dass Anfang Oktober, als es morgens und abends schon recht kühl war und besonders die Frauen in ihren dünnen Jacken froren, dennoch keine einen Herbstmantel oder eine warme Jacke anzog. Jede wartete darauf, dass eine andere den Anfang machte und sie sich dann anschliessen konnte.

Ich hatte mich verändert, das war unbestreitbar. Die wichtigste und intensivste Zeit meines Lebens hatte ich in Deutschland verbracht, und dazu stand ich. Ich suchte auch in Seoul wieder nach Kontakten zu Deutschen und ging deshalb regelmässig ins Goethe-Institut. Jeden Samstag brachte ich Paula und Sven in die Gruppe für deutsche und deutsch-sprachige Kinder, wo sie zusammen spielten und lernten. In der Zwischenzeit suchte ich mir einen schönen Platz zum Lesen der deutschen Zeitungen, die hier auflagen. Es war schon merkwürdig: in Deutschland hatte ich immer als schüchterne Asiatin gegolten und nun in Korea fiel ich als die «Deutsche» auf. Dort wie hier gehörte ich nicht ganz dazu, war wie ein Tropfen Öl auf dem Wasser.

Tai-Hwan bekam von all dem kaum etwas mit. Er war voll mit seiner Arbeit beschäftigt und hatte für seine Familie fast keine Zeit mehr, nicht mal an den Wochenenden. Ausserdem galten wieder die konfuzianischen Regeln, wonach die Kindererziehung ausschliesslich Angelegenheit der Frau ist, und so war von dem gleichberechtigten Paar, als welches wir in den Zeitungen beschrieben worden waren, in Wirklichkeit nichts zu sehen.

Erneut wurde meine Schwester In-Young zu einer grossen Stütze, die Vertrautheit mit ihr war schnell wieder da. Sie wohnte nicht weit von uns. Ihre Familie lebte in einem Haus mit schönem Garten, was für die Verhältnisse in der Hauptstadt etwas Besonderes war. Die drei Zimmer und der grosse Flur waren zwar etwas renovationsbedürftig, dafür hatte In-Young alles wunderbar wohnlich eingerichtet. Sie war sehr stolz darauf, dies durch ein äusserst sparsames Leben erreicht zu haben. Sie hatte in den Jahren unserer Trennung drei Kinder zur Welt gebracht, ihre Söhne Soo-Young und Soo-Chul und ihre Tochter Youn-Soo, die etwas jünger als Paula war. Ihr Mann arbeitete als leitender Chemie-Ingenieur bei einem Viskosefaserhersteller. Die beiden Jungen waren gut in der Schule und Young-Soo spielte erfolgreich

Klavier. Sie träumte davon, Konzertpianistin zu werden. Neben den Kindern und dem Haushalt war meine Schwester in ihrer Kirchgemeinde aktiv. Sie war eine glückliche und dankbare Frau, die sich sehr über meine Heimkehr freute und meine Kinder schnell ins Herz schloss. Auch Paula und Sven mochten sie, und mit ihren Kindern freundeten sie sich leicht an. Jederzeit war meine Schwester da, wenn ich sie um Hilfe bat.

Zurück in den Beruf

Es war Herbst geworden, und wir hatten uns einigermassen eingelebt. Die Wohnung war eingerichtet, die Verwandten waren alle einmal vorbei gekommen. Ich hatte noch keine Zeit gehabt, mich mit meinen beruflichen Möglichkeiten zu befassen. Doch nun musste ich mich unbedingt um eine Arbeitsstelle kümmern, denn je länger ich zu Hause blieb, desto schwieriger würde es werden, beruflich wieder einzusteigen.

Es gab damals in Korea zwei Gruppen berufstätiger Frauen. Die eine bestand aus Frauen in Spitzenpositionen, wie Politikerinnen, Rechtsanwältinnen oder Professorinnen, die durch die Unterstützung ihrer Familien diesen Aufstieg geschafft hatten und deren Qualitäten anerkannt wurden. Ihre Zahl war noch verschwindend gering, auch im Parlament waren sie an einer Hand abzuzählen. Das galt auch für Juristinnen, Ingenieurinnen oder Naturwissenschafterinnen. Die andere Gruppe – und zu der gehörte die grosse Mehrheit der berufstätigen Frauen – bestand aus unqualifizierten Arbeiterinnen, die unter miserablen Arbeitsbedingungen für einen völlig unzureichenden Lohn schwer arbeiteten, die aber zum Wirtschaftswunder Koreas entscheidend beitrugen, sowie aus Frauen, die in der Landwirtschaft oder in kleinen Familienbetrieben unbezahlt mitarbeiteten. Ähnlich schlecht gestellt waren die Imbissverkäuferinnen, Marktfrauen und Haushalthilfen. Dazwischen gab es eine geringe Zahl gut ausgebildeter Spezialistinnen, die als Beamtinnen, Sachbearbeiterinnen oder in technischen Berufen arbeiteten. Die Gleichberechtigung zwischen Mann und Frau war im beruflichen Alltag weiterhin ein absolutes Fremdwort, auch wenn sie auf politischer, wirtschaftlicher, sozialer und kultureller Ebene bereits in der koreanischen Verfassung von 1948 formuliert worden war. Aber die konfuzianisch geprägte Gesellschaft liess deren Umsetzung nicht zu, und die Regierung selbst hatte auch kein Interesse daran. Erst auf heftigen Druck von Frauenorganisationen war die Regierung bereit, das sogenannte Heiratsprotokoll, die Zwangspensionierung für weibliche Angestellte bei Heirat, abzuschaffen. Das geschah kurz vor unserer Rückkehr nach Korea. Auch Probleme wie sexuelle Gewalt in der Ehe, Gewalt gegen Frauen generell, fehlende Bildungschancen für Frauen, unmenschliche Arbeitsbedingungen und Prostitution wurden lediglich von den wenigen Frauengruppen thematisiert, mit denen auch unsere Freundin Duk-Soo als Soziologin und Frauenrechtlerin nach ihrer Rückkehr aktiv zusammenarbeitete. Erst 1987 wurde ein Zusatz in die Verfassung aufgenommen, der das Recht auf Gleichbehandlung der Geschlechter vorsah, ebenso wie der Grundsatz, dass gleicher Lohn für gleiche Arbeit bezahlt werden muss. Doch als ich mich um eine Stelle bemühte, war das alles noch Zukunftsmusik.

Nach langem Suchen hatte ich zwei Arbeitsstellen gefunden, die für mich in Frage kamen, wenngleich keineswegs ideal. Die eine war am staatlichen Atomforschungs-Institut, die andere an der Technischen Hochschule in Incheon, wo ich studiert hatte. Die Bezahlung und die Arbeitsbedingungen waren an beiden Orten sehr schlecht. Da Tai-Hwan genügend Geld verdiente, dachte ich, dass die Lohnfrage zunächst nicht so entscheidend sei. Die Hauptsache war, dass ich wieder auf meinem Forschungsgebiet, der Bestrahlung von Kunststoffen, würde arbeiten können. Trotzdem empfand ich die Suche als sehr entmutigend. Schliesslich entschied ich mich für die befristete Stelle am staatlichen Atomforschungs-Institut, weil es nicht so weit von unserer Wohnung entfernt lag. Zur Hochschule in Incheon hätte allein die Fahrt hin und zurück schon fast vier Stunden pro Tag gedauert. Mir aber war es wichtiger, diese Zeit mit den Kindern zu verbringen. Wenn schon ihr Vater fast nie zu Hause war, dann konnte ich nicht auch noch ständig weg sein.

So fing ich am Atomforschungs-Institut an. Es gab eine kleine Arbeitsgruppe, die sich mit der Anwendung von radioaktiver Strahlung zur Kunststoffveredelung beschäftigte, genau das Thema, zu dem ich schon in Darmstadt geforscht hatte. Sie verfügten über einen kleinen Beschleuniger, den sie als Folge der technischen Zusammenarbeit mit Japan zu Forschungszwecken geschenkt bekommen hatten. Allerdings verfügte die Arbeitsgruppe über keine ausreichenden finanziellen Mittel, um mit dieser Maschine etwas industriell Verwertbares produzieren zu können. Deshalb stand der teure Apparat nutzlos herum. Ich sollte nun das Wunder vollbringen, ihn auch ohne die erforderlichen Mittel zum Laufen zu bringen, was natürlich nicht möglich war. Auch hatte ich ja nur eine provisorische Anstellung erhalten, wusste also gar nicht, wie lange ich hier überhaupt arbeiten konnte. Deshalb war mir klar, dass ich so schnell wie möglich etwas Anderes suchen musste. Während der zehn Monate an diesem Institut nutzte ich die Gelegenheit und schrieb einige Publikationen, für die ich in Darmstadt kaum Zeit gefunden hatte. Meinen Lohn bekam ich ja unabhängig davon, was ich tatsächlich leistete. Der Beschleuniger aber ist ungenutzt verrottet.

Im Herbst 1978 erhielt ich doch noch eine Stelle an der Kunststoffabteilung am KIST. Der Chef, Dr. Kim, hatte ebenfalls in Darmstadt promoviert, und er wollte mir von Anfang an eine Anstellung geben, die meiner Qualifikation entsprach, aber auch er war gegen die konservative Verwaltung machtlos. Erst als er sich einverstanden zeigte, dass ich zu schlechteren Bedingungen als meine Kollegen arbeitete, kam das Plazet. Dennoch war es für mich eine viel bessere Arbeitssituation als vorher. Ich konnte an verschiedenen Industrieprojekten wie der Herstellung von Polyolefin-Schaumstoffen und der Synthetisierung von wasserabstossenden Fluorpolymeren mitarbeiten, zum Teil mit sehr guten Ergebnissen. Ausserdem bekam ich einen Tag in der Woche frei, um einen Lehrauftrag im Bereich Makromolekulare Chemie an der TH Incheon wahrnehmen zu können. Dies war sehr wichtig, weil ich mir dadurch die Aussicht auf eine Professur sicherte, war ich doch die einzige Absolventin dieser Hochschule in der Abteilung Chemische Technologie, die im Ausland promoviert hatte.

In diesen Jahren erwiesen sich Kunststoffabfälle, besonders die billigen PVC-Abfälle, auch in Korea zunehmend als Problem. Einen Teil dieser Abfälle verarbeiteten kleine Firmen zu billigem Geschirr oder zu grossen Wannen, welche dann von Hausfrauen ahnungslos in der Küche verwendet wurden. Es herrschte eine richtiggehende Kunststoffeuphorie. Dies war wegen der dabei freigesetzten Giftstoffe gesundheitlich problematisch, es gab u.a. allergische Reaktionen. Und so beschloss das Fernsehen, einige Sendungen über dieses Thema auszustrahlen, um die Hausfrauen aufzuklären. Ich freute mich sehr, dass ich für diese Arbeit ausgewählt wurde, und mit grossem Engagement vermittelte ich am Bildschirm, was für ein Material Plastik ist und wodurch es sich von den traditionellen Werkstoffen wie Ton, Stahl oder Aluminium unterscheidet, dies vor allem in Bezug auf die viel geringere Hitzebeständigkeit und die giftigen Zusatzstoffe. Auch erklärte ich ihnen, wie sie mit Geschirr aus Plastik umgehen sollten, um die Gesundheitsrisiken möglichst klein zu halten.

All diese Projekte am Institut und in der Öffentlichkeit befriedigten mich, und auch Tai-Hwan schienen das Leben in Korea und seine Arbeit sehr zu gefallen. Gesprochen haben wir darüber jedoch kaum. Wenn er spät abends heimkam, war ich schon am Einschlafen, auch die Kinder sah er kaum. Am Samstagvormittag arbeitete er, und anschliessend hatte er irgendwelche anderen Verpflichtungen wie Verwandtenbesuche und ähnliches, so dass ihm kaum Zeit blieb, sich in Ruhe mit den Kindern zu beschäftigen.

Das war in Korea normal, die meisten Männer, besonders die in höheren Positionen, lebten so. Kein Wunder, dass koreanische Männer sehr gestresst waren und die höchste Sterblichkeit der Welt in der Altersgruppe zwischen vierzig und fünfzig aufwiesen. Nach der Arbeit kamen sie nicht nach Hause, sondern trafen sich mit ihren Kollegen und Vorgesetzten noch in einem Restaurant, um zu essen, zu trinken und ihre kollegiale Zusammengehörigkeit zu pflegen. Da bei solchen Anlässen auch Entscheidungen über Geschäfte getroffen wurden, war es für jeden Mitarbeiter wichtig, dabei zu sein. Zum Glück gab es um Mitternacht die Polizeistunde, sonst wären sie womöglich noch viel länger zusammen gesessen. Auf Seouls Strassen kam es dann nochmals zu einer richtigen Rushhour, da alle mit dem Taxi schnell nach Hause fahren wollten. Und so trafen die Ehemänner spät zuhause ein und sehr oft in alkoholisiertem Zustand. Durch diese Praxis kam es in vielen Ehen zu Beziehungsproblemen und zu grosser Entfremdung zwischen dem Vater und seinen Kindern. Ich hatte die negativen Auswirkungen als Kind erlebt, und nun sah ich mich erneut mit diesem Zustand konfrontiert. Trotzdem hielten die meisten Ehen, weil die konfuzianische Moral weiterhin Wirkung zeigte.

Im Frühjahr 1979 wurde Sven eingeschult, in die gleiche Schule, wo Paula nun bereits die fünfte Klasse besuchte. In den ersten Wochen hatten die Mütter viel zu tun. Sie mussten die Kinder wochenlang in die Schule begleiten, auch mussten sie das ganze Schulmaterial einkaufen und jedes einzelne Stück mit dem Namen kennzeichnen. Hunderte von Knöpfen in verschiedenen Grössen und Farben, die Sven brauchte, um Zahlen zu üben, mussten beschriftet werden. Tat ich dies nicht, würde der arme Junge beschimpft oder bestraft werden. So arbeitete ich also oft bis tief in die

Nacht hinein und wurde dabei immer wütender. War es nicht eine Schikane, dies von den Eltern zu verlangen? In Deutschland hatte ich das für Paula nie machen müssen, und sie hat trotzdem bestens Rechnen gelernt. Dagegen zu protestieren, hätte gar keinen Sinn gehabt. Die Lehrer hätten mich schlichtweg für verrückt gehalten und die Kinder leiden lassen.

Sven erging es in der Schule nicht besser als Paula. Er war nicht immer so gehorsam, wie dies von Kindern in Korea erwartet wurde. Dies zog Bestrafung, meist in Form von Schlägen mit dem Rohrstock, nach sich. Er hatte unter dem gleichen Lehrer zu leiden wie zuvor schon Paula. Das wiederum wirkte sich negativ auf seine Lernfreude aus. Wenn ich abends seine Hausaufgaben kontrollierte, die er mit unserer Azumma zusammen erledigt hatte, war nicht zu übersehen, wie lustlos er gewesen war, und ich konnte es ihm nicht verdenken. Er tat mir einfach nur leid, denn ich wusste, dass er dafür vom Lehrer wieder bestraft werden würde. Angesichts der Situation, in die unser Umzug nach Korea unsere Kinder gebracht hatte und an der ich wenig ändern konnte, musste ich oft weinen. Die Situation der Kinder hätte sich nur verbessern lassen, wenn ich dem Lehrer regelmässig ein Geschenk in Form eines mit Geldscheinen gefüllten Briefumschlags in die Hand gedrückt hätte. Doch zu dieser widerlichen Praxis konnte ich mich einfach nicht durchringen, sie widerstrebte mir völlig.

Die meisten Kinder bekamen nach der Schule noch zusätzlichen Privatunterricht erteilt. Sie lernten Klavierspielen, Malen, oder wurden im Lesen und Rechnen gefördert. Das konnte nach dem Ende der Schule um fünf Uhr nachmittags noch viele Stunden bis weit in die Nacht hinein dauern und führte dazu, dass die Kinder keinerlei Freizeit mehr hatten. Das wollten unsere Kinder auf gar keinen Fall. Die reguläre Schule empfanden sie als belastend genug, und so habe ich nie dergleichen von ihnen verlangt.

Vorbei

Etwa zur Zeit von Svens Einschulung konnte ich die Anzeichen, dass es in unserer Ehe nicht mehr stimmte, nicht länger übersehen. Tai-Hwan kam immer öfter früh am Abend nach Hause, aber nicht, um mit uns etwas zu unternehmen, sondern um sich umzuziehen und mit unserem Privatauto unter irgendeinem Vorwand wieder wegzufahren. Es war klar, dass dies nichts mit seiner Arbeit zu tun hatte, denn sonst wäre er mit einem KIST-Auto gefahren worden. Ich sollte seinen Ausreden Glauben schenken, und eine Zeitlang versuchte ich es auch, um nur ja keinen Streit vom Zaun zu brechen. Tai-Hwan konnte sehr verletzt und aggressiv reagieren, und das wollte ich auf jeden Fall vermeiden. Vielleicht, so hoffte ich, ging es ja bald vorüber, so wie damals in Darmstadt. Dem war nicht so. An einem Samstagabend, als die Kinder bereits schliefen, teilte er mir unumwunden mit, dass er eine andere Frau liebe und dass es ihm diesmal sehr Ernst sei, anders als bei seinen Affären in Darmstadt. Er wolle mit dieser Frau zusammenleben und nur noch ab und zu nach Hause kommen. Ich solle das verstehen und akzeptieren, er könne nicht anders. Auch würde er sich weiterhin materiell um uns kümmern, aber mit unserem Eheleben sei es aus.

Ich glaubte, die Welt müsse untergehen. Das konnte doch nicht wahr sein, nicht nach all den Jahren und all den

Anstrengungen, die wir beide auf uns genommen hatten, um so leben zu können, wie wir es jetzt taten. Und was sollte aus den Kindern werden, wie sollten sie das ertragen, dass ihr Vater sie allein liess? Ich bekniete Tai-Hwan, doch dazubleiben, schon wegen der Kinder, immer und immer wieder. Doch je mehr ich mich bemühte, desto wütender wurde er, es war ausweglos. Mir kam Tai-Hwans Onkel in den Sinn, ein bekannter Frauenarzt in Seoul, der sein Leben lang parallel zu seiner Ehe eine zweite Frau hatte. Die eine Hälfte der Woche verbrachte er bei seiner Zweitfrau, mit der er im Lauf der Jahre zwei Kinder hatte, die andere Hälfte bei seiner Frau und seinen vier Kindern. Damals war es zwar gesetzlich bereits verboten, zwei Frauen zu haben, aber in der Praxis sah es ganz anders aus. In unserer Gesellschaft herrschte trotz aller Veränderungen noch immer die frauenfeindliche Moral, und das bedeutete, dass die Frau ihrem Mann gegenüber zu unbedingtem Gehorsam verpflichtet war. Daran hatte auch das hohe Niveau an schulischer Bildung nicht wirklich etwas geändert. Frauenuniversitäten, wie die Iwha- oder die Sukmyung-Universität, dienten nicht dazu, das Selbstbewusstsein der Frauen zu stärken und die traditionelle Frauenrolle zu überwinden, sondern führten nur zur Steigerung der Heiratschancen ihrer Absolventinnen, auch wenn die Gründer ganz andere Ziele verfolgt hatten. Nach wie vor hatten viele Männer eine Freundin, von den Ehefrauen geduldet, weil eine Scheidung ihnen nur Nachteile gebracht hätte. Die meisten Frauen waren finanziell vollkommen abhängig von ihren Ehemännern, denen das Vermögen der Familie gehörte und auch die alleinige Entscheidungsgewalt über die Kinder zustand. Geschiedene Frauen konnten nicht in ihr Elternhaus zurückkehren, weil sie durch ihre Scheidung Schande über ihre Familie gebracht hatten und mit der Heirat ihr Name aus dem Familienbuch gelöscht worden war. In unserer konfuzianischen Gesellschaft stand der Ruf der Familie als Ganzes weit über dem Wohl der einzelnen Familienmitglieder. Wenn sich eine Frau trotzdem scheiden liess, dann im Bewusstsein, alles zu verlieren, was ihr bisheriges Leben ausgemacht hatte: Kinder, Lebensgrundlage, Beziehungen und Ansehen. Nur zu gut war mir das Beispiel meiner Stiefmutter in Erinnerung. Vom Tag der Scheidung an durfte sie keinen Kontakt mehr zu ihren Kindern haben, musste sie leben, als ob es ihre vier Kinder nie gegeben hätte. Und obwohl seit den 60er Jahren die Scheidungsgesetze in Korea durch verschiedene Revisionen verbessert worden waren – das betraf die Sicherstellung der Beziehung zwischen der Mutter und ihren Kindern auch nach einer Scheidung, aber auch das Recht der Mutter, einen Beruf ausüben zu dürfen – genossen die tradierten Moralvorstellungen noch immer einen viel höheren Stellenwert als die Gesetze. Deshalb rieten alle Freundinnen und Familienangehörigen der Frau dazu, sich auf keinen Fall scheiden zu lassen, sondern lieber geduldig zuzuwarten. Als geschiedene Frau wie als Witwe gab es keine Lebensperspektive mehr.

Ich geriet in einen Zustand grösster Verzweiflung. Das Gefühl, versagt zu haben, war erdrückend. Im Wissen um die Lebensbedingungen für alleinstehende Frauen fragte ich mich unentwegt, was ich nun tun sollte. Ich wusste, dass ich nie so leben könnte, wie es von einer koreanischen Frau erwartet wurde. Ich hatte während Jahren in Deutschland erfahren, dass auch Frauen das Recht auf ein selbstbestimmtes Leben haben und dieses auch durchsetzen können, allen Widerständen zum Trotz.

Dennoch galt all mein Bemühen zunächst der Rettung unserer Ehe. Ich war bereit, mich zu verändern, und suchte nach Fehlern, die unsere Ehe in diese Krise geführt hatten. Diese Fehler wollte ich wieder gutmachen. Ich bat Tai-Hwan inständig zu bleiben, nicht nur wegen mir, sondern auch den Kindern zuliebe. Doch je mehr ich versuchte ihn festzuhalten, umso mehr entzog er sich. Er warf mir an den Kopf, dass ich sein Leben durch unsere Heirat nicht gekauft hätte, und ihm endlich seine Freiheit lassen solle. Unsere Auseinandersetzungen wurden heftiger, und für die Kinder war es sehr belastend, das mitzubekommen.

Dass es Tai-Hwan ernst mit seiner Freiheit war, demonstrierte er nun ganz unverhohlen. Abends ging er regelmässig zu seiner Freundin, und wenn er zu Hause war, telefonierte er ganz offen mit ihr, so dass ich es mitanhören musste. Noch nie zuvor in meinem Leben war ich so verzweifelt gewesen. Ich sah keinen Ausweg mehr und meinte, sterben zu müssen, um der Qual ein Ende zu bereiten. Ich war mit meinem Lebensziel, eine erfolgreiche Chemikerin zu werden und zugleich ein harmonisches Familienleben zu führen, gescheitert. In meinem Beruf hatte ich Zugang zu allen möglichen giftigen Stoffen, und so kam es, dass ich eines Tages, als ich nicht mehr ein noch aus wusste, Gift aus dem Labor nach Hause mitnahm, um es dort einzunehmen. Als die Kinder schliefen, löste ich es in einem Glas Wasser auf und stellte es auf den Tisch. Doch bevor ich es einnehmen konnte, sah ich vor mir die Gesichter meiner weinenden Kinder, und mir schoss durch den Kopf, dass, egal was auch passieren würde, die Kinder ihre Mutter brauchten. Ich hatte es doch am eigenen Leib erfahren, wie schrecklich eine Kindheit ohne Mutter ist, und das sollte meinen Kindern erspart bleiben, auch wenn ich keine Ahnung hatte, wie es weitergehen sollte. Plötzlich bekam ich Angst vor mir selbst, und entsetzt über mein Tun kippte ich den Inhalt des Glases in die Toilette. Immer wieder sagte ich mir, dass ich das den Kindern nicht antun dürfe.

Als die Kinder am nächsten Morgen aufwachten, ahnten sie nicht, was sich während der Nacht abgespielt hatte. Meine Vernunft kehrte zurück, ich begann wieder ruhiger zu denken und mich mit den Problemen nüchtern auseinander zu setzen, vor allem mit der Frage, was es konkret bedeuten würde, ohne Tai-Hwan zu leben. Von den wenigen Frauen, mit denen ich über meine Ehekrise sprechen konnte, war keine Unterstützung zu erwarten. Sie rieten mir alle, mich in Geduld zu üben und auf keinen Fall eine Trennung herbeizuführen. Mir fiel aber auch jene Lehrerin in Darmstadt wieder ein, der ich samstags oft im Haushalt geholfen hatte. War sie nicht auch geschieden und führte ein gutes Leben mit ihren drei Kindern ohne Mann? Warum sollte ich das nicht auch schaffen, auch wenn das hier in Korea den allermeisten Frauen noch undenkbar erschien. Allmählich kehrten meine Kräfte zurück, und ich war entschlossen, für mich und meine Kinder zu kämpfen. Ich wollte ein Leben als Zweitfrau nicht akzeptieren, lieber die Scheidung, und ich wollte die Kinder behalten, auch wenn ich nicht wusste, wie ich das durchsetzen konnte.

Eine Stütze in dieser schwierigen Zeit wurde mir Kim Myng-Sun, eine Freundin und Musikerin, die am Konservatorium in Frankfurt Klavier studiert hatte. Sie war ebenfalls nach Korea zurückgekehrt und arbeitete als Dozentin an einer Frauen-Universität. Wir hatten seither aber keinen Kontakt gehabt, andere Dinge waren immer wichtiger gewesen. Da rief sie mich plötzlich an einem Samstagmorgen an. Ich war sehr überrascht, denn Myng-Sun wusste gar nicht, wo wir wohnten. Sie hatte mich gesucht und über Umwege gefunden. Nun erfuhr ich, dass sie das dringende Bedürfnis verspürt hatte, zu wissen, wie es mir gehe. Erst später erzählte sie mir, dass sie von mir geträumt hatte und dass es mir in diesem Traum schlecht ging und ich ihre Hilfe benötigte. Sie kam noch am selben Tag vorbei. Wir sprachen erst allgemein über unser Leben hier in Korea, und nach einer ganzen Weile fasste ich den Mut, ihr doch von der Situation mit Tai-Hwan zu erzählen. Auch sie riet mir, mit der Scheidung noch zu warten. Sie wolle für mich beten, damit ich die nötige Kraft für meinen vor mir liegenden Weg fände. Obwohl mich ihre Worte zunächst überraschten, wurden viele Erinnerungen an meine positiven religiösen Erlebnisse als junges Mädchen wieder wach. Sollte ich wirklich in der Lage sein, den verlorenen inneren Frieden im Glauben wiederzufinden? Am nächsten Morgen ging ich in eine Kirche in der Nähe unserer Wohnung. Nach so langer Zeit hatte ich ganz vergessen, wie ich mich während des Gottesdienstes zu verhalten hatte, ich schloss einfach die Augen, faltete die Hände und bat um Gottes Gnade. Ich konnte die Tränen nicht mehr zurückhalten und weinte in aller Stille bitterlich. Nach einer Weile spürte ich, wie meine Hände von grossen eisernen Händen gehalten wurden. Hatte ich eine Halluzination, war ich nicht mehr bei Sinnen? Doch egal, ich hielt die Augen geschlossen, um diese Empfindung nicht zu verscheuchen. Als ich schliesslich wieder um mich blickte, waren alle Kirchenbesucher bereits verschwunden, nur der Pfarrer stand noch mit einer Frau an der Tür. Da erhob ich mich von meinem Platz und eilte nach Hause.

Myng-Sun rief mich nun regelmässig an. Sie gab mir Zuversicht mit ihrem Glauben, doch ich schwankte und war nicht wirklich davon überzeugt. Dennoch ging ich öfter in die Kirche oder besuchte die Bibelarbeitsgruppe auf dem KIST-Gelände. Der Leiter dieser Gruppe, Ha Young-Cho, war ein junger charismatischer Pfarrer, der noch keiner eigenen Kirchgmeinde vorstand. Er wirkte Vertrauen erweckend, und so suchte ich ihn auch für persönliche Gespräche auf. Mit Myng-Sun zusammen ging ich in ein Gebetshaus zum Fasten, oder wir besuchten ihre Kirche. Aus all diesen Begegnungen erwuchs die Zuversicht, dass mein Leben auch nach einer Trennung seinen Sinn nicht verlieren würde. Zusehends ging es mir psychisch und physisch wieder besser, auch konnte ich wieder konzentrierter arbeiten und mich den Kindern zuwenden. Die traurige, verzweifelte Mutter sollte der Vergangenheit angehören. Ich glaubte wieder daran, dass ich das Leben nach der Scheidung allein mit den Kindern schaffen würde. An den Wochenenden unternahm ich Ausflüge mit ihnen oder besuchte meine Schwester. Was in unserer Wohnsiedlung alles hinter meinem Rücken über unsere Familie gesprochen wurde, wollte ich lieber nicht wissen. Für die Frauen war ich schuld an der Trennung, weil ich beruflich so ehrgeizig und auch sonst so überheblich gewesen sei. Für sie war ein Leben ohne Ehemann gänzlich unvorstellbar. Umso erstaunter waren sie später, dass mich auch diese Krise nicht umgeworfen hatte. Sie wussten ja nicht, wie nahe am Abgrund ich gestanden war.

Dass ich nicht nur versagt hatte und dass mein beruflicher Werdegang von anderen positiv bewertet wurde, durfte ich an einem Tag im Mai 1979 erleben. Ich erhielt eine Einladung an die Iwha Girls High School, um den Iwha-Preis entgegenzunehmen. Dieser wurde an ehemalige Schülerinnen verliehen, die als berufstätige Frauen erfolgreich waren oder sich sozial engagierten. Schon zu meiner Schulzeit waren ab und zu solche Preise verliehen worden, und damals hatte ich die Frauen, welche ausgezeichnet wurden, sehr bewundert und mir immer gewünscht, auch einmal so weit zu kommen. Nun gehörte ich tatsächlich zu diesen Geehrten. Ich war eine der ganz wenigen koreanischen Frauen, die nach Studium und Promotion im Ausland im KIST arbeiteten und an der Hochschule unterrichteten, und dafür gebührte mir in den Augen der Schule Anerkennung. In einem grossen Amphitheater waren über 3000 Schülerinnen versammelt, in deren Anwesenheit mir und einigen anderen Ehemaligen der Preis verliehen wurde. Voller Stolz nahm ich ihn entgegen.

Tai-Hwan und ich sprachen nun konkret über die Scheidung. Er war tatsächlich bereit, mir die Kinder zu überlassen, aber nicht gewillt, sie weiterhin finanziell zu unterstützen. Alimente, wie sie deutsche Väter zahlten, waren in Korea nicht bekannt, es gab nicht einmal eine koreanische Bezeichnung dafür. Tai-Hwan begründete seine Haltung damit, dass die Kinder im Scheidungsfall nach den hiesigen Sitten dem Vater gehörten. Wenn ich aber die Kinder unbedingt behalten wolle, könne ich das tun, nur müsse ich dann selbst

Verleihung des Iwha-Preises der Iwha Girls High School

für sie aufkommen. Schliesslich hätten wir ja die gleiche Ausbildung genossen, so dass ich in der Lage sein müsste, den Unterhalt genauso aufzubringen. Er war lediglich bereit, uns ein kleines Appartement zu kaufen, wohin ich mit den Kindern ziehen sollte. Denn in der KIST-Siedlung durfte ich nach der Scheidung nicht bleiben. Er selbst wollte von KIST weggehen, um für eine deutsche Firma die Vertretung in Südostasien zu übernehmen.

Wie sollte ich das finanziell schaffen? Von dem Geld, das Tai-Hwan und ich gemeinsam in Deutschland gespart hatten, war für mich nichts geblieben. Mit meinem Gehalt konnte ich zwar unser Leben bestreiten, nicht aber den Umzug und die Renovation der neuen Wohnung bezahlen. Meinen Vater wollte ich keinesfalls um Unterstützung bitten, eher hoffte ich, dass In-Young mir würde helfen können.

Ich hatte bis dahin Vater nichts von der anstehenden Scheidung erzählt, weil ich befürchtete, dass er wie alle Eltern hier in Korea dagegen wäre. Aus dem gleichen Grund nahm ich auch nicht die Hilfe einer Beratungsstelle in Anspruch, denn dort, so vermutete ich, würde mir von einer Scheidung dringend abgeraten. Ich wollte die Trennung, aber auf friedlichem Wege. Tai-Hwan war der Vater unserer Kinder und ich wünschte, dass er das auch bleiben würde. So einigten wir uns darauf, dass die Kinder bei mir blieben, er sie aber jederzeit besuchen durfte. Er sollte eine kleine Wohnung für uns in Chung Rang-Ri, einer Schlafstadt nicht weit von der KIST-Anlage entfernt, kaufen, in die wir möglichst bald einziehen würden. Damit würden dann alle seine finanziellen Verpflichtungen enden, und ich wäre fortan allein verantwortlich. Die Möbel und sonstigen Wohngegenstände würde alle er behalten, er hing an ihnen, und mir waren sie nicht wichtig. Nur die Küche und die Kindersachen blieben uns.

Erst nachdem das alles geklärt war, beschloss ich, Vater zu informieren. Und zu meinem grossen Erstaunen meinte er nach längerem Überlegen, dass er die Entscheidung akzeptiere. Obwohl er schon seit einiger Zeit über meine Pläne durch In-Young informiert gewesen war, hatte er sich zurückgehalten, wofür ich ihm sehr dankbar war. Allen meinen Bedenken zum Trotz zeigte sich Vater als Mann mit modernen Ansichten. Vielleicht hatte er noch vor Augen, was für eine Hölle das Zuhause sein konnte, wenn eine Ehe nicht mehr funktionierte.

Eines Abends im Spätherbst teilte Tai-Hwan mir mit, dass er sich von seiner Freundin getrennt habe, dass er aber dennoch die Scheidung von mir wolle. Unsere Beziehung war bereits so kaputt, dass es kein Zurück mehr gab. Der Gerichtstermin fiel ausgerechnet auf den 24. Dezember 1979. Am Abend davor hatte ich einen langen Brief an Tai-Hwan geschrieben, in dem ich nochmals zum Ausdruck brachte, wie wichtig es mir war, dass wir trotz der Trennung weiterhin gemeinsam um das Wohl der Kinder besorgt sein würden. Am Scheidungstag selbst war ich recht emotionslos. Wir mussten in Incheon vor den Familienrichter treten. Der schaute uns an und fragte dann, weshalb wir denn hier seien, wir würden gar nicht den Eindruck machen, als ob wir uns scheiden lassen wollten. Damit er sah, wie ernst es uns damit war, legten wir ihm unsere Vereinbarung vor. Er las alles durch und meinte dann erstaunt, dass er so etwas noch nie erlebt habe. Er konnte sich nicht vorstellen, dass ein Ehepaar, das sich auf diese Weise einigte, tatsächlich die Scheidung wollte. Er fällte deshalb den Beschluss, uns die Unterlagen nochmals für drei Monate zurück zu geben. Sollten wir dann immer noch an unserem Entscheid festhalten, wolle er uns scheiden. Sollten wir es aber nochmals miteinander versuchen wollen, dann hätten wir nun eine letzte Gelegenheit dazu. Tai-Hwan nahm die Unterlagen entgegen, und wir verliessen den Gerichtssaal. Verunsichert durch diesen überraschenden Entscheid sah ich Tai-Hwan an und fragte ihn, ob er die Unterlagen behalten und doch noch einmal über unsere Entscheidung nachdenken wolle. Seine Antwort kam prompt: «Nein, ich werde sie sofort erneut einschikken.» Mit diesen Worten verliess er mich und ging geradewegs zur Post.

An diesem Abend kamen wir getrennt heim, die Kinder warteten schon auf uns. Sie waren ganz unglücklich, dass sie so lange warten mussten, sie wussten ja nicht, dass wir uns am Weihnachtstag hatten scheiden lassen wollen. Der Tannenbaum stand da, die Geschenke lagen für die Kinder bereit. Wir versuchten so zu tun, als ob nichts gewesen wäre, keiner von uns wagte, den Kindern etwas zu sagen. Doch es gelang uns nicht, eine weihnachtliche Stimmung zu verbreiten. Dieses Weihnachtsfest war unser traurigstes. Mit meinen letzten Ersparnissen reiste ich am nächsten Tag mit den Kindern für einige Tage nach Gyoung-Ju, der alten Hauptstadt der ehemaligen Sila-Dynastie, ein beliebtes Ziel für ausländische Touristen und koreanische Schulklassen. Ich kam zum ersten Mal hierher, weil ich als Schülerin an der Schulreise aus finanziellen Gründen nicht hatte teilnehmen können. Nun bewohnten wir in einem teuren KAL-Hotel ein grosses Zimmer, wo wir acht Tage lang blieben. Es war zwar kalt und windig, doch die Sonne schien und es herrschte prächtiges Winterwetter. Ich versuchte alles, was in den letzten Monaten geschehen war, zu verdrängen und auch nicht an das zu denken, was uns nach unserer Rückkehr in Seoul erwartete.

Als wir dann nach Hause zurückkamen, war die Wohnung leergeräumt. Nur die Küchengegenstände und unsere persönlichen Sachen waren noch da, genau so, wie wir es schriftlich vereinbart hatten. Tai-Hwan war ausgezogen und wir drei sassen in der leeren Wohnung und weinten bitterlich. Die Kinder versuchten dann aber, sehr tapfer zu sein, besonders Paula, die sich bemühte, Sven zu trösten. Das ermutigte mich und gab mir Kraft.

Bevor auch wir umziehen konnten, musste ich die neue Wohnung herrichten und den Umzug organisieren. Da blieb mir keine Zeit zum Grübeln und Verzweifeln. Der Umzug aus der schönen KIST-Siedlung in ein überfülltes Stadtviertel mit schlechter Luft fiel sehr schwer. Die Kinder verstanden nicht, warum sie dieses Paradies verlassen mussten. Zum Glück konnten sie auch von der neuen Wohnung aus ihre bisherige Schule besuchen, so dass wenigstens dort alles beim Alten blieb. Auch versprach ich ihnen, dass wir so oft wie möglich in die alte Siedlung zu Besuch gehen würden.

Auch ohne Mann

Wir gewöhnten uns an die kleine Wohnung, die in der Nähe des Bahnhofs von Chung Rang-Ri lag. Dieses Viertel war in Seoul als Gemüsemarkt und Prostitutionsviertel bekannt. Anfang der 70er Jahre waren hier Hochhäuser mit über 20 Stockwerken und Tausenden von Wohnungen gebaut worden, um der Wohnungsnot zu begegnen. Von aussen sahen sie aus wie Schubladen. Am Eingang des jeweiligen Wohnblocks war ein kleines Wachhäuschen postiert, in dem ein Mann sass und alle Ein- und Ausgehenden kontrollierte. Dadurch war diese Wohnanlage trotz der chaotischen Umgebung etwas geschützt. Zwischen den Blocks gab es Parkplätze, die meist leer standen, auch waren einige Bäume und Blumen gepflanzt und Sitzbänke aufgestellt worden. Unsere Wohnung lag im dritten Stockwerk und hatte vier kleine Zimmer. Das grosse Zimmer benutzten Paula und Sven als Kinderzimmer, zwei winzige Zimmer dienten mir als Arbeits- und Schlafzimmer, und die Diele war unser Wohn- und Esszimmer.

Tai-Hwan kam einmal in der Woche am Abend, um die Kinder zu besuchen, mit ihnen zu essen und zu spielen. In dieser Zeit war ich jeweils in der Bibelgruppe. Aus koreanischer Sicht war unser Verhalten mehr als ungewöhnlich. Die Frau behielt die Kinder, der Vater kam in die Wohnung der Frau, um sich wie früher mit den Kindern zu beschäftigen. Meine Freundinnen, die Kollegen im Institut, ebenso meine Familie, waren sehr erstaunt, dass so etwas funktionierte. Tai-Hwan kam an diesen Tagen früh abends, obwohl er sehr viel mit der Gründung seiner neuen Firma zu tun hatte, und verbrachte mehr Stunden mit den Kindern als vor unserer Scheidung. Trotzdem oder gerade deswegen fiel den Kindern der Abschied jedes Mal sehr schwer. Wenn ich nach der Bibelstunde gegen Mitternacht heimkam, schliefen beide schon tief, doch die getrockneten Spuren der Tränen waren noch immer zu sehen. Es zerriss mir fast das Herz,

Die Überbauung im Stadtteil Chung Rang-Ri

und Ohnmachtsgefühle überfielen mich. Was konnte ich nur tun, um ihnen diesen Schmerz zu ersparen? Ich wusste es nicht.

Ein Gegengewicht zu den privaten Erschütterungen bildete mein Berufsleben. Meine verschiedenen Projekte am KIST kamen gut voran. Ich hatte inzwischen gelernt, wie ich mich als Frau in diesem männlichen Beruf und in einer frauenfeindlichen Gesellschaft behaupten konnte, und allmählich wurden meine fachlichen Qualitäten anerkannt. Leuten gegenüber, die mich noch nicht kannten, benahm ich mich bewusst souverän, ganz wie ein Mann, ich wollte mein Licht nicht länger unter den Scheffel stellen. Die Aussichten auf eine Professur an der Technischen Hochschule stiegen, doch einstweilen wollte ich mich noch nicht dafür entscheiden, weil die Arbeit am KIST spannender und gesellschaftlich anerkannter war. Selbst bei Verkehrskontrollen war eine Stelle dort von Nutzen. Wenn ich wegen einer Geschwindigkeitsübertretung angehalten wurde, und den Polizisten als Begründung dafür angab, beruflich unterwegs zu sein, dann bewirkte die von mir zur Bestätigung gezeigte Visitenkarte Wunder. Schlagartig wurden die Polizisten sehr höflich und liessen mich ungestraft weiterfahren. Nur ein Mal kam es anders.

Es war schon spät am Abend, als ich in meinem Auto unterwegs war. Da es kaum Verkehr auf der Strasse hatte, wendete ich an einer verbotenen Stelle. Plötzlich tauchte aus dem Nichts ein Polizist auf, stoppte mich und verlangte meine Papiere. Er verhängte eine Strafe, die er sofort einziehen wollte. Ich hatte so viel Geld nicht bei mir, dennoch zeigte ich diesmal meine Visitenkarte nicht, weil ich neugierig war, was dieser korrupte Polizist mit mir machen würde. Er drohte, wenn ich das Geld nicht sofort bezahle, müsse ich im Gefängnis übernachten und werde am nächsten Tag vor Gericht gestellt. Es war mir zuwider, mit ihm zu verhandeln und so folgte ich ihm. Er brachte mich tatsächlich ins Gefängnis, in einen grossen Raum, der bereits voll mit Menschen war, welche die Polizisten einfach zu später Stunde auf der Strasse eingesammelt hatten, sei es wegen Verletzung der Polizeistunde, wegen Trunkenheit oder kleinen Diebstählen. Ich setzte mich in eine Ecke und beobachtete meine Mithäftlinge. Am nächsten Morgen wurden wir in einen grossen Saal geführt, wo ein Richter uns erwartete. Zuerst mussten wir die koreanische Flagge grüssen, anschliessend die Nationalhymne singen, und erst dann verlas der Richter die Anklagepunkte. Er fragte uns einzeln, ob sie zuträfen und ob wir unsere Tat bereuen würden. Daraufhin antworteten wir der Reihe nach mit «Ja», und schon war das Verfahren abgeschlossen, und wir konnten wieder nach Hause gehen.

Dieser nächtliche Aufenthalt in der Zelle hatte mir einen kleinen Einblick in das Leben einer Gesellschaftsschicht gegeben, von deren Existenz ich zwar wusste, mit der ich aber in meinem Alltag bisher kaum in Berührung gekommen war. Wie viele von diesen armen und chancenlosen Menschen es allein in Seoul gab, wusste ich nicht. Die koreanische Hauptstadt hatte sich zu einem richtigen Grossstadtmoloch entwickelt. Es lebten nun fast neun Millionen Menschen hier und bei weitem nicht alle unter menschenwürdigen Bedingungen. Davon hatten die Familien der KIST-Siedlung gar keine Ahnung, und auch ich sah erst jetzt, da wir im Stadtteil Chung Rang-Ri lebten, mehr von dieser Realität. Es gab zahlreiche Armenviertel in Seoul, wo die Menschen mit ihren körperlich schweren und schlecht bezahlten Jobs viel zu wenig verdienten, um ihre Familien durchzubringen. Die Männer arbeiteten als Bauarbeiter, als Müllmänner oder als Strassenhändler. Die Frauen putzten, waren Tellerwäscherinnen, Kellnerinnen und Imbissverkäuferinnen auf der Strasse, oder sie verkauften bis spät am Abend Gemüse auf dem Markt, ihre Kinder immer dabei. Ich nahm Sven und Paula mit auf den Markt, damit sie sehen konnten, unter welch schwierigen Bedingungen andere Kinder in Korea aufwuchsen und dass ein Leben, wie wir es trotz aller Probleme führen konnten, ein vergleichsweise privilegiertes war.

Daran musste ich jeweils auch denken, wenn ich am Samstag in aller Frühe nach einem nächtlichen Gottesdienst nach Hause fuhr. Diese Versammlungen fanden in der Kirche statt, die Myng-Sun besuchte und wohin ich sie ab und zu begleitete. Es handelte sich bei dieser Glaubensrichtung um die Pfingstgemeinde, geleitet von dem international bekannten Prediger Cho Young-Gi. Die Gemeinde war riesig, allein am Sonntag fanden fünf bis sechs Gottesdienste statt, an denen jeweils über fünfzigtausend Gläubige teilnahmen. Ich brachte die Kinder zu meiner Schwester, denn ich kam immer erst morgens um fünf Uhr zurück und ging dann ohne geschlafen zu haben zur Arbeit, die am Samstag aber nur einen halben Tag dauerte. Um zur Kirche zu gelangen, musste ich durch die ganze Stadt fahren. Auf dem Heimweg sah ich dann die vielen Müllmänner, die mit ihren schweren, mit Kohlenasche und Hausmüll beladenen Wagen durch die Dunkelheit zogen, einer musste vorne ziehen, der andere hinten schieben. Sie brachten den Müll an einen Sammelpunkt, wo sie ihren Wagen auskippten. Diesen Müll mussten sie dann mit Schaufeln auf grosse Lastwagen umladen, weil es nicht genug Fahrzeuge gab und weil diese ohnehin nicht durch die engen Gassen von Seoul hätten fahren können. Bei dieser Arbeit entwickelte sich unheimlich viel Staub, und ein schrecklicher Gestank erfüllte die Luft. Deshalb wurde diese Arbeit auch möglichst bei Nacht erledigt. Es gab immer viele Unfälle. In einem solchen Fall sprang umgehend ein Familienmitglied ein, damit die Stelle und somit die Existenzgrundlage der Familie nicht verloren ging. Trotz der Schwere der Arbeit verdienten die Arbeiter sehr wenig und waren auch nicht krankenversichert.

Noch schlechter erging es den jungen Frauen in den Fabriken. Ihr Los war unbeschreiblich und eine grosse Schande für ein Land, das sich das «Wunder vom Rhein» zum Vorbild genommen hatte. Sie kamen aus ärmsten Verhältnissen vom Land in die grossen Textil- oder Elektronikfabriken, sie schliefen und assen in Massenlagern auf dem Fabrikgelände, Säle mit fünfzig Schlafgelegenheiten waren die Regel, und zwei Frauen mussten sich ein Lager teilen. Während die eine arbeitete, schlief die andere und umgekehrt. Ein Arbeitstag von zwölf bis sechzehn Stunden war normal, die Arbeitsbedingungen waren miserabel und der Lohn der blanke Hohn. Oft bekamen sie das wenige Geld gar nicht ausbezahlt. Die Firmenleitung behielt es für die Versorgung mit schlechten und unzureichenden Lebensmitteln zurück. Eine bessere Behandlung einzufordern, hatten sie kein Recht. Lediglich die christlichen Industriemissionen kümmerten sich um diese schutzlosen Frauen und standen ihnen bei, als sie anfingen, für eine Verbesserung ihrer Lebens- und Arbeitsbedingungen zu kämpfen.

Das in meinen Augen traurigste Schicksal widerfuhr den unehelichen Kindern, die in Waisenhäusern lebten und auf ihre Adoption im Ausland warteten. Es war die Folge der konfuzianischen Moralvorstellungen, dass Frauen, die vor ihrer Heirat schwanger wurden, den vollkommenen Ehrverlust über die ganze Familie brachten. Diese Frauen mussten deshalb ihre Kinder heimlich gebären und in einem von ausländischen Kirchen geführten Waisenhaus abliefern, sonst wären sie von der Familie verstossen oder sogar getötet worden. Sie hatten keine Möglichkeit, sich und das Kind allein durchzubringen, da es ja keine familiären oder staatlichen Hilfen gab. Durch das Goethe-Institut in Seoul hatte ich ein deutsches Lehrerehepaar kennen gelernt, das sehr sozial engagiert war. Mit ihnen besuchte ich neben verschiedenen Frauenarbeitsgruppen auch zahlreiche Waisenhäuser und konnte mir mit eigenen Augen ein Bild von den elenden Lebensbedingungen dieser armen kleinen Kinder machen. Oft verbrachten sie viele Jahre in Heimen, auf engem Raum, ohne Liebe und Zuwendung. Ich nahm auch Paula und Sven mit, damit sie diese Realität kennen lernten und begriffen, wie wichtig es war, etwas dagegen zu tun. Lange Zeit war es Paulas Berufswunsch, Leiterin eines Waisenhauses zu werden.

So wenig die koreanische Regierung die soziale Frage als zentrales Anliegen behandelte, so wenig war die Demokratisierung des Landes ihr Ziel. Seit wir wieder in Korea lebten, hatte sich die politische Lage erneut zugespitzt. Die Demokratiebewegung war so stark geworden, dass die Regierung sich nur noch mit der wiederholten Verhängung des Ausnahmezustands zu helfen wusste. Der Widerstand gegen das diktatorische Regime von Park Chung-Hee war nach bald zwanzig Jahren der politischen Unterdrückung sehr gross. Dazu kamen die immer massiveren Proteste der Industriearbeiterinnen. Unterstützt wurden sie dabei zunehmend auch von Studenten. Diese engagierten sich aktiv in der Abendschulbewegung, um den Arbeiterinnen wenigstens ein Mindestmass an Bildung zu vermitteln. Die Aktivitäten erinnerten mich an meine High School-Zeit, als wir während der Ferien in die Dörfer gefahren waren, um die Menschen dort bei ihrer Arbeit zu unterstützen und ihnen am Abend Lesen und Schreiben beizubringen.

Es kam immer häufiger zu Streiks in den Fabriken und zu Demonstrationen in den Elendsvierteln Seouls sowie in anderen grösseren Städten des Landes, aber auch zu Protestbewegungen an den Universitäten. Da Präsident Park in seiner sogenannten Yusin-Verfassung Streiks verboten hatte, unterdrückte die Polizei diese brutal. Dennoch blieb im Kampf für bessere Arbeitsbedingungen nach jahrelangen vergeblichen Bemühungen um eine friedliche Verständigung mit den Firmenleitungen kein anderes Mittel als die Arbeitsniederlegung. Besonderes Aufsehen erregte 1979 die Besetzung des Büros der Oppositionspartei, das sich an einem zentralen Ort in Seoul befand, durch Arbeiterinnen der YH-Fabrik. Auslöser war die geplante Schliessung des auf die Herstellung von Perücken spezialisierten Unternehmens. Als die Frauen mit einem Sitzstreik auf die unhaltbaren Zustände aufmerksam machten, versuchte ein Aufgebot von tausend Polizisten sie mit Gewalt zu vertreiben. Dabei stürzte eine Frau aus dem Fenster und blieb tot auf der Strasse liegen. Trotz der staatlichen Pressezensur berichteten viele Zeitungen täglich über die Geschehnisse. Einerseits nahmen die Proteste und Streiks im Land zu, andererseits erfuhr nun auch die internationale Öffentlichkeit von den unhaltbaren Zuständen in Südkorea. Die Regierung geriet immer stärker unter Druck, von innen wie von aussen. Die Machtkämpfe innerhalb der politischen Führung gipfelten schliesslich in der Ermordung von Präsident Park Chung-Hee durch seinen eigenen Geheimdienstchef. Dies geschah am 26. Oktober 1979. Die in den Medien und von offizieller Seite verbreitete Stimmung war bedrohlich. Würde unser Land nun, in der Situation der Führungslosigkeit, von Nordkorea überfallen, und würden wir, die technische Elite, aus dem KIST verschleppt werden, um für Nordkorea zu forschen? Auch in der Schule wurden die Kinder zu grosser Wachsamkeit aufgefordert, gleichzeitig aber auch dahingehend beruhigt, dass Südkorea auf Grund der Atombombe der Amerikaner militärisch viel stärker und deshalb geschützt sei, so dass der Norden keine Chance habe. Trotz dieser Bedrohungsszenarien schöpften die Menschen in Korea Hoffnung auf einen Wandel, und es kam zu landesweiten Streiks und Protesten, um endlich den Forderungen nach gerechteren Arbeitsbedingungen und mehr politischer Freiheit Nachdruck zu verleihen. Doch der von uns allen erhoffte politische Frühling kam nicht. General Chun Doo-Hwan wurde, unterstützt von den USA, im Mai 1980 neuer Präsident Südkoreas und verhängte das Kriegsrecht über das ganze Land, um die politische Ordnung wieder herzustellen, was konkret die umgehende Verhaftung der Führer der Oppositionsparteien wie Kim Dae-Jung und Kim Young-Sam bedeutete. Doch das damit verbundene Ziel der Wiederherstellung der Grabesstille im Land wurde nicht erreicht. Stattdessen kam es zum berühmten Aufstand von Kwangju. An diesem beteiligte sich die Bevölkerung der Stadt quer durch alle Schichten und Berufsgruppen. Der neue Präsident reagierte sofort und mit aller Brutalität. Er liess militärische Spezialeinheiten einsetzen, um den Aufstand mit Hilfe von Panzern und Helikoptern niederzuschlagen. Nach einer Woche der Bestrafung waren mehr als zweitausend Tote und eine Unzahl von Verletzten und Verhafteten zu beklagen. Doch davon erfuhren wir in Seoul nichts aus den Zeitungen, die Pressezensur war erfolgreich. Erst als ein Student aus Kwangju nach Seoul reiste, um uns über die brutalen Geschehnisse zu informieren, indem er sie vom Bahnhofsgebäude herab den Menschen zuschrie und sich dann in den Tod stürzte, konnten die Medien über das Vorgehen der Regierungstruppen nicht länger den Mantel des Schweigens hängen. Das wahre Ausmass dessen, was in Kwangju geschehen war, sollte ich allerdings erst viel später erfahren.

Eine überraschende Wende

Im Gegensatz zu den völlig entmutigenden politischen Entwicklungen ging es in meinem Privatleben langsam wieder aufwärts. Paula half mir, wo sie konnte. Sie war ein reifes und vernünftiges Mädchen geworden, was mich natürlich auch schmerzte. Sie kümmerte sich um Sven und lernte gut in der Schule. Die Middle School erwies sich als noch strenger und bereitete die Mädchen nicht nur auf ihr zukünftiges Studium sondern auch auf das Lebens als zukünftige Ehefrau vor. Der Leistungsdruck war riesig. Das war bei mir schon so gewesen, doch Paula war nun mal ganz anders aufgewachsen und konnte solchen Unterrichtsinhalten nichts Positives abgewinnen. Dennoch war sie zu Hause ein fröhliches Kind. Auch Sven machte keinen traurigen Eindruck, obwohl er seinen Vater und die alte Umgebung vermisste. Im Gegensatz zu Paula zeigte er kein grosses Interesse daran, gut in der Schule zu sein und die Hausaufgaben ordentlich zu erledigen. Er wurde deswegen auch weiterhin von den Lehrern hart bestraft. Mir tat das sehr leid, und ich konnte nur hoffen, dass es mit zunehmendem Alter besser würde.

Meine freie Zeit verbrachte ich mit den Kindern, und die Arbeit, vor allem die Vorbereitung der Vorlesungen, erledigte ich nachts. Wir gingen oft zum KIST-Areal und spielten dort in den Grünanlagen, die verglichen mit unserer jetzigen Wohnumgebung das reinste Paradies waren. Oft besuchten wir meine Schwester, weil die beiden sehr gern mit ihren Cousins und ihrer Cousine spielten. An den Feier- und Geburtstagen traf sich die Familie im Haus meines Vaters. In entspannter Atmosphäre und mit den gutgelaunt spielenden Kindern verbrachten wir schöne Stunden zusammen, die den Alltag zeitweilig vergessen liessen. Vater sass als Hausherr an einem Tisch und ass, entweder allein oder mit ausgewählten männlichen Gästen, während die weiblichen Gäste zusammen mit Vaters Frau in einem anderen Raum sitzend das Essen einnahmen. Da Vater so stolz auf seine deutsch sprechende Enkeltochter war, musste Paula oft an diesem Tisch ihm und auch den Gästen aus einem deutschen Chemiebuch vorlesen, was für sie mitunter sehr langweilig war. Doch zum Glück merkte er das nicht.

Nachdem die schlimmste Zeit überstanden war, beschloss ich, den befreundeten Familien in Deutschland zu schreiben, was sich ereignet hatte. Ich hatte nur zu Familie Brambach den Kontakt aufrecht erhalten, sonst zu niemandem. Ein Brief ging auch an Familie Kübler in Tieringen. Ich berichtete darin vom Scheitern meiner Ehe und unserer gemeinsamen Träume, dass ich mit den Kindern und meinem Beruf gleichwohl zufrieden sei.

Ende Februar 1980 erhielt ich eine Postkarte von Ernst, der vor fünfzehn Jahren in Tieringen in mich verliebt gewesen war, und den ich seither nie wieder gesehen hatte. Auf der Karte war die Prager Karlsbrücke abgebildet, was wohl symbolisch gemeint war für seinen Wunsch, mich wiederzusehen. Mein Herz flatterte und die Hand begann zu zittern, ich wusste gar nicht, wie mir geschah. Und wie damals musste ich einige Wochen lang hin und her überlegen, wie ich auf diese Annäherung reagieren sollte. Schliesslich entschloss ich mich, ihn nicht ein zweites Mal abzuweisen und schrieb zurück.

Ende April dann kam ein langer Brief von ihm, in dem er schrieb, dass er bereits zwei Mal, im Herbst 1977 und nochmals zwei Jahre darauf Korea bereist habe, und unter anderem sogar auf dem KIST-Gelände spazieren gegangen sei. Er wollte das Land sehen und kennen lernen, aus dem diese junge Frau gekommen war, die er einst geliebt hatte. Was wäre wohl geschehen, wenn ich bei dieser Gelegenheit gerade aus dem Laborfenster geschaut hätte, damals im Herbst 1979, als ich keinen Ausweg wusste? Wahrscheinlich hätte ich in meiner Verzweiflung sofort Schutz bei ihm gesucht, und das wäre für uns beide sicher kein guter Neuanfang geworden. Nun aber war alles anders. Ich hatte die Krise überwunden und gelernt, mein Leben mit den Kindern auch ohne Tai-Hwan zu führen.

Einige Briefe gingen nun hin und her, und Mitte September war es so weit: Ernst kam nach Seoul, nach fünfzehn Jahren sollte ich ihn tatsächlich wiedersehen. Ich holte ihn vom Flughafen ab und war gespannt, wie er jetzt aussah. Ich erkannte ihn sofort, er hatte zwar etwas zugenommen und sein Bart war auch schon ein bisschen grau, sonst aber erschien er mir genau wie damals. In der Nähe unserer Wohnung hatte ich ein Hotelzimmer für ihn reserviert. So konnten wir möglichst viel Zeit zusammen verbringen. Tagsüber arbeitete ich, und er besuchte die Sehenswürdigkeiten von Seoul, die Abende verbrachte er bei uns. Ich war ganz überrascht, wie gut er Korea und Seoul bereits kannte. Nach einigen Tagen kam Ernst schon vorbei, sobald die Kinder von der Schule heimgekommen waren. Sie mochten ihn gleich, weil er Deutscher war und wegen seines ruhigen, geduldigen Charakters. Wenn die Kinder im Bett waren, blieb uns reichlich Zeit, um uns über die vergangenen Jahre auszutauschen. Seine Gefühle zu mir hatten sich nicht verändert, er liebte mich wie damals und diese Liebe schloss auch meine Kinder mit ein.

Nach drei Wochen musste Ernst wieder abreisen. Diese kurze gemeinsame Zeit hatte genügt, um in mir den Entschluss reifen zu lassen, mit ihm ein neues Leben anzufangen, und dies nicht in Korea sondern in Europa. Gründe dafür gab es neben meinen immer stärker werdenden Gefüh-

Mit Ernst in Korea im September 1980

len für Ernst viele. In dieser konfuzianisch geprägten Welt waren wir Sonderlinge. Nicht genug, dass die Kinder weiterhin unter unserer Scheidung litten, sie wurden auch noch von neugierigen Lehrern in der Schule ausgefragt, warum ihr Vater anderswo wohne und wie das daheim denn so gehe nur mit der Mutter. Was sollten die beiden denn antworten, wo sie doch selbst nicht wirklich verstehen konnten, warum ihre Eltern getrennt lebten. Ich war mir sicher, dass den Kindern solche schmerzlichen und peinlichen Situationen dort erspart bleiben würden. In Bezug auf meine berufliche Karriere hier in Korea kamen Gefühle des Bedauerns auf, weil ich in der Zwischenzeit doch einiges erreicht und aufgebaut hatte, was bereits Früchte trug.

Ernst kam in den Weihnachtsferien wieder für zwei Wochen nach Korea. Wir entschlossen uns, den Kindern zu sagen, dass wir bald umziehen würden. Ich hatte zunächst Angst davor, doch als wir es ihnen mitteilten, vollführten sie Freudensprünge. Ich verschwieg den Kindern aber, dass wir bald heiraten wollten. Ich hatte nicht den Mut, weil ich nicht wusste, wie sie diese Nachricht aufnehmen würden.

Zunächst musste Tai-Hwan meine Pläne akzeptieren, denn nur wenn er eine Verzichtserklärung bezüglich seiner Erziehungsberechtigung unterschrieb, konnten die Kinder mit mir kommen. Er war natürlich sehr traurig, dass seine Kinder, die er ja liebte, mit mir zusammen Korea verlassen sollten. Doch er sah ein, dass dieses Leben hier, vor allem das Schulsystem, für die Kinder quälend war und willigte schliesslich ein. Er hoffte, dass es den beiden wieder so gut gehen würde wie damals in ihren ersten Lebensjahren in Darmstadt.

Zwischenzeitlich hatte ich wegen meiner beruflichen Zukunft bereits mit einem Studienkollegen Kontakt aufgenommen, der Inhaber und Leiter einer grossen Farbenfabrik in Darmstadt war. Er würde mir eine Stelle anbieten, sobald ich wieder dort wäre und eine Arbeitserlaubnis hätte, die ich durch die Heirat mit Ernst sicherlich ohne Probleme erhielte. Noch wollte Ernst aber nicht nach Darmstadt ziehen, ihm gefiel es in Aarau, in dieser Schweizer Kleinstadt, wo er schon so lange wohnte. Die Kinder hingegen rechneten fest damit, dass wir wieder bei Liesel und Helmut einziehen und wie damals zusammenleben würden. Ich hoffte, dass die Frage des Wohnorts bei unserer Ankunft in Frankfurt geklärt wäre, und dass Liesel mir dann helfen würde, im Falle eines Entscheids für Aarau, das den Kindern verständlich zu machen.

Ernst kam Mitte April wieder für zwei Wochen nach Seoul, und am 22. April 1981 heirateten wir im dortigen Rathaus. Alle formalen Bedingungen für eine Einreise nach Deutschland oder in die Schweiz waren erfüllt. Wir wollten sogar eine kleine Hochzeitsreise machen, und da Ernst Hafenstädte sehr mochte – er stammte ja aus Hamburg – schlug er Pusan vor, ausgerechnet die Stadt, in der ich während des Kriegs als zwölfjähriges Dienstmädchen furchtbar ausgenutzt worden war und Hunger gelitten hatte. Ernst hatte diese Stadt bereits mehrmals besucht, und sie hatte ihm jedes Mal gut gefallen. Mit diesem Vorschlag bereitete er mir zunächst keine Freude, aber das konnte er nicht wissen, denn ich hatte ihm von meinen Kindheitserlebnissen in dieser Stadt nichts erzählt. Doch ich wollte es mit Ernst zusammen wagen, nochmals an diesen Ort des Schreckens zurückzukehren. Damals hatte ich mir geschworen, etwas Besseres aus meinem Leben zu machen. Nun würde ich erstmals wieder in diese Stadt kommen, als eine Frau, die ihr halbes Leben bereits hinter sich hatte und dennoch erneut plante, diesem Leben eine Wende zu geben.

Mit gemischten Gefühlen trat ich die Reise an. Als wir am Bahnhof von Pusan aus dem Zug stiegen, bot sich mir eine gänzlich andere Kulisse als damals: viele Hochhäuser, schöne Geschäfte, gut angezogene Menschen und eine Flut von Autos. Ernst hatte für uns in einem Luxushotel namens Haeundae, das direkt an der Küste lag, ein Zimmer reserviert. Der Name tauchte aus meinen Erinnerungen wieder auf. Es hatte dieses Hotel damals schon gegeben, doch war es für uns unerreichbar gewesen wie ein fremder Planet. Und nun stand ich in diesem Hotel am Fenster unseres Zimmers, blickte aufs Meer hinaus und lauschte dem Tosen der Wellen. Da entschloss ich mich, beim Abendessen Ernst die Gründe dafür zu erzählen, weshalb mich sein Vorschlag, nach Pusan zu reisen, zunächst nicht gefreut hatte. Es wurde ein langer Abend, und es war das erste Mal, dass ich Ernst weinen sah.

Am nächsten Tag suchte wir die Orte, wo ich als Dienstmädchen und dann zusammen mit meiner Familie gelebt hatte, wo meine Schwester und ich vergeblich versucht hatten, Tintenfische zu verkaufen, und wo ich die Taucherinnen bei ihrer gefährlichen Arbeit beobachtet hatte. Auch die Zugbrücke suchten wir, in deren Umkreis damals verlumpte und verarmte Menschen gehaust und Wahrsager ihre Dienste angeboten hatten, die von den verzweifelten und entwurzelten Kriegsflüchtlingen nur zu gern in Anspruch genommen worden waren, um die Hoffnung auf eine Zukunft nicht ganz zu verlieren. Doch nichts war von damals übrig geblieben, ausser den Strassennamen.

Auch in meinem Leben standen grosse Veränderungen an. Wieder einmal fand ich bestätigt, dass das Leben weder gradlinig verläuft, noch bestimmbar ist. Wenn mir vor dreissig Jahren einer dieser Wahrsager an der Zugbrücke von Pusan vorhergesagt hätte, dass ich als Mutter zweier Kinder mit meinem deutschen Ehemann, der nicht ihr Vater ist, auf Hochzeitsreise hierher zurückkehren würde, ich hätte mich lediglich in der Meinung bestätigt gefühlt, dass es sich bei dieser Wahrsagerei um nichts als Betrug handelte. Mit neuem Mut kehrte ich von Pusan nach Seoul zurück. Der Ort kindlichen Grauens hatte seinen Schrecken für mich verloren, er gehörte der Vergangenheit an. Nun galt es, sich der Zukunft zu stellen.

Auf Ende Juni 1981 kündigte ich meine Stelle am KIST und den Lehrauftrag an der Hochschule, meldete Paula und Sven von ihren Schulen ab. Während die Kinder noch immer nichts von den Überlegungen wegen des zukünftigen Wohnorts wussten, hatte Ernst bereits eine 4-Zimmer-Wohnung in Aarau für uns gefunden. Er habe bereits einige Male Liesel und Helmut besucht, und nun würden sie alle zusammen diese neue Wohnung herrichten und auf den Tag unserer Ankunft warten, liess er mich wissen.

Wieder hiess es, von Verwandten und Freunden Abschied zu nehmen. Und diesmal sollte es kein Abschied auf Zeit sein, diesmal hatte ich nicht vor zurückzukehren. Vater war sehr traurig, auch wenn er meine Entscheidung respektierte. Ihm würden unsere regelmässigen Treffen und Gespräche fehlen. Unsere Beziehung hatte sich so entwickelt, wie ich sie mir als Mädchen immer erträumt hatte.

Auch der Abschied von In-Young fiel mir sehr schwer. Wie hätte ich diese schwierigen Jahre ohne sie gemeistert? Und nun würde sie wieder so weit weg leben von meinem zukünftigen Zuhause, ich könnte nicht bei jeder Gelegenheit auf ihre Hilfe und moralische Unterstützung bauen.

Um wenigstens ein Stück aus meiner Heimat stets bei mir zu haben, wollte ich Ginkgosetzlinge mitnehmen. Seit ich damals als Schülerin nach dem Krieg an einem Aufforstungsprojekt teilgenommen hatte, lagen mir Bäume besonders am Herzen. Und unter allen Bäumen mochte ich den Ginkgo immer besonders, vor allem seine knallgelben Blätter im Herbst. In Korea wird er seit ewigen Zeiten als heiliger Baum verehrt und wächst in Tempelgärten und auf Grabhügeln. Die Ginkgofrüchte werden zu homöopathischen Medikamenten verarbeitet, und die Blätter des Baumes wirken abschreckend auf Ungeziefer. In Seoul wurde der Ginkgo so zahlreich gepflanzt, weil er sich als ziemlich resistent gegenüber Stickoxid, Schwefeldioxid, Blei und Staub erwiesen hatte.

Ich wollte die Setzlinge zuerst in einem Topf grossziehen und sie später dann ins Freie setzen, wenn wir irgendwann in einem eigenen Haus mit grossem Garten leben sollten. Selbst wenn es beim Zoll Schwierigkeiten wegen der Einfuhr gäbe, wollte ich es riskieren. Der Blumenhändler versicherte mir, dass es kein Problem sei, meinen Wunsch zu erfüllen. Doch als der Tag der Abreise gekommen war, hatte er die Setzlinge noch immer nicht erhalten, was mich ziemlich enttäuschte.

So verliess ich Anfang August zusammen mit den Kindern Korea. Tai-Hwan war einige Tage vorher bei uns gewesen und hatte sich von den beiden verabschiedet, ich hatte ihm den Rest des Haushalts überlassen, zumindest das, was er haben wollte. Ich versprach ihm, mein Bestes für die Kinder zu tun und dass er jederzeit die Kinder anrufen oder besuchen könne.

Vater, In-Young und mein Chef begleiteten uns zum Flughafen, und alle versuchten wir, unseren Gefühlen der Trauer keinen freien Lauf zu lassen. Es war ein anderer Abschied als damals, sechzehn Jahre zuvor. Ich ging weg mit dem Gefühl einer schweren Niederlage. Meine grossen Pläne, die ich hatte, als ich mit Tai-Hwan und den Kindern nach Korea zurückgekehrt war, hatten sich nicht realisieren lassen. Die Ehe war zerbrochen, die Kinder mussten ohne ihren Vater leben, und die Entwicklung des Landes, zu der ich mit meinem Wissen und Können so gerne hatte beitragen wollen, fand weitgehend ohne Frauen statt.

Doch über all diesen traurigen und bitteren Gedanken, die mir beim Abschied kamen, wollte ich meine zwei Kinder nicht vergessen, die ich ja über alles liebte, und deren Wohl für mich an erster Stelle stand. Und dann war da Ernst, der so glücklich war, mich wiedergefunden zu haben und den ich nicht nochmals fünfzehn Jahre warten lassen wollte.

Nochmals von vorn

Und dann sassen wir im Flugzeug und verliessen nach nur vier Jahren Korea erneut. Während die Kinder den Flug genossen und sich darauf freuten, wieder in Deutschland zu leben, wanderten meine Gedanken hin und her zwischen den letzten vier Jahren in Korea und der unbekannten Zukunft in der Schweiz. Die Situation war diesmal eine völlig andere als 1965. Ich war zwar auch ängstlich gewesen, aber vor allem sehr neugierig und gespannt auf das, was da kommen würde. Jetzt flog ich in die gleiche Richtung wie damals, doch mit zwei Kindern, für deren Leben ich ganz allein die Verantwortung trug. Hatte ich die richtige Entscheidung getroffen, einen Neuanfang mit Ernst in der Schweiz zu wagen? Ich konnte es nicht sagen, wusste nur, dass nichts schief gehen durfte, dass ein nochmaliges Scheitern ausgeschlossen war. Tausend Fragen an eine Zukunft, die noch gänzlich im Dunkeln lag. Und ausserdem hatte ich den Kindern noch nicht gesagt, dass unsere neue Wohnung sich in Aarau und nicht in Darmstadt befand. Ich hatte nicht gewagt, sie zu enttäuschen, sie kannten ja nur Darmstadt und konnten sich unter der Schweiz rein gar nichts vorstellen, und auch ich hatte damals mit Ernst nur wenige Tage in diesem Land verbracht.

Meine Anspannung wuchs von Stunde zu Stunde. Als dann das Flugzeug in Sri Lanka zwischenlanden musste, weil etwas mit der Maschine nicht in Ordnung war, und wir in einem Hotel fast einen ganzen Tag auf den Weiterflug warteten, begann ich immer mehr am ganzen Unternehmen zu zweifeln. Doch als wir in Zürich landeten und das kleine

Empfangskomitee – Ernst, Liesel und Helmut – uns freudig begrüsste, waren alle Sorgen verflogen. Ich war unbeschreiblich froh, meine Sicherheit kehrte zurück und ebenso die Überzeugung, dass wir es gemeinsam schon schaffen würden.

Neuland Schweiz

Dann fuhren wir nach Aarau. Unser neues Zuhause befand sich in einer Siedlung mit Namen Tannengut, die am Stadtrand von Aarau lag. Wir hielten vor dem Haus und luden die Koffer aus. Ich schaute mich um und traute meinen Augen nicht. Da standen doch tatsächlich drei grosse alte Ginkgobäume! Ich war sprachlos! Die andern konnten ja nicht wissen, was dieser Anblick mir bedeutete. Obwohl ich nie mit Ernst über meine besondere Liebe zu den Ginkgos und die Setzlingssuche gesprochen hatte, entschied er sich für eine Wohnung genau hier an diesem Ort, wo die drei Ginkgos wuchsen. Auch oder gerade weil ich mir dieses Zusammentreffen von Wunsch und Wirklichkeit nicht erklären konnte, nahm ich es als Omen dafür, mich richtig entschieden zu haben. Ich fand eine Gelegenheit, mit Liesel über meine Entscheidung zu sprechen und sie um ihre Hilfe zu bitten, den Kindern meinen Entschluss zu erklären und ihnen gut zuzureden, es hier zu versuchen. Wir würden uns ja trotzdem oft sehen können, denn die Entfernung zwischen Darmstadt und Aarau war nicht so gross.

Und so begannen wir auszupacken und uns einzurichten. Unsere Wohnung befand sich im obersten Stock des Hauses, insgesamt gab es acht Wohnungen. Neben uns wohnte ein früh pensioniertes Ehepaar, unter uns eine italienische und drei Schweizer Familien, die alle Kinder hatten. Abgesehen von der Sprache, die dem Deutschen ähnlich war und doch sehr fremd klang, schien mir das Milieu ganz anders als ich es von Deutschland her kannte. Hier war alles viel sauberer und genauer geregelt. In diesem Wohnblock gab es für alle eine gemeinsame Waschküche mit einer Waschmaschine und einem relativ grossen Trockenraum. An der Tür hing ein Waschplan, in dem jede Familie für jeweils zwei Tage eingetragen war. Ich lernte schnell, dass ich mich streng an den Plan halten und nach zwei Tagen die Räume sauber hinterlassen musste, nicht einmal das Waschmittel durfte in einer Ecke deponiert werden. Einmal, als mir die Prozedur noch nicht so vertraut war, liess ich einige Wäschestücke in einer Ecke des Trockenraums hängen, weil sie noch feucht waren. Da kam prompt eine Nachbarin zu mir, beschwerte sich darüber und hielt mir einen Vortrag über die Waschküchenordnung. Für die ganze Siedlung gab es einen sehr strengen Hausmeister, der genauestens auf Sauberkeit und Ordnung achtete. Den Hausmüll mussten wir in speziellen Säcken entsorgen, und erst am Vorabend des Müllabfuhrtags durften diese an einen bestimmten Ort vor dem Haus hingestellt werden. Solche peinlich genauen Vorschriften kannte ich weder aus Deutschland noch aus Korea.

Nicht nur derartige Überreglementierungen in alltäglichen Dingen irritierten mich, auch das allgegenwärtige Sicherungsverhalten war mir unheimlich. Ich erfuhr, dass es alle Arten von Versicherungen gab, gegen jede Eventualität eines Schadens, die viel Geld kosteten. Und auch sonst schien das Land auf jeden Ernstfall vorbereitet zu sein. Die jungen wehrfähigen Schweizer bewahrten alle ihre Dienstwaffen zu Hause im Schrank auf, und in jedem Haus befand sich im Keller ein Schutzraum für den Kriegsfall, ausserdem war jede Familie gehalten, einen Notvorrat an Lebensmitteln im Keller aufzubewahren und diesen regelmässig zu erneuern. In Korea hing die ständig propagierte Kampfbereitschaft mit der besonderen politischen Situation zusammen, dass ich aber auch in der Schweiz auf ein solches Denken stossen würde, überraschte mich doch sehr. Wer wollte dieses Land denn angreifen, von wem ging hier Gefahr aus? Ich wusste es nicht. Davon abgesehen gefiel mir die Stadt Aarau sehr mit ihren alten Häusern, den bunten Giebeln und engen Gassen. Auch die Umgebung Aaraus mit den Jurahängen im Rücken und dem Aarefluss erschienen mir wie ein kleines Paradies. Der Gegensatz zur Riesenmetropole Seoul konnte nicht grösser sein.

Die ersten Wochen in Aarau gingen schnell vorbei, die Sommerferien näherten sich ihrem Ende. Paula und Sven mussten neu eingeschult werden. Paulas Deutsch, das sie in Darmstadt erlernt hatte, war durch ihr Interesse am Lesen und die samstäglichen Treffen am Goethe-Institut auch in Korea nicht verloren gegangen, und im Rechnen war ihr Niveau viel höher als hier in Aarau gefordert. Für Französisch, das in Seoul nicht unterrichtet worden war, organisierte ich sofort eine Nachhilfe, und so war Paulas fachlicher Start gesichert. Sie besuchte fortan die Aarauer Bezirksschule, ein altes, majestätisch aussehendes Schulgebäude.

Mit dem Schweizerdeutsch hatte sie am Anfang grosse Schwierigkeiten. Sie fand, es klinge blöd. Da sie sich mit ihrem Hochdeutsch ja verständigen konnte, sah sie nicht ein, warum sie nun diese Sprache lernen sollte. Auch sonst fiel ihr die Umstellung vom koreanischen auf das Schweizer

Schulsystem nicht leicht. So sehr sie unter dem militärischen Drill und dem Leistungsdruck in Korea gelitten hatte, von Werten wie Leistungsbereitschaft und Disziplin war sie inzwischen gleichwohl überzeugt. Entsprechend lehnte sie das Verhalten ihrer Mitschülerinnen und Mitschüler ab, wenn diese bei Klassenarbeiten voneinander abschrieben oder sonst auf eine Art schummelten, anstatt ehrlich den eigenen Leistungsstand prüfen zu lassen. Sie fand das nicht richtig und drohte sogar damit, es dem Lehrer zu melden. Ein solches Verhalten löste in der Klasse wiederum nur Kopfschütteln aus und erleichterte ihr das Einleben keineswegs. Dennoch fand sie bald eine Freundin in ihrer Klasse, die nicht weit von uns wohnte und mit der sie daher den Schulweg oft gemeinsam zurücklegte. Die beiden verbrachten viel Zeit zusammen, doch irgendwann schien sie Paulas ewiges Hochdeutsch so zu stören, dass sie ihr drohte, «wenn du nicht Schweizerdeutsch sprichst, bist du nicht mehr meine Freundin!». Von einem Tag auf den andern fing Paula an, Schweizerdeutsch zu sprechen. Die beiden blieben während der ganzen Bezirksschulzeit eng befreundet.

Für Sven war der Einstieg schwieriger. Während der vier Jahre in Korea hatte er sein Deutsch trotz den Besuchen am Goethe-Institut weitgehend verlernt. Er war im Gegensatz zu Paula einfach noch zu jung, um die Sprache, die er in Darmstadt bereits gesprochen hatte, zu behalten. Er wurde in die zweite Klasse der Primarschule eingeschult. Etwa 20 Kinder waren in seiner Klasse, die von einem gemütlichen Lehrer mit Vollbart geführt wurde. Sven musste nun neben der Schule zuerst wieder Deutsch lernen, und danach Schweizerdeutsch. So sass er jeden Abend mit Ernst zusammen, lernte lesen und schreiben und machte mit ihm zusammen die Hausaufgaben in Deutsch. Bereits nach wenigen Monaten konnte er so gut Deutsch, dass er keine Probleme mehr in der Schule hatte. Das Schweizerdeutsch brachte Ernst ihm nicht bei, und doch begann er, es bereits nach einem halben Jahr zu sprechen.

Sven war das einzige asiatische Kind in der Klasse, und ausser ihm gab es nur noch einen schwarzen Jungen. Diese zwei Ausländer waren für die anderen Kinder seltsame Kreaturen, die mit Misstrauen beäugt wurden. Es gab Schwierigkeiten, von denen ich erst erfuhr, als Sven mir einmal ängstlich gestand, dass er nicht gerne zur Schule gehe. Ich erschrak und fragte ihn nach dem Grund. Es stellte sich heraus, dass er von einem stärkeren Jungen in seiner Klasse auf dem Schulweg und in den Pausen oft geplagt wurde. Als ich vorsichtig nach seinem Namen fragte, wollte er ihn mir nicht preisgeben. Er hatte einfach Angst, dass ich etwas gegen diesen Jungen unternehmen würde und sich die Situation dadurch verschlimmern könnte. Ich versprach ihm deshalb, nichts zu tun, liess aber gleichwohl nicht locker. Schliesslich erfuhr ich doch, wie dieser Junge hiess und wo er wohnte. Ich beschloss, ihn zu Hause aufzusuchen. Als ich dort ankam, war er gerade nicht da, nur seine Grossmutter. Ich stellte mich als Svens Mutter vor, und sagte ihr, dass er neu in der Klasse sei, in die auch ihr Enkelkind Andrea gehe. Sven suche Freunde und ihr Enkelkind könnte ihm dabei vielleicht helfen. Die Grossmutter erzählte mir ihrerseits, dass Andrea erst vor kurzem seine Mutter verloren habe. Sein Vater sei als Lastwagenfahrer viel unterwegs, so dass der Junge jetzt die meiste Zeit bei ihr verbringe. Nach einer

Weile kam Andrea heim. Als er mich sah, erschrak er. Offenbar hatte er Angst, dass ich mich bei seiner Grossmutter beschwert haben könnte und er nun ausgeschimpft würde. Ich stellte mich vor und sagte auch ihm, dass Sven als neuer Schüler Freunde unter den Klassenkameraden suche. Dann fragte ich ihn, ob er als der Stärkste in der Klasse ihm nicht dabei helfen könne. Von diesem Tag an änderte sich die Situation für Sven zum Guten. Ab und zu brachte er Andrea sogar mit zu uns nach Hause, und die beiden blieben während der ganzen Primarschulzeit gute Freunde.

In diesen ersten Monaten des Einlebens wurde Ernst sich bewusst, was es heisst, von einem Tag auf den anderen Ehemann und Vater von zwei schulpflichtigen Kindern zu sein. Für ihn als erprobten Junggesellen war das eine gewaltige Umstellung. Er nahm viel Rücksicht auf uns, und erwies sich als sehr lieber und warmherziger Ehemann und Stiefvater. Für die Kinder war er weniger Vater und Autorität, als viel mehr ein Freund. Und so sprachen ihn die Kinder stets mit seinem Vornamen an. Dadurch gab es vor allem in der ersten Phase unseres Zusammenlebens kaum Reibereien zwischen ihnen. Wenn die Kinder ihn um etwas baten, tat er nahezu alles, ob es nun darum ging, ein Fahrrad zu reparieren oder vor dem Schlafengehen eine Gutenachtgeschichte vorzulesen, wobei Erich Kästner und Edgar Allan Poe zur Lieblingslektüre wurden. Er war unser Hauslehrer in allem, was mit Sprache zu tun hatte. Er brachte nicht nur Sven Deutsch bei, sondern korrigierte auch Paulas Schulaufsätze und alle meine Vorträge, fachlichen Publikationen und Berichte. Er erzählte gerne Witze, und brachte die Kinder oft zum Lachen. Aber als Erzieher wollte er sich trotzdem nicht verstehen, auf das Verhalten oder die Einstellung der beiden nahm er nicht aktiv Einfluss. Wenn es zwischen mir und den Kindern zu Auseinandersetzungen kam, fand er dies so unerträglich, dass er sich förmlich in Luft auflöste. Er verliess stillschweigend und unbemerkt das Haus. Nach einer Weile, wenn er vermutete, dass der Streit vorbei war, kam er wieder heim. Er konnte es nicht verstehen, dass wir einander dann wieder umarmten, oder zusammen lachten, als ob nichts gewesen wäre.

Auch als Ehemann war Ernst zu Beginn unserer Ehe überraschend. Er fand alles gut, was ich tat und meinte. Das war ganz neu für mich. Von meiner konfuzianischen Erziehung her hätte es eigentlich umgekehrt sein müssen. Der Mann gibt die Linie vor und die Frau muss sich dann damit arrangieren. Ernst aber suchte immer nach Kompromissen und Frieden. Nur manchmal konnte er nicht mehr an sich halten und geriet so in Rage, dass schon mal ein Gegenstand an die Wand flog. Diese Vorfälle bestärkten mich im Vorsatz, genau hinzuschauen, um herauszufinden, was Ernst wirklich dachte und wünschte und ihn nicht zu überfahren. Das war kein leichter Prozess. Oft musste ich lange nachdenken und wusste dann immer noch nicht, wie ich mich jetzt am besten verhalten sollte. Offensichtlich musste ich es sein, die in dieser Ehe Vorschläge machte und Entscheidungen traf. Das bedeutete eine grosse Umstellung für mich. Andererseits beeindruckte mich immer wieder, wie Ernst sich mit viel Hingabe und Liebe um uns kümmerte. Ich lernte an ihm Seiten kennen, die mir an koreanischen Männern noch nie begegnet waren und für die ich ihn sehr schätzte. So versuchten wir einander gegenseitig zu ergänzen und entwickelten eine für mich ganz neue Lebensform, eine Art Mischung aus europäischem und asiatischem Lebensstil. Meine Liebe zu Ernst glich nicht einem plötzlich entfachten Feuer, sie wuchs allmählich in den Jahren unseres Zusammenlebens und entsprach ziemlich genau einem Gefühl, das im Koreanischen mit dem Wort «Jeong» wiedergegeben wird und für das es im Deutschen keine Entsprechung gibt.

In der Nähe des Aarauer Bahnhofs lag Ernsts alte Wohnung. Er hatte sie noch nicht aufgegeben und einstweilen nur das Notwendigste in die neue Wohnung mitgenommen. Weil er nur am Wochenende Zeit hatte, und im übrigen mit den Kindern und dem neuen Familienleben vollauf beschäftigt war, beschloss ich, diese Wohnung unter der Woche zu räumen. Es war eine grosse Dreizimmerwohnung, in der er über 20 Jahre gewohnt hatte und die noch randvoll mit seinen Sachen war.

Immer wieder, wenn ich kein Land mehr sah, fragte ich mich verzweifelt, was ich hier eigentlich tat und ob es die richtige Entscheidung gewesen war, in die Schweiz zu kommen. Gleichzeitig wusste ich, dass es kein Zurück mehr geben konnte, nachdem ich in Korea alles aufgegeben hatte. Am Abend jedoch, wenn Ernst mich abholte und sich von Herzen für meine Arbeit bedankte, waren meine Zweifel jeweils wie weggeblasen.

Eine Abwechslung beim Räumen waren die Pausen, die ich mit einer Flüchtlingsfrau aus Kambodscha verbrachte. Sie war mit ihren vier kleinen Kindern im Alter von 2 bis 9 Jahren 1980 als Flüchtling nach Aarau gekommen und lebte jetzt in der Wohnung unter derjenigen von Ernst. Sie hatte nur dank unglaublichem Glück den Bürgerkrieg in Kambo-

dscha überlebt. Wie die Stadt für diese Flüchtlingsfamilie
sorgte, beeindruckte mich sehr. In Korea wäre eine solche
Betreuung von Not leidenden Flüchtlingen undenkbar gewesen. Die Frau arbeitete ein paar Stunden in der Woche
und ging an einigen Abenden zum Deutschunterricht. In
dieser Zeit kamen junge Mädchen, um auf die Kinder aufzu-
passen. Diese erhielten auch Nachhilfeunterricht in
Deutsch, den ihnen ältere Schülerinnen erteilten. Ab und
zu kamen Sozialarbeiterinnen und schauten, ob alles in Ordnung war. Ich trank oft mit der Mutter Tee, und mit dem wenigen Deutsch, das sie bereits gelernt hatte, versuchte sie,
mir ihre Kriegserlebnisse und ihre Flucht als Boatpeople zu
schildern. Je mehr ich begriff, welches Leid sie und ihre vier
Kinder hatten ertragen müssen und mit welcher Dankbarkeit sie nun hier lebten, um so mehr fasste auch ich wieder
Mut, mein Leben in dieser neuen Umgebung an der Seite
von Ernst anzupacken.

Eines Nachts wurde ich durch einen lauten Lärm geweckt. Ein Bücherregal war umgekippt. Doch damit nicht
genug, ich entdeckte Ernst auf dem Boden liegend, über-
häuft mit Büchern, dabei zuckte er krampfartig am ganzen
Körper, und aus seinem Mund trat Schaum. Ich erschrak
sehr und und war völlig hilflos. Deshalb rannte ich schnell
zu unserer alten Nachbarin, die mir mal gesagt hatte, dass
ich jederzeit zu ihr kommen könne, wenn es ein Problem
gäbe. Ihr Mann ging meistens erst früh morgens ins Bett. Als
ich klingelte, war er noch wach und kam sofort mit herüber.
Als er Ernst so liegen sah, ging er wieder zurück in seine
Wohnung und kam mit einer Flasche Cognac zurück. Er
meinte, dies sei die beste Medizin in so einer Situation. Da

ich mich darauf doch lieber nicht verlassen wollte – Ernst war noch immer nicht zu sich gekommen – rief ich den Notarzt an. Nach einer langen Viertelstunde war Ernst endlich wieder ansprechbar, er hatte aber keine Ahnung, was passiert war. Nur seine Muskeln taten ihm weh, und er hatte starke Kopfschmerzen. Schliesslich kam auch der Arzt, der Ernst eine Beruhigungsspritze gab und mich bat, am nächsten Morgen mit meinem Mann ins Aarauer Kantonsspital zu gehen. Er musste dann eine ganze Woche im Krankenhaus bleiben, bis alle Untersuchungen gemacht waren und die Diagnose feststand: Epilepsie. Der untersuchende Arzt meinte, dass Ernst in jungen Jahren eine Hirnverletzung erlitten haben müsse, die als Spätfolge diese epileptischen Anfälle verursache. Mittlerweile gebe es gute Medikamente, mit deren Hilfe die Anfälle vermieden werden könnten. Selbst so berühmte Leute wie Julius Cäsar hätten trotz der Krankheit Geschichte gemacht, und es bestünde kein Grund zur Sorge. Erst jetzt erfuhr ich von Ernst, dass er in den letzten Jahren hin und wieder nachts am Boden liegend aufgewacht war, mit starken Kopf- und Muskelschmerzen, ohne die Ursache dafür zu kennen. Nur weil er jetzt nicht mehr allein lebte, konnte der Auslöser für diese Attacken gefunden werden. So froh ich war, dass sich etwas dagegen tun liess, so sehr bedrückte mich diese wie aus heiterem Himmel aufgetauchte Krankheit.

Der bösen Überraschungen aber nicht genug! Als Ernst wegen der Krankheit für einige Wochen arbeitsunfähig war, kündigte ihm seine Firma die Arbeitsstelle. Als Abfindung erhielt er einen Monatslohn, das war alles. Für Ernst war das zusammen mit der Krankheit ein grosser Schock! Er war sehr betroffen und zutiefst verletzt und machte sich grosse Sorgen um uns. Er warf sich sogar vor, mich und die Kinder aus Korea geholt zu haben. Dazu kam, dass die Medikamente, die er nun nehmen musste, ihn müde und depressiv machten. Er war es nun, der meine Hilfe benötigte. Wir sprachen viel miteinander, und ich versuchte ständig, ihm Mut zu machen. Wir würden es zusammen schon schaffen. Als Korrektor sollte es ja nicht so schwer sein, eine neue Stelle zu finden. Und tatsächlich bekam er recht schnell wieder eine Arbeit. Der Lohn war zwar etwas geringer, dafür aber war die Arbeit angenehmer. Allerdings bedeutete das auch, dass ich in Zukunft ebenfalls würde verdienen müssen, denn Ernsts Lohn reichte gerade für das Notwendige, nicht aber für Zusatzausgaben wie zum Beispiel Ferien.

So begab ich mich auf Stellensuche. Am liebsten wollte ich wieder zurück in die Polymer-Forschung oder auch in die Kunststoffverarbeitende Industrie. Ich fuhr ab und zu nach Zürich und ging dort in die Bibliothek der Eidgenössischen Technischen Hochschule, um in Fachzeitschriften zu lesen und die Stelleninserate durchzuschauen. In der Folge konnte ich mich an einigen Stellen in Basel und Zürich bewerben, aber alle Firmen suchten Vollzeit-Mitarbeitende. Ich konnte eine solche Stelle leider nicht annehmen, da die Kinder mich vorläufig noch brauchten und ich hier nicht auf die Hilfe zurückgreifen konnte, wie wir sie in Korea durch meine Schwester und unsere Azumma gehabt hatten. Ausserdem kamen sie zum Mittagessen immer heim, weil die Schulen hier keine Ganztagsschulen waren. Gerade diese Mahlzeit erschien mir als die beste Gelegenheit des Tages, von den Kindern zu erfahren, wie es in der Schule war und was sie sonst so beschäftigte. Ich konnte ihre Entwicklung beobachten und entsprechend reagieren, was mir sehr viel schwieriger erschien, hätten wir uns nur morgens und abends gesehen. Auf Grund all dieser Überlegungen entschied ich mich, vorläufig nur nach einer Teilzeitstelle in der näheren Umgebung zu suchen, und wurde fündig.

An der Technischen Fachhochschule in Windisch gab es innerhalb der Maschinenbau-Fakultät eine kleine Kunststoffabteilung, an der die Studenten über die Rolle von Kunststoffen als Werkstoffe für Maschinenteile unterrichtet wurden. Ich besuchte einmal ein Seminar und lernte dabei den zuständigen Professor kennen. Dem stellte ich mich vor und fragte ihn auch gleich, ob er etwas für mich zu tun hätte. Er antwortete, dass er ab und zu Industrieaufträge erhalte, für deren Erledigung er aber keine Zeit habe. Eigens dafür jemand Kompetentes anzustellen, sprenge hingegen seinen finanziellen Rahmen. Er würde sich deshalb sehr freuen, wenn ich diese Arbeiten übernehmen könnte. Das war eine uns beide befriedigende Lösung. Immer wieder erhielt ich nun Aufträge, die ich entweder an der ETH in Zürich oder zu Hause erledigen konnte. Der Arbeitsrhythmus war unregelmässig, manchmal gab es nichts zu tun, dann wieder trafen mehrere Anfragen gleichzeitig ein. Die anfallende Arbeit liess sich gut mit meinen Aufgaben zu Hause verbinden, worüber ich sehr froh war.

Während ich in der Schweiz auf fachlichem Gebiet einen Einstieg gefunden hatte, bereitete mir die sprachliche Ebene viel mehr Schwierigkeiten. Wenn sich Schweizer untereinander unterhielten, sprachen sie «Schwizerdütsch», sogar im Fernsehen wurde es teilweise gesprochen. Ich versuchte also, diese Sprache zu verstehen und auszusprechen, aber nach einigen Monaten war mir klar, dass das mit der Aussprache nie klappen würde. Wenn ich mir manchmal ein Herz fasste und es versuchte, lachten die Kinder mich aus und die Erwachsenen schmunzelten. Das wiederum war mir unangenehm. So entschloss ich mich, beim Hochdeutschen zu bleiben und das Schweizerdeutsch nur zu verstehen, auch wenn sich dadurch die meisten Schweizer in Unterhaltungen mit mir veranlasst sahen, selber ins Hochdeutsche zu wechseln. Eine gewisse Distanz blieb dadurch stets erhalten.

Die nächste Frage, die geklärt werden musste, war die unseres Aufenthaltsstatus. Wir verfügten lediglich über eine einjährige Aufenthaltsbewilligung in der Schweiz. An dieses Thema hatte ich von Darmstadt her besonders negative Erinnerungen. Nach eingehenden Diskussionen beschlossen Ernst und ich zunächst, die deutsche Staatsbürgerschaft für mich als seine Ehefrau zu beantragen. Obwohl Ernst bereits fünfundzwanzig Jahre in der Schweiz lebte, war er noch immer Deutscher. Deshalb dachten wir, dass es für uns als seine Familie die geringeren bürokratischen Probleme bedeutete, ebenfalls Deutsche zu werden. So erkundigten wir uns bei der deutschen Botschaft in Bern. Es stellte sich aber heraus, dass die Voraussetzungen sehr kompliziert waren. Wir müssten mindestens fünf Jahre in Deutschland leben und nachweislich ein gutes Eheleben führen, um überhaupt die deutsche Staatsbürgerschaft beantragen zu können. Wir hätten also umziehen müssen. Wir wollten jedoch nicht schon wieder unsere Zelte abbrechen, und Ernst fühlte sich in der Schweiz zu Hause. Wir beschlossen dann, uns in Aarau zu erkundigen, ob es möglich wäre, die Schweizer Staatsbürgerschaft zu beantragen. Wir erhielten einen positiven Bescheid, weil Ernst bereits so lange hier lebte. Wir holten die Antragsformulare, füllten sie sorgfältig aus, und schickten sie per Einschreiben zurück. Danach hörten wir lange Zeit nichts mehr von den Behörden und hatten die Angelegenheit ob der sonstigen täglichen Lebensaufgaben schon fast vergessen. Es war bereits Winter 1982 als wir einen Telefonanruf erhielten, in dem uns der Besuch eines Mannes von der Stadtverwaltung angekündigt wurde. Er wolle uns einige Fragen stellen. Ernst und ich hatten keine Ahnung, was seine Funktion und der Zweck seines Besuchs sein könnten. Als er eintraf, luden wir ihn zum Kaffee ein. Während wir so zusammen sassen, stellte er viele belanglos erscheinende Fragen, über das Leben in Korea, über unser Berufsleben, über die Kinder und wie wir sie erzögen, wie wir unsere Wochenenden verbrachten und vieles mehr. Nach etwa zwei Stunden verabschiedete er sich wieder, und wir wussten noch immer nicht, was das alles eigentlich sollte. Es verging dann wieder eine gewisse Zeit, bis wir ein Schreiben der Stadt Aarau erhielten, in welchem wir aufgefordert wurden, uns mit Schweizer Geschichte und Politik zu befassen, um dann an einem bestimmten Termin im Rathaus zu erscheinen. Erst da dämmerte es uns, weswegen wir im Winter Besuch gehabt hatten. Also kauften wir uns ein dickes Buch zum Thema und begannen, fleissig zu lernen. Nun würde ich erfahren, wie dieses viersprachige Land funktionierte und wie es möglich gewesen war, einen so hohen Lebensstandard zu erreichen.

An dem Tag, als Ernst und ich uns mit Herzklopfen im Rathaussaal einfanden, waren wir nicht die einzigen Prüflin-

246

ge. Der Stadtammann und einige weitere Leute stellten uns Fragen und notierten die Antworten. Das Ganze dauerte fast zwei Stunden, dann wurde uns mitgeteilt, dass wir die Prüfung bestanden hatten. Wir waren nicht nur erleichtert sondern auch stolz. Dass diese Einbürgerung jedoch auch ihren finanziellen Preis hatte, realisierten wir erst hinterher. Die Rechnung für die Einbürgerung belief sich auf einige Tausend Franken. Dieser Betrag war wohl deshalb relativ niedrig ausgefallen, weil ich nur eine Gelegenheitsarbeit und Ernst auch keinen allzu hohen Verdienst hatte. Nach einigen Monaten erhielten wir zwei rote Schweizer Pässe, meinen koreanischen Pass musste ich, nicht ohne Wehmut, abgeben. So wurde ich Schweizerin. Mein Name lautete fortan Baldischwiler-Lee. Ich musste mich erst daran gewöhnen, denn nach koreanischem Eherecht hätte ich meinen Namen Lee behalten können, was nach der Einbürgerung aber nicht mehr möglich war. Dennoch benutzte ich im Berufsleben weiterhin meinen angestammten Namen und nur für amtliche Angelegenheiten den Doppelnamen.

Nachdem wir nun eingebürgert waren, wollten wir uns auch um die Einbürgerung unserer Kinder kümmern, nicht nur, weil den Einbürgerungsbeamten die drei verschiedenen Namen Kim – der Nachname der Kinder –, Baldischwiler und Lee innerhalb einer Familie irritiert hatten. Da die Kinder noch nicht volljährig waren, mussten die Eltern darüber entscheiden, ob mit ihrer Einbürgerung bis zum Erwachsenenalter gewartet werden sollte, damit sie sich dann selber entscheiden konnten. Diese Lösung behagte uns wegen Sven nicht, da er mit Erreichen der Volljährigkeit ins koreanische Militär eingezogen worden wäre, wovor ich Angst hatte. Von koreanischen Studienkollegen hatte ich viele Schreckensberichte gehört, wie hart und gemein die Militärausbildung sei. So entschieden wir, die Kinder auch einbürgern zu lassen. Wir teilten dies dem Einbürgerungsbeamten mit. Der engagierte sich sehr in unserer Angelegenheit und riet uns, um den ganzen bürokratischen Ablauf zu vereinfachen, die Kinder in unsere Ehe zu adoptieren. Dadurch könnten wir die Einbürgerung automatisch durchführen und gleichzeitig die Namen ändern. Es erschien mir schon mehr als seltsam, meine eigenen Kinder zu adoptieren. Ich hatte von so einer Möglichkeit auch vorher noch nie gehört, aber wenn es uns dem Ziel näher brachte, war ich einverstanden. Durch die Adoption würden die Kinder allerdings den Namen Baldischwiler annehmen und hatten damit ihren Geburtsnamen verloren, was mich ziemlich beunruhigte. Ich war nicht sicher, ob ich die richtige Entscheidung für die Kinder träfe. Aber dann dachte ich, wenn den Kindern ihr ursprünglicher Name wirklich besser gefallen sollte, könnten sie ihn mit Erlangen der Volljährigkeit ja wieder ändern lassen. Die Kinder waren tatsächlich nicht begeistert, nun einen neuen, so langen Namen zu tragen. Aber jedes Mal, wenn sie sich beklagten, zuckte Ernst nur mit den Schultern und sagte humorvoll: «Tja, ich konnte mir meinen Namen auch nicht aussuchen, Pech gehabt!», was uns jeweils wieder zum Lachen brachte.

Alte und neue Freunde
Nachdem ich in Aarau nicht weit weg von der deutschen Grenze lebte, hatte ich das starke Bedürfnis, meine alten Freundschaften aus unserer Zeit in Darmstadt wieder aufle-

ben zu lassen. Doch nicht alle Begegnungen waren ein freudiger Anlass. Einen Monat nach unserer Ankunft in der Schweiz meldete ich mich telefonisch bei Kohls, meinen Freunden in Ludwigshafen. Wie schmerzte es mich, von Fritz Kohl erfahren zu müssen, dass seine Frau Nana zwei Wochen vorher verstorben war. Ihre Tochter Doris lebte mit ihrem Mann in Norddeutschland, wo dieser seine erste Stelle als Pfarrer angetreten hatte. Nun war sie eine Pfarrersfrau, was sie jedoch nicht davon abhielt, weiterhin ihre alternativen Lebensvorstellungen, die sie schon nach Amsterdam geführt hatten, umzusetzen. Auch Küblers, meine ersten Arbeitgeber in Deutschland, waren umgezogen. Sie hatten Tieringen verlassen und lebten jetzt in Schongau. Leider waren Röslis Herzprobleme mittlerweile so gravierend, dass sie schon im Jahr nach unserer Ankunft in Aarau starb.

Mit meinem früheren Förderer Eugen Kübler traf ich mich wieder regelmässig. Ich hatte nicht vergessen, wem ich meinen Aufbruch aus Korea zu verdanken hatte. Nach den Jahrzehnten des Unterwegsseins als Monteur hoffte er, nach seiner Pensionierung mehr Zeit mit der Familie verbringen zu können. Doch gerade dann erkrankte seine Frau schwer. Eugen erwies sich als geduldiger und liebevoller Ehemann, der seine Frau ausdauernd in den eigenen vier Wänden pflegte. So erlebte ich mit, dass auch das Leben meiner alten Freunde nicht problemlos verlief und sich endgültige Abschiede unerwartet früh ereigneten.

Schwer traf mich 1983 der Tod unseres koreanischen Freundes Herr Kong. Ich hatte mich sehr gefreut, ihn wieder zu sehen. Gerne dachte ich an die vielen gemeinsamen Abende zurück, an denen wir bei einem guten Essen über die

Verhältnisse in Korea diskutiert hatten. Trotz der schweren Jahre in einem südkoreanischen Gefängnis, die ihn körperlich und seelisch schwer gezeichnet hatten, war er ein lebensfroher Mensch geblieben. Nach seinem Studium an der Universität Frankfurt hatte er eine Dozentur für Japanologie erhalten. Seine Frau, eine begabte Komponistin und Musikerin, hatte eine Ausbildung in musikalischer Früherziehung absolviert und unterrichtete nun Kindergartenkinder. Endlich lebte die Familie Kong nicht mehr von der Hand in den Mund. Doch schon wenige Monate nach seinem Stellenantritt stellten die Ärzte bei ihm eine Krebserkrankung fest. Zwei Jahre lang kämpfte er, vergeblich.

Brambachs kamen oft auf Besuch zu uns nach Aarau. Die Kinder, besonders Paula, freuten sich immer. Doch diese Treffen stillten nicht meine Sehnsucht nach Freundschaften und nach einer geistigen Verankerung. Ausser zu Ernst hatte ich ja noch keine Beziehungen gefunden, und das Fehlen der freundschaftlichen und familiären Bindungen, wie ich sie in Korea gehabt hatte, wurde mir schmerzlich bewusst. Ich hatte ein starkes inneres Verlangen nach Halt und Orientierung, denn ich war weiterhin von starken Zweifeln geplagt, ob meine bisherigen Entscheidungen richtig gewesen waren.

Ich begann, sonntags in die Kirche zu gehen, am liebsten in die der reformierten Gemeinde unten in der Stadt. Eines Tages las ich in der Zeitung, dass von einer Freikirche eine Zeltevangelisation veranstaltet wurde. Ich hatte in Korea bereits religiöse Grossveranstaltungen besucht und war entsprechend neugierig auf den Ablauf einer solchen in der Schweiz. Vor allem fragte ich mich, ob es genauso charismatisch wie bei der Young-Gy Cho Pentacost Kirche in Seoul sein würde, was ich mir in der auf mich eher nüchtern wirkenden Schweiz nur schwer vorstellen konnte. Dennoch beschloss ich hinzugehen und erlebte erstaunliches. Die Gläubigen sangen laut und mit Begeisterung, sie begaben sich spontan zum Altar und bekannten sich vor Gott und der Gemeinde zu ihren Fehlern, um Vergebung bittend. Ich war beeindruckt und beschloss wieder zu kommen.

Auf diese Weise machte ich die Bekanntschaft mit der Freien Christengemeinde. Die Leute waren freundlich, und bald lernte ich einige von ihnen persönlich kennen. Ernst, der zwar christlich erzogen worden war, aber nie regelmässig eine Kirche besuchte, begleitete mich. Und auch die Kinder nahmen wir mit. Sie gingen in eine Art Religionsunterricht, der dem Konfirmandenunterricht in der reformierten Kirche entsprach. Wir besuchten regelmässig Gebetskreise, und bald schon fand jede zweite Woche einer in unserer Wohnung statt, den Ernst auch leitete und dessen anschliessendes Gespräch ich mit einem kleinen Dessert versüsste.

Meine anfängliche Begeisterung wurde mit der Zeit jedoch getrübt. Ich geriet zunehmend in Konflikt mit dem Missionseifer dieser Gemeinde und ihrer Überzeugung, dass allein im christlichen Glauben die Rettung zu finden sei. Ich wusste aus eigener Anschauung, dass die buddhistischen Mönche in Korea ehrlich, aufrichtig und mit Liebe für ihre Mitmenschen und in Einklang mit der Natur lebten. Sollte es für sie dennoch keine Seelenrettung geben, nur weil sie keine Christen waren? Ich selber hatte zwischenzeitlich begonnen, mich dem Buddhismus zuzuwenden, versprach ich mir doch von ihm Hilfe in Bezug auf mein ständiges Hadern mit den verpassten beruflichen Chancen und die damit ver-

bundene Unzufriedenheit mit meiner Situation. Ich empfand, dass mich der Ehrgeiz mit der Zeit tatsächlich weniger
stark plagte. Warum also sollte ich die Anhänger der
buddhistischen Lehre für verlorene Seelen erachten, nur
weil sie nicht dem gleichen Glauben wie die Mitglieder der
Freien Christengemeinde anhingen? Eine solche Trennung
wollte und konnte ich nicht akzeptieren. Auch unsere Kinder bekamen zunehmend Probleme, vor allem mit den Lei-
tern des Religionsunterrichts, denen sie oft provokative Fragen stellten, auf die sie jedoch weder befriedigende Antworten erhielten, noch mit Liebe und Verständnis betreut
wurden. Das führte dazu, dass sie sich nach Abschluss des
Unterrichts von der Freien Christengemeinde verabschiedeten. Ich akzeptierte das zwar, auch wenn es mich traurig
berührte, und hoffte, dass sie mit diesem Schritt sich nicht
gänzlich vom Glauben entfernen würden. Ich ging allen Bedenken zum Trotz weiterhin in die Kirche, obschon ich mich
zunehmend verloren fühlte unter all den erleuchteten,
glücklichen Menschen. Vor allem, wenn es mir selber nicht
gut ging, schien mir der Gegensatz zwischen den übrigen
Gemeindemitgliedern und mir so gross, dass ich mich immer
stärker als Störenfried empfand. Und so kam es, dass ich
nach langem Überlegen und Zögern die Besuche ganz ein-
stellte. Zu meiner grossen Erleichterung realisierte ich, dass
ich meinen Glauben ohne eine organisierte Instanz sogar
besser leben konnte.

Berufsleben als Kompromiss
Die Aufträge, die ich von der Fachhochschule erhielt,
kamen sehr unregelmässig, und sie waren auch finanziell

keine wirkliche Lösung für unsere Geldsorgen. Es wurde mir klar, dass ich so bald wie möglich eine besser bezahlte Arbeit finden musste. Doch nebst den finanziellen Überlegungen waren es vor allem meine beruflichen Wünsche, die mich motivierten, eine neue Stelle zu suchen. Ich wollte gerne wieder richtig auf meinem Fachgebiet arbeiten, denn dafür hatte ich ja fast mein halbes Leben lang gekämpft.

Eines Tages dann las ich im «Aargauer Tagblatt» ein Inserat der Firma Hochburg AG Kabelwerk, die für eine neue Bestrahlungsanlage einen Chemiker mit Hochschulabschluss suchte. Ich konnte es fast nicht glauben, dass ganz in der Nähe von Aarau eine Bestrahlungsanlage für Kabel geplant wurde. Über die Bestrahlungstechnologie für hochwertige Kabel hatte ich bereits in Darmstadt nach meiner Promotion an einem Forschungsprojekt im Auftrag des Siemens Konzerns gearbeitet. Auch meine Publikationen wiesen mich als Expertin auf diesem Spezialgebiet aus. Sofort verfasste ich ein Bewerbungsschreiben. Bald danach kam ein Brief, ich möge mich doch bitte vorstellen kommen. Im Vorstellungsgespräch blieb mir nicht verborgen, dass der junge Inhaber der Firma sehr erstaunt war, eine Asiatin, wenn auch mit Schweizer Pass, als Bewerberin vor sich zu sehen, noch dazu mit einem deutschen Studienabschluss und mit Erfahrung genau in jenem Bereich, in dem er jetzt arbeiten wollte. Er war bereit, mich anzustellen, selbst als ich erwähnte, dass ich aus familiären Gründen höchstens siebzig Prozent arbeiten könne. Ich wurde als technische Beraterin eingestellt, die keine weiteren Kompetenzen hatte, als die der Wissensvermittlung. Das war mir recht, denn die Bestrahlungstechnologie der Kunststoffe interessierte mich viel mehr als eine Leitungsfunktion in dieser Firma, die ohnehin mit einer Teilzeitstelle unvereinbar war.

Wie zwanzig Jahre zuvor an meiner ersten Stelle in Korea befand sich auch dieses Werk noch im Aufbau. Die Maschinen waren gerade aus den USA geliefert worden und noch eingepackt, weil die Gebäude nicht fertig gestellt waren. Und wieder wusste ich in den ersten paar Monaten nicht genau, was meine Aufgabe war. Also fuhr ich oft nach Zürich, setzte mich in die Bibliothek der Eidgenössischen Technischen Hochschule und vertiefte mich in neue Publikationen zum Thema Bestrahlungstechnologie. Diese Technologie war noch immer im Entwicklungsstadium und ihre Anwendung mit hohen Investitionen verbunden. Deshalb war es mutig, wenn eine kleine Firma wie die Hochburg AG diese Dienstleistung zum Bestrahlen von Kunststoffprodukten wie hochwertigen Kabeln oder Warmwasserrohren anbieten wollte.

Wir arbeiteten nur zu siebt, der Chef, zwei Elektriker, ein Mechaniker, ein HTL-Chemieingenieur, ich als Kunststoffchemikerin und eine Putzfrau. Ausser den Elektrikern und dem Mechaniker, die mit dem Anlagebau voll ausgelastet waren, mussten wir alles übernehmen: die Präsentation unserer Arbeit gegenüber potenziellen Kunden, die Betreuung der Kunden und Lieferanten, die Korrespondenz, aber auch das Kaffee kochen und sogar das Bedienen der Transportkräne. Ich machte von Anfang an alles mit – manchmal mit Begeisterung, manchmal jedoch auch unter Zweifeln, ob das hier wirklich die Art von Arbeit war, für die ich so lange gekämpft hatte. Ich konnte mich nicht so entfalten, wie ich es gern getan hätte. Was folgte, war eine ständige Auseinandersetzung mit mir selbst, weil meine Interessen und Stärken im Bereich der direkten Materialentwicklung und der Laborarbeit lagen und weniger im technischen Marketing, für das ich zuständig war. Meine Aufgabe war es, potenzielle Kunden hauptsächlich aus Deutschland, Frankreich und Italien, mit dieser Bestrahlungstechnologie vertraut zu machen. Auch die Suche nach geeigneten Materialien auf dem Weltmarkt und die Information und Beratung der Kunden darüber fielen in meinen Aufgabenbereich. Ich musste laufend die neuesten Forschungspublikationen und Patente recherchieren, damit unsere Firma keine Entwicklung verpasste. Und ich war verpflichtet, Artikel über diese Technologie zu verfassen und in führenden Fachzeitschriften zu veröffentlichen. Diese wurden dann, auch im Sinne eines fachlichen Leistungsausweises unserer Firma, an die Kunden verteilt. Bei diesen direkten Begegnungen mit den Kunden fühlte ich mich nie richtig wohl, setzten sie doch sprachliche und geschäftliche Fähigkeiten voraus, über die ich meiner Meinung nach nicht in ausreichendem Masse verfügte. Lieber hätte ich den Kunden aktive technische Hilfe gewährt und mit ihnen zusammen ihre Produkte entwickelt. Wenn ich dahingehende Vorschläge machte, meinte mein Chef nur, das hier sei kein Forschungsinstitut, sondern eine Firma, die Geld verdienen müsse. Damit hatte er zwar recht, dennoch litt ich zunehmend, und es war mir eine Zeitlang ein richtiger Horror, in die Firma zu gehen. Zu einem Wechsel wiederum fehlte mir der Mut, weil ich keinen Weg sah, wie ich die Familie und eine meinen Fähigkeiten angemessene Stelle unter einen Hut bringen könnte. Meine Gesundheit begann darunter zu leiden, und ich musste mich entscheiden, meine Einstellung zu dieser Arbeit positiv zu verändern oder aufzuhören.

Einen wichtigen körperlichen wie seelischen Ausgleich zu diesen Belastungen bot mir der Schrebergarten. Hier konnte ich in Ruhe über meine Probleme nachdenken. Wie damals in Darmstadt zeigte sich auch jetzt, dass ich etwas ganz für mich tun musste, etwas, das mir Spass machte, und das nicht nur aus gesundheitlichen Gründen, sondern auch um etwas Abstand zu den täglichen Anforderungen in der Firma und zu Hause zu gewinnen.

Familiäre Herausforderungen

Immer wieder gab es Phasen, die mich familiär besonders beanspruchten oder belasteten. Die Pubertätsjahre meiner beiden Kinder waren keine einfache Zeit, dann wieder ging es Ernst wegen der vielen Nebenwirkungen seiner Medikamente nicht gut. Er war ständig müde und brauchte viel Ruhe und Schlaf. Am schmerzlichsten aber war der Tod meines Vaters.

Als ich ihm in Korea meine Pläne unterbreitet hatte, Ernst zu heiraten und mit ihm und den Kindern in die Schweiz zu ziehen, waren von ihm keine Einwände gekommen. Er hatte meine Entscheidung akzeptiert und wünschte nur, dass sie für mich und die Kinder die richtige sein möge. Als dann der Abschied da war, merkte ich deutlich, wie schwer es ihm fiel, mich gehen zu lassen. Er war mittlerweile alt, physisch zunehmend angeschlagen, und wir wussten alle nicht, wie lang er noch zu leben hatte. Deshalb versprach ich ihm, dass ich ihn mindestens einmal im Jahr besuchen wolle. Das tat ich auch. Es schmerzte mich zu sehen, wie er in der Zwischenzeit jeweils schwächer geworden war und unter zahlreichen Beschwerden litt. Aber seiner Forschernatur entsprechend studierte er fleissig chinesische Kräutermischungen, mit deren Hilfe er manches selbst heilen konnte, worauf er sehr stolz war. Aber dann kam die Zeit, in der diese Behandlungsmethode nicht mehr ausreichte. Er musste ins Krankenhaus gehen. Im letzten Jahr vor seinem Tod besuchte ich ihn drei Mal. Beim dritten Besuch, im Sommer 1984, waren die Zeichen eindeutig, und ich wusste, dass dies unsere letzte Begegnung sein würde. Eine Woche nach meiner Abreise starb er. Ein wechselvolles, schwieriges aber auch erfülltes und an Anerkennungen reiches Leben war zu Ende gegangen. Für mich war mit seinem Tod Korea wieder ein Stück ferner gerückt. Nun gab es nur noch meine Schwester In-Young, durch die ich meiner Heimat verbunden blieb. Obwohl mich in Aarau oft die Sehnsucht nach ihr und Korea überfiel, fühlte ich mich doch jedes Mal, wenn ich wieder dort war, etwas fremder. Weder in der Schweiz noch in Korea war ich richtig daheim, ich fühlte mich überall wie ein Tropfen Öl, der auf dem Wasser schwimmt, ohne je eins werden zu können. Es dauerte lange, bis ich empfand, dass da, wo ich nun lebte, eine neue Heimat entstanden war: Aarau, diese kleine, überschaubare, schöne alte Stadt, mit der herrlichen Natur vor der Haustür, einer geringen Kriminalität, die es erlaubte, spät abends nach Konzert- oder Theaterbesuchen ohne Angst nach Hause zu gehen, alles Dinge, die in Seoul nicht denkbar gewesen wären.

Auch für Paula und Sven war das Leben eine Umstellung, die sie auf ihre Art bewältigen mussten. Der Wechsel von Deutschland nach Korea und wiederum in die Schweiz, die Scheidung der Eltern und die neue Ehe der Mutter waren für beide eine grosse Belastung gewesen. Trotzdem hatten sie die Situationen gut gemeistert und waren fröhliche Kinder geblieben. Besonders Paula war für mich nach der Scheidung in Seoul eine grosse Hilfe gewesen. Der erneute grundlegende Wandel der Lebensumstände, der mir als Erwachsene schon schwer fiel, war für sie als junges Mädchen noch viel komplizierter. Und wie bei jungen Mädchen üblich, reagierte sie zunehmend emotional und war oft unzufrieden. Alles was wir als Eltern von ihr erwarteten, wurde plötzlich hinterfragt und für falsch befunden. Das war eine ganz neue Erfahrung, und vielleicht reagierte ich als koreanische Mutter oft auch empfindlicher als nötig auf solche Entwicklungen. Auffallend waren die äusserlichen Veränderungen. Sie trug verwaschene, ausgefranste und buntbemalte Hosen, mit unterschiedlich langen Hosenbeinen. In diesem Aufzug besuchte sie sogar Liesel Brambach in Darmstadt, die sehr auf ordentliche Kleidung Wert legte. Obwohl ich ihr eine Hose zum Wechseln mitgegeben hatte, behielt sie die andere an und jagte damit Liesel einen gewaltigen Schrecken ein. Mit der Zeit gewöhnte ich mich dann an den neuen Kleidungsstil und hoffte, dass sie auf keine schlimmeren Ideen käme.

Als sie dann ihren ersten Freund nach Hause brachte, erschrak ich zunächst über dessen Aussehen und Lebensweise. Er hatte die Kantonsschule abgebrochen, das Elternhaus verlassen und lebte nun allein in der Scheune eines Bauernhofs. Gelegentlich arbeitete er. Auch Paula wollte plötzlich die Schule abbrechen, nicht wegen der Noten, sondern einfach, weil sie dachte, der ganze Aufwand sei nicht lebensnotwendig und sie könne ganz gut ohne Abschluss leben. Ihr Freund gehe ja auch nicht mehr zur Schule und komme dennoch klar. Auch wenn ich natürlich wusste, dass es viele Berufe gab, für die es keiner Matura bedurfte, fand ich dennoch, dass sie zu jung war, um ihrem Leben bereits eine solch entscheidende Wende zu geben. Von Ernst konnte ich keine Unterstützung erwarten. Wenn ich ihn nach seiner Meinung fragte, zuckte er nur mit den Schultern. Ich versuchte zuerst, Paula mit Argumenten zu überzeugen, als ich aber merkte, dass das nichts fruchtete, wurde ich unnachgiebig und sagte ihr, dass ein vorzeitiger Schulabgang nicht in Frage käme. Nach einer Weile lenkte sie zum Glück ein, und ohne weitere Schuldebatten brachte sie die Matura erfolgreich hinter sich.

Da sie zunächst Geld verdienen wollte, nahm sie eine Stelle als Bedienung in einem italienischen Restaurant an. Mir war das zwar etwas unheimlich, weil sie ja über gar keine Erfahrung verfügte, aber ich akzeptierte ihre Entscheidung. Von nun an musste sie wohl oder übel ihren Weg alleine finden. Die Arbeit im Restaurant war für sie in jeder Hinsicht eine neue Erfahrung, sie lernte schnell und war sehr motiviert. Die oft schwierigen Lebensumstände der Beschäftigten führten ihr nicht nur vor Augen, mit welchen Problemen andere zu kämpfen hatten, sondern auch, dass ihr Einsatz gefragt war. Sie half diesen Kollegen, Anträge zu schreiben und Formulare für Behörden auszufüllen. Einigen gab sie auch Deutschunterricht. Dabei kam ihre liebe und warmherzige Seite sehr zum Tragen. Vom verdienten Geld konnte sie dann ihren Flug nach Korea bezahlen. Sie wohnte bei meiner Schwester In-Young und besuchte eine koreanische Sprachschule. Dabei lernte sie ihr Herkunftsland Korea neu kennen, ebenso wie die neue Familie ihres Vaters, der nach seiner Heirat nochmals zweifacher Vater geworden war. Als sie ihr Koreanisch aufpoliert hatte, ging sie nach Hongkong, wo sie eine Wohngemeinschaft fand, in der reisende junge Menschen aus der ganzen Welt zusammen lebten. Hier lernte sie sowohl China als auch ein sogenanntes freies Leben kennen. Diese Monate waren für mich nicht einfach. Ich machte mir viele Sorgen um sie, und Angstträume quälten mich oft. Ich merkte, wie sehr ich noch immer von meiner koreanischen Einstellung geprägt war, die den Kindern wenig Eigenverantwortung zugestand. Die schwierige Lektion zum Thema Erwachsenwerden lernte ich in dieser Zeit: die Kinder gehören nicht mehr mir, ich darf sie lieben, aber ich darf sie nicht festhalten. Sie haben ihre eigenen Pläne und diese werden sie auf ihre und nicht auf meine Art realisieren.

Mit der Transsibirischen Eisenbahn von Peking nach Moskau kam Paula dann nach fast einem Jahr wieder nach Hause zurück. Sie war sowohl innerlich als auch äusserlich sehr verändert, und sie wusste, was sie studieren wollte: Geschichte.

Svens Erwachsenwerden begleitete ich dann schon mit weniger Unruhe, wenn auch nicht mit weniger Wehmut. Das hatte sicher damit zu tun, dass er ein Junge war, aber es lag auch daran, dass ich durch die Erfahrungen mit Paula etwas gelassener geworden war. Er war begeisterter Sportler und liebte Musik. Ab der dritten Klasse der Grundschule erhielt er Geigenunterricht und spielte sogar im Schulorchester, was mich mit Stolz und Freude erfüllte. Leider übte er aber immer nur das absolute Minimum, so dass er als Musiker bald an seine Grenzen stiess, was seiner Liebe zur Musik aber keinen Abbruch tat. Klassische Musik und Jazz liebte er besonders, sie wurden ihm zur Zuflucht, wenn ihn der Alltag zu sehr frustrierte. Als er bereits an die Kantonsschule ging, rief ich ihn einmal laut aus der Küche, bekam aber keine Antwort, obwohl ich genau wusste, dass er in seinem Zimmer war. Ich wurde ärgerlich und öffnete seine Zimmertür, um ihn zu holen. Da sass er bequem auf seinem Bett mit Kopfhörern auf, während ihm die Tränen übers Gesicht liefen. Ich erschrak ziemlich und machte die Tür vorsichtig wieder zu, ohne dass er mich bemerkt hatte. Später erfuhr ich, dass der Grund für diesen Gefühlsausbruch ein Klavierkonzert von Mozart gewesen war.

Für die Schule tat er nur das Nötigste, mit der Folge, dass er während seiner Kantonsschulzeit einmal lediglich provisorisch versetzt wurde. Danach arbeitete er zwar etwas mehr, aber nur gerade so viel, dass seine Versetzung gesichert war. In den Sommerferien reiste Sven oft mit einem Interrail-Ticket durch ganz Europa. Mit einem kleinen Zelt und etwas Proviant im Rucksack war er jeweils drei bis vier Wochen lang unterwegs. Während dieser Zeit hörten wir oft gar nichts von ihm. Irgendwann stand er ausgehungert und ziemlich schmutzig wieder vor der Tür.

1993 hatte Sven dann seine Matura ebenfalls in der Tasche und wollte, genau wie Paula, auch erst mal ein Jahr Pause machen, bevor er sich für ein Studienfach entschied. Er begann in einer Schreinerei zu arbeiten. Es war schwere körperliche Arbeit, aber auch er bewährte sich und wurde für seine jungen Lehrlingskollegen ein guter Zuhörer und Ratgeber. Er war erwachsen geworden. Anschliessend ging er ebenfalls nach Korea und besuchte eine Sprachschule.

Dieser Aufenthalt bot ihm Gelegenheit, den Kontakt zu seinem Vater und dessen Familie zu vertiefen, denn von der Schweiz aus war das über die Jahre natürlich immer nur für kurze Zeit möglich gewesen. Im Hochsommer flog er dann über Hongkong weiter nach New York, wo er eine schöne Zeit verbrachte. Von dort zurück, begann er ein Studium an der Wirtschaftsuniversität in St. Gallen.

Als er auszog, waren Ernst und ich plötzlich allein. Das war besonders für mich eine neue Situation, an die ich mich erst gewöhnen musste.

Als Expertin unterwegs

Immer stärker empfand ich den Wunsch, meine beruflichen Möglichkeiten nochmals zu überdenken. Jahrelang hatte ich meine fachlichen Fähigkeiten nicht umfassend einsetzen können, jedoch auf einen Stellenwechsel verzichtet, weil ich keine Möglichkeit gesehen hatte, berufliche Wünsche und die Bedürfnisse der Familie an einem anderen Arbeitsort besser in Einklang zu bringen. Ich hatte das Arrangement zwar zu schätzen gewusst, doch nun war die Situation anders, und ich begann, nach neuen Herausforderungen zu suchen, und wurde erneut fündig.

Zunächst engagierte ich mich in der deutsch-koreanischen Zusammenarbeit zur Ausbildung von Kunststoffingenieuren. Als sich die koreanische Industrie explosionsartig entwickelte, schickten Konzerne ihre Ingenieure nach Deutschland und liessen sie dort technisch ausbilden. Eines der Ausbildungsprogramme befasste sich mit der Kunststoffverarbeitung und fand hauptsächlich in Würzburg und in Aachen statt. Dafür suchten sie eine Person, die sowohl koreanisch als auch deutsch sprach und darüber hinaus auf diesem Fachgebiet spezialisiert war. Ich meldete mich und wurde sofort genommen. Anscheinend erfüllte ich als Einzige diese Voraussetzungen. So arbeitete ich während Jahren in regelmässigen Abständen mit diesen koreanischen Ingenieuren zusammen. Ich genoss es immer sehr, konnte ich doch wenigstens auf diese Weise meine Sehnsüchte stillen. Bei meinen wiederholten Besuchen in Korea hielt ich jeweils am Institut in Seoul, dem KIST, Seminare zu den neuesten Entwicklungen im Bereich der Bestrahlungstechnologie, da die südkoreanische Forschung und Industrie hierin noch nicht auf dem neusten Stand war. Ich baute deshalb auch eine technische Zusammenarbeit zwischen meiner Schweizer Firma und einem grossen südkoreanischen Unternehmen auf. Diese Begegnungen boten mir auch die Möglichkeit zu verfolgen, wie schnell Südkorea sich veränderte. Nicht nur architektonisch, auch was die Informationstechnologie betraf, wurde das Leben moderner, der allgemeine Lebensstandard besser. Und mit den wirtschaftlichen Entwicklungen gingen endlich auch politische Fortschritte einher. Die Demokratiebewegung schien nun erstmals auf Regierungsebene Früchte zu tragen, vor allem als Kim Young-Sam 1993 Präsident wurde und versprach, nicht nur die Wirtschaft wieder zu stärken, sondern auch gründlich gegen das Geschwür der Korruption vorzugehen. Als dann 1998 Kim Dae-Jung Präsident wurde, handelte es sich um den ersten friedlich verlaufenden Machtwechsel seit der Gründung der Republik. Und er versprach die lang ersehnte Herrschaft des Volkes. Die vormaligen Präsidenten Chun Doo-Hwan und Roh Tae-Woo wurden sogar verhaftet und sollten für ihre Politik der Unterdrückung und Korruption vor Gericht gestellt werden. Das war eine Sensation. Erstmals war eine südkoreanische Regierung bereit, das Verhältnis zu Nordkorea neu zu gestalten, und auch das war für uns Anlass zur Hoffnung. Für seine Sonnenscheinpolitik gegenüber Nordkorea wurde Kim Dae-Jung dann sogar im Jahr 2000 mit dem Friedensnobelpreis geehrt.

Dass es trotz dieser positiven Entwicklungen viele Menschen gab, die in Armut lebten, machten mir die zahlreichen Besuche des Waisenhauses von Pater Schwartz deutlich, in dem weiterhin unehelich geborene Kinder abgegeben wurden. Pater Schwartz war Amerikaner und hatte als katholischer Priester mit einem Bischof in Seoul und Pusan gearbeitet. Er hatte damals gesehen, wie schrecklich der Krieg besonders für die Kinder war, und so kehrte er nach Südkorea zurück und gründete Waisenhäuser, wo die verwaisten Kinder ein neues Heim fanden und bis zum Abschluss einer Berufslehre lebten. Auch meine Freundin Duk-Soo führte mir die sozialen Missstände immer wieder vor Augen. Der Staat war damit überfordert, und so ergriffen sozial aktive Koreanerinnen aus dem Mittelstand die Initiative. Duk-Soo war eine von ihnen. Neben ihrer Professur engagierte sie sich auf eindrückliche Weise für gesellschaftlich benachteiligte, schutzlose Frauen. Auf meinen Koreabesuchen nahm ich regelmässig am Arbeits- und Gesprächskreis für Prostituierte teil, in dem deutlich wurde, wie sehr die Randgruppen im Stich gelassen wurden und ein sozial vollkommen ungesichertes Dasein fristeten.

Im Rahmen meiner beruflichen Aktivitäten lernte ich auch andere Länder kennen, die mir kulturell völlig fremd waren, deren Lebens- und Arbeitsweisen ich aber mit umso grösserem Interesse studierte.

Immer noch bei der Firma Hochburg angestellt, arbeitete ich ab 1995 als Expertin im Auftrag der International Atomic Energy Agency IAEA, einer Organisation der UNO, mit Sitz in Wien. Diese schickte Strahlentechnologie-Experten aus Europa oder den USA in Länder, die diese Technologie gerade erst eingeführt hatten und deshalb technische Unterstützung brauchten. Malaysia hatte mich als Beraterin bei der IAEA angefordert, weil sie wussten, dass die Schweizer Firma eine Technologie zur Sterilisierung von medizinischen Instrumenten und zur Veredelung von Kunststoffprodukten anwendete, die sie sich ebenfalls aneignen wollten. Gerne sagte ich zu, war dies doch eine Gelegenheit, nicht nur ein fremdes Land kennen zu lernen, sondern auch den Fachleuten dort mein Wissen und meine Erfahrung weiterzugeben. Ihr Ziel war die technologische Selbständigkeit und Unabhängigkeit von teuren Spezialimporten z. B. aus Japan. Ich sollte nicht nur diese Fachkräfte ausbilden, welche die Bestrahlungsanlagen bedienen und Produkte dafür entwickeln konnten, sondern in jährlichen Abständen den Erfolg der Arbeit vor Ort überprüfen. Die Bestrahlungsanlage gehörte der malaysischen Regierung, die Arbeiten führte das Malaysia Institute of Nuclear Technology in Kuala Lumpur durch. Nach meiner Ankunft wurde mir eine Kontaktperson zugewiesen, eine malaysische Chemikerin, hervorragend fachlich qualifiziert und gleichzeitig Mutter von acht Kindern. Ich konnte bald feststellen, dass die Kolleginnen hier sehr gut ausgebildet waren, viele hatten in England studiert und promoviert. Wie alle malaysischen Frauen trugen sie zwar Kopfbedeckung und Mäntel, doch waren diese sehr farbenfroh, passend zur tropischen Vegetation dieses Landes. Ausländerinnen war es freigestellt, ein Kopftuch zu tragen, so dass ich unbedeckt blieb, was niemanden störte. Obwohl die Menschen streng muslimisch waren, praktizierten sie ihren Glauben eher diskret. Lediglich am Freitagmittag gingen alle Männer in die Moscheen zum Freitagsgebet, die Frauen gingen nach Hause und beteten dort. In Malaysia lebten aber auch viele Buddhisten und Hindus, und sie schienen mir wegen ihrer Religionszugehörigkeit nicht benachteiligt zu werden. Während die Malaysier überwiegend in der Verwaltung des Landes vertreten waren, arbeiteten die Chinesen als Geschäftsleute und die Inder als Bauern, Arbeiter und Taxifahrer. Auch aus Nachbarländern wie Thailand gab es zahlreiche Gastarbeiter. Eine solche Gastarbeiterin führte den Haushalt meiner Kollegin und kümmerte sich um die acht Kinder, denn nur so konnte diese als Chemikerin weiterhin berufstätig sein. Ich empfand die Wochen hier in jeder Hinsicht als heiter und lebendig.

Anders sah es im Iran aus, wohin ich ebenfalls auf Vermittlung der IAEA als Expertin angefordert worden war. Ich sollte für die iranische Atomic Energy Organization in Teheran arbeiten, deren Bestrahlungslabor sich jedoch in Yazd befand, einer Stadt mitten in der iranischen Wüste. Kurz vor der Landung wurden wir Frauen von den Flugbegleitern aufgefordert, unsere schwarzen Kopftücher anzulegen. Auch hier war meine Kontaktperson eine hoch qualifizierte Chemikerin, die ganz in schwarz gekleidet auf mich zukam. Wenigstens ihr Gesicht war zu sehen, während die älteren Frauen Schleier trugen, die lediglich Augenschlitze frei liessen.

Mit malaysischen Chemikerinnen

Diese Bekleidung erschien mir ungeheuer unpraktisch, vor allem weil die Frauen die weiten Mäntel nicht mit Hilfe eines Gürtels bändigen durften und deshalb immer mit einer Hand den Mantel zusammenhalten mussten. Ungeachtet dieser äusseren Merkmale erwiesen sich meine jungen Kolleginnen und Kollegen als sehr gut ausgebildet und hoch motiviert, mein Wissen aufzunehmen.

Für mich waren diese Aufträge die lang ersehnte Abwechslung zu meinem Berufsalltag. Ich kam in Länder, die sich modernisieren und neueste Technologien übernehmen wollten. Die Lernbereitschaft war bei den jungen Wissenschaftern enorm und beflügelte mich stets aufs Neue. Dennoch fand mein Leben nicht in diesen Ländern sondern daheim in Aarau statt, und dort galt es, für die Zukunft zu planen. Noch hatte ich nicht das Alter, in Pension zu gehen, also würde ich noch einige Jahre hier arbeiten müssen. Vielleicht könnten Ernst und ich nach meiner Pensionierung nach Korea oder in eines dieser im Aufbau befindlichen Länder ziehen, damit ich dann das machen könnte, worauf ich so lange verzichtet hatte. Noch aber war es nicht so weit.

Erschütterungen

Ich hatte Ernst als einen ruhigen Menschen kennen gelernt, der sich immer gut allein beschäftigen konnte und auch nicht sehr gesellig war. Aus irgendwelchen Gründen war es ihm in der Schweiz nicht gelungen, einen Freundeskreis zu finden, obwohl er doch schon so lange hier wohnte. Vielleicht hing es damit zusammen, dass er erst im Erwachsenenalter nach Aarau gekommen war, viele Jahre ohne

Frau und Kinder gelebt hatte, und in seiner freien Zeit oft auf Reisen war.

Den Mangel empfanden wir beide verstärkt, nachdem die Kinder aus dem Haus waren. Da kam ein Brief einer seiner deutschen Freunde wie gerufen, in dem dieser schrieb, dass er in Frankreich ein Ferienhaus gekauft habe und uns deshalb auf ein Wochenende einladen wolle. Er wies auch darauf hin, dass das Häuschen neben seinem noch zu haben sei und fragte, ob Ernst nicht Lust habe, es zu kaufen. Der Ort, in dem es stand, hiess Virieu le Grand und lag zwischen Genf und Lyon, ungefähr 300 km von Aarau entfernt. Der Preis des Häuschens war recht günstig, und Ernsts Freund würde bei der Renovation helfen, um die Kosten zusätzlich niedrig zu halten. Für mich kam das alles zwar sehr überraschend, aber ich freute mich auch, dass Ernst sich für eine Sache so begeistern konnte. Schon seit geraumer Zeit war er mit seiner beruflichen Situation mehr als unzufrieden. Seine Firma hatte fusioniert, und danach wurde Ernst von einem Arbeitsplatz zum andern verschoben, sein Lohn gekürzt, und seine ursprüngliche Arbeit konnte er nicht weiter machen. Schliesslich wurde er sogar sechs Monate vor seiner Pensionierung im Winter 1997 entlassen. Das alles hatte ihm sehr zugesetzt, und da kam der Vorschlag mit dem Häuschen wie gerufen. Es sollte ein Neuanfang werden, der Dritte Lebensabschnitt, zusammen mit seinem Freund aus Kindertagen. Da ich noch einige Jahre arbeiten würde, war ich froh um diese Perspektive.

Wir machten uns auf nach Virieu. Bis zur Autobahn-Raststätte bei Gruyères fuhr ich, dann legten wir eine gemütliche Frühstückspause ein, danach fuhr Ernst weiter.

Kurze Zeit später überholte uns ein Auto, und drängte sich so knapp vor das unsrige, dass Ernst erschrak, aber auch sehr wütend wurde. Er geriet so sehr ausser sich, dass er ohne zu überlegen diesem Auto hinterher raste. Er wollte sich rächen, in dem er diesen Raser auf die gleiche Weise bedrängte und setzte zum Überholmanöver an. Ich schrie auf. Was danach passierte, bekam ich nicht mehr mit. Als ich mehr als einen Tag später wieder zu Bewusstsein kam, fand ich mich in der Universitätsklinik von Lausanne wieder. Ich erfuhr, dass unser Auto nach einem Salto in der angrenzenden Wiese gelandet war. Ernst hatte nicht einen Kratzer abbekommen, ich dagegen musste vom Unfallort per Helikopter in die Klinik transportiert werden. Es grenzte an ein Wunder, dass wir diesen Unfall überlebt hatten. Ich konnte mich glücklich schätzen, dass lediglich zwei Lendenwirbel deformiert waren und ich nicht im Rollstuhl sitzen musste. Die Ärzte versicherten, dass ich, wenn alles gut verheilt wäre, wieder würde gehen können. Als ich nach einer Woche von der Uniklinik Lausanne ins Kantonsspital nach Aarau verlegt wurde und unterwegs durch die Fenster des Krankenwagens den blauen Himmel und die bunten herbstlichen Blätter sah, weinte ich vor Freude darüber, dass ich noch lebte.

Ernsts Fahrweise war mir zum Verhängnis geworden. Sie hatte mich zwar schon immer gestört, doch wir waren bis anhin immer glimpflich davongekommen. Wiederholt war er aus eigener oder fremder Schuld in Unfälle verwickelt gewesen, so dass ich immer mit Anspannung und Angst neben ihm im Auto gesessen und aufgepasst hatte. Aber ihn vom Fahren abzuhalten oder nicht mehr einzusteigen, das hatte ich mich nicht getraut, obwohl das bei seiner Krankheit und der Wirkung der Medikamente wohl das einzig Richtige gewesen wäre.

Vier Monate lang war ich von der Brust bis zu den Oberschenkeln im Gips. Ich war auf Hilfe angewiesen, und tatsächlich kam meine Schwester In-Young aus Seoul, um mich zu pflegen. Obwohl ich mich wegen des Gipses kaum bewegen konnte, genoss ich diese Zeit mit ihr. Zum ersten Mal seit wir erwachsen waren, hatten wir Zeit füreinander und konnten ausführlich über alles reden, vor allem über unsere Vergangenheit. Trotz Gips musste ich mich zwingen aufzustehen und versuchen zu gehen. Am ersten Tag waren es nur ein paar Schritte, am zweiten Tag bereits etwas mehr, kurz bevor der Gips entfernt wurde, konnte ich sogar schon wieder längere Spaziergänge bewältigen.

Nach diesem Unfall kam bei mir eine Krankheit zum Vorschein: Zucker Typ 1. Ich hatte nicht mal geahnt, zuckerkrank zu sein, und musste nun bereits mit einigen Folgeerscheinungen kämpfen. Bei dieser heimtückischen Krankheit ist der Schaden zum Zeitpunkt der Entdeckung oft schon irreparabel. Ich besuchte Instruktionskurse und musste meinen bisherigen Lebensstil völlig ändern. Ich stand sehr früh auf, machte Joga- und Rücken-Übungen bevor ich zur Arbeit fuhr. Im Sommer ging ich ins Freibad schwimmen, von Anfang Mai bis Mitte September jeden Tag einen Kilometer, auch bei Wind und Regen. Ansonsten ging ich im Wald spazieren, jeweils ein bis zwei Stunden. Mindestens viermal am Tag musste ich Insulin spritzen. So bekam ich mit eiserner Disziplin diese Krankheit in den Griff.

Nach dem Unfall setzte sich Ernst nicht mehr ans Steuer. Der Arzt hatte bestätigt, dass die Epilepsie die Ursache für den Unfall sein könnte und dass er deshalb nicht mehr am Steuer sitzen sollte. Er musste auch zum ersten Mal in seinem Leben vor Gericht und für den angerichteten Schaden aufkommen. Das alles belastete ihn enorm. Immer wieder warf er sich vor, beinahe seine Frau umgebracht zu haben, und ich musste ihn jeweils trösten. Nun würde ich ihn eben in Zukunft chauffieren. Und auf das Häuschen in Frankreich würden wir trotz des Unfalls nicht verzichten, weil es Ernst wirklich am Herzen lag.

Oft fuhr er nun mit seinem Freund zusammen hin, um das Ferienhaus herzurichten. Er täfelte die Decken, baute Wandschränke ein, liess den alten Weinkeller von einem Handwerker renovieren. Schliesslich konnten wir ein gemütliches Häuschen unser eigen nennen. Es schien uns ein Luxus, so etwas zu besitzen, und jedes Mal, wenn wir dort waren, schien es, als ob wir viel mehr Zeit hätten, vielleicht wegen der Ruhe und Stille. Stundenlang sassen wir auf der Veranda, tranken ein Glas Wein, lasen Bücher oder betrachteten ganz einfach das mächtige Felspanorama des Juras. Im Winter sassen wir oft vor dem Ofen, schauten ins Feuer, oder grillten frische Forellen. Ernst war enorm stolz auf sein Werk, weil an jeder Ecke seiner Hände Arbeit zu sehen war.

Im Sommer 1998 feierten wir dann dort Ernsts fünfundsechzigsten Geburtstag. Er hatte dies so gewünscht, um den Kindern unser schönes Häuschen zu zeigen. Paula und Marco, Sven, Youn-Soo und Soo-Young mit seiner Familie kamen, und es wurde ein schönes Fest. Ernst bekam viel Anerkennung für seine handwerklichen Leistungen. Am nächsten Tag fuhren wir alle wieder zurück, nur er wollte noch zwei Tage länger bleiben, da er noch einiges zu erledigen hatte. Ich fand nichts dabei, noch dazu, wo seine Freundin Gisela aus Tübingen ihre Ferien gerade im Nachbarhaus verbrachte. Ernst wäre also nicht allein dort, und ohne mir gross Gedanken zu machen, fuhr ich mit den andern nach Aarau zurück.

Was dann geschah, habe ich nie begriffen. An jenem Abend nahm Ernst eine Überdosis seines Epilepsie-Medikaments, obwohl er mit Gisela abgemacht hatte, am nächsten Tag mit ihr aufs Finanzamt in Virieu zu gehen. Als Ernst am folgenden Morgen nicht zur vereinbarten Zeit bei ihr auftauchte, suchte sie ihn in unserem Häuschen auf und fand ihn tief schlafend. Sie ging davon aus, dass er spät zu Bett gegangen war und beschloss, ihn nicht zu wecken. Als er aber bis Mittag noch immer nicht erschienen war, ging sie nochmals in unser Haus und realisierte, dass Ernsts Atem nur noch sehr unregelmässig ging. Da bekam sie es mit der Angst zu tun und alarmierte den Polizeiposten. Polizei und Krankenwagen kamen und brachten Ernst, der nicht bei Bewusstsein war, ins Krankenhaus nach Belley. Gisela informierte mich, und in heller Aufregung fuhren wir sofort wieder los. Als wir in Belley ankamen, lag er noch immer bewusstlos, und aus Sicherheitsgründen ans Bett gefesselt da – ein fürchterlicher Anblick. Der diensthabende Arzt beruhigte uns aber und versicherte, dass keine Lebensgefahr mehr bestehe. Er habe rechtzeitig alles Gift herauspumpen können.

Ich wusste zwar, dass als Nebenwirkungen der Medikamente Müdigkeit und Depression auftreten konnten, hatte aber bis anhin geglaubt, dass Ernst die Sache einigermassen im Griff habe. Erst jetzt realisierte ich, wie sehr er an seiner Krankheit und den medikamentösen Nebenwirkungen litt. Doch was konnte ihn dazu gebracht haben, mit seinem Leben unmittelbar nach seinem Geburtstag und nach Fertigstellung unseres schönen Häuschens Schluss machen zu wollen? Hatte er für seinen dritten Lebensabschnitt keine Perspektive mehr gehabt, erschien ihm alles nur noch eine Qual?

Nachdem Ernst wieder nach Hause entlassen worden war, musste er fast ein Jahr lang neurologisch und psychologisch behandelt werden. Erst später wagte ich ihn danach zu fragen, was die Gründe für seinen Selbstmordversuch gewesen seien und ob er dabei gar nicht an mich und die Kinder gedacht habe. Seine Antwort war ganz einfach: «Ich habe mein Leben gelebt, und ihr macht sicherlich auch ohne mich gut weiter.» So stark und unabhängig schätzte er mich ein, dass er gar nicht auf die Idee gekommen war, dass sein Tod mich zutiefst treffen würde.

Nach dem Auszug der Kinder aus unserer Wohnung überlegten wir, ebenfalls auszuziehen, da uns beiden auch eine kleinere Wohnung in der Stadt genügen würde. Und anstatt weiter Miete zu zahlen, wollten wir uns etwas kaufen. In der Zeitung fanden wir dann ein Kaufobjekt, zu dem nebst der eigentlichen Wohnung noch ein Studio gehörte. Die Lage gefiel mir, mitten in der Stadt und doch im Grünen, und der Bach floss unterm Balkon durch. Wir besichtigten sie und waren sehr angetan. Vor allem Ernst war über die Aussicht auf ein eigenes Zimmer mit Bad und Toilette, wohin er sich zurückziehen konnte, begeistert. Ein Nachteil war zwar die Treppe, aber sollte sie uns später mal zu beschwerlich werden, dann würden wir halt wieder umziehen. So kauften wir diese Wohnung und zogen im Sommer 1999 um.

Ein Jahr später gab es erneut ein grosses Fest: die Hochzeit von Paula und Marco. Paula lud sowohl ihren Vater mit seiner Familie sowie In-Young und deren Kinder ein. Ich lernte nun Tai-Hwans Frau und seine Kinder kennen, auch ihn sah ich nach langer Zeit zum ersten Mal wieder. Sehr unterschiedliche Gefühle überfielen mich. Gleichwohl genoss ich diese Feier und das Zusammentreffen, ganz so, als ob nun eine grosse Aufgabe erfolgreich zu Ende gebracht worden wäre. Paula hatte nun bald ihre eigene Familie, Sven würde in wenigen Wochen sein Abschluss-Examen in St. Gallen ablegen und anschliessend eine Stelle antreten. In zwei Jahren würde auch ich pensioniert sein. Und danach würde ich am liebsten mit Ernst zusammen nach Korea gehen und einfach einige Jahre dort leben. Ich würde mich nach einer Arbeit in einem Forschungslabor umschauen und endlich das veränderte Korea nicht mehr nur während meiner kurzen Besuche in Seoul erleben. Diese Träume hatte ich, und deren Verwirklichung schien mir zum Greifen nahe.

Nach der Hochzeit fuhren In-Young und ich nach Virieu, um zu zweit dort eine Woche Ferien zu verbringen. Wir waren uns bewusst, dass dies für uns beide die ersten Ferien, vielleicht aber auch die letzten waren, die wir miteinander verbrachten. Die Grundstimmung dieser Tage war geprägt von beiderseitiger tiefer Dankbarkeit dafür, dass wir die meisten Hindernisse im Leben überwunden hatten und nun einigermassen problemlos leben durften. Obwohl wir es nicht explizit aussprachen, empfanden wir beide es als segensreich und erleichternd, nach der Erfüllung unserer elterlichen Aufgaben einmal ganz ohne Verpflichtungen leben zu können. Es waren unvergesslich schöne Tage für uns beide. Wir fuhren in die umliegenden Orte oder gingen stundenlang spazieren. Abends kochten wir gemeinsam, assen, tranken, lachten, weinten und erzählten uns stundenlang bis tief in die Nacht hinein von unseren gemeinsam durchlebten Kinder- und Jugendjahren.

Besonders häufig kam die Sprache auf die Ehemänner und die Kinder. Es erschien uns noch immer unfassbar, mit welchen Änderungen in technischer, sozialer, gesellschaftlicher und moralischer Hinsicht unsere Generation konfrontiert war, wie vollkommen sich unsere damalige Welt von der unserer Kinder unterschied. Wir sprachen auch viel über Vater. Wir erkannten ihn, aus dem zeitlichen Abstand heraus, als einen Menschen seiner Zeit, was die vielen schmerzlichen Erfahrungen unserer Kindheit und Schulzeit zwar nicht ungeschehen machen konnte, aber etwas milderte. Er war als Vater einer Familie mit acht Kindern aus zwei Ehen vollkommen überfordert gewesen, und die zahlreichen schweren Schicksalsschläge wie der Tod von Mutter, seiner ersten Frau, der seines Vaters und seines Bruders hatten diese Überforderung nur verstärkt. Seine Unfähigkeit hatte ihren grausamen Höhepunkt im Koreakrieg erreicht, wo er uns seiner Arbeit wegen einfach dem Schicksal überlassen hatte und wir nur dank unglaublicher Glücksfälle überleben konnten. Trotz all dieser negativen Lebensbedingungen und Erfahrungen waren wir überzeugt, eine gewisse Intelligenz von Vater mitbekommen zu haben, die uns dazu verholfen hatte, diese Kindheit und Jugend doch so gut zu überstehen. Wir konnten nun im nachhinein sogar unseren Erfahrungen als Kriegsgeneration eine positive Seite abgewinnen, hatten wir doch ganz unmittelbar erlebt, wie schwer das Leben sein konnte, und wie wichtig es deshalb war, alles daran zu setzen, ein besseres Leben zu erreichen. Immer wieder brachte ich

Im Garten in Aarau

meiner Schwester zum Ausdruck, wie sehr sie mir dabei geholfen hatte. Nur weil sie immer für mich dagewesen war, hatte ich von zu Hause nach Incheon ziehen und dort studieren können. Dadurch hatte sie mir zur Erfüllung meiner Jugendträume verholfen, einen Beruf zu ergreifen und selbständig zu leben. Sie selber aber hatte der Familie zuliebe auf eine eigene berufliche Karriere verzichten müssen.

Natürlich verkannten wir nicht, dass wir aus diesen von Lieblosigkeit geprägten und an Krisen reichen Kindheits- und Jugendjahren seelisch nicht unbeschadet hervorgegangen waren. Wir hatten Komplexe und Ängste, waren verhaftet geblieben in alten konfuzianischen Moralvorstellungen, die uns bis heute daran hinderten, unser Leben freier zu leben. Obwohl wir unseren Kindern dazu verholfen hatten, ein relativ erfolgreiches Leben zu führen, war uns das Gefühl, es gut gemacht zu haben, fremd geblieben.

Der schwerste Kampf
Nachdem wir aus Virieu zurückgekommen waren, rief ich Sven an, um ihn in dieser letzten Woche vor den Abschlussprüfungen moralisch zu unterstützen. Doch als ich seine schmerzverzerrte Stimme am Telefon hörte, erschrak ich heftig und fragte, was mit ihm los sei. Er erzählte mir erst jetzt, dass er in letzter Zeit starke Schmerzen in der Herz- und Rippengegend habe und nachts so schweissgebadet aufwache, dass er sogar seinen Schlafanzug und sein Betttuch wechseln müsse. Er konnte deshalb gar nicht mehr gut lernen. Er brach in Tränen aus, vor Schmerz und weil er nicht wusste, was mit ihm los war. Seine Worte trafen mich wie ein Hammerschlag. War er gestürzt oder hatte er zu heftig Sport getrieben? Oder

hatte er so grosse Angst vor den Prüfungen? Ich versuchte ihn zu trösten und empfahl ihm, gleich zum Arzt zu gehen.

Am nächsten Tag rief er mich an, um mir mitzuteilen, dass der Hausarzt ihn zum Röntgen schicken wolle. Ich beschloss, nach St. Gallen zu fahren, ihm etwas Gutes zu kochen und ihn zu beruhigen. In-Young und ich nahmen den Zug, denn ich hatte keine Kraft mehr, Auto zu fahren. Ich zitterte und mein Herz klopfte.

Svens Anblick war schrecklich. Vor Schmerz konnte er nicht mehr richtig sitzen, er lag im Wohnzimmer im Sessel, und erzählte, wo es ihm überall wehtat. Dabei weinte er. Ich wusste nicht, was sagen. Während meine Schwester die schmerzenden Stellen massierte und versuchte, ihn zu trösten, ging ich in die Küche, als ob ich etwas für ihn zubereiten würde, tatsächlich aber weinte ich in aller Stille. Spät abends verabschiedete sich Sven von In-Young, denn sie musste bald nach Korea zurückkehren. Ich versprach, ihn am nächsten Morgen mit dem Auto abzuholen und zum Röntgenarzt zu bringen. Als In-Young und ich dann im Zug sassen, konnten wir kaum mehr ein Wort miteinander sprechen, so verzweifelt machte uns Svens Zustand.

Am nächsten Tag fuhr ich Sven zum Röntgen. Es war ein regnerischer Vormittag, in der Stadt war nicht viel Verkehr. Ich blieb im Auto sitzen und schaute ungeduldig auf den Eingang der Arztpraxis. Endlich kam er mit einer grossen Mappe unter den Arm heraus und sagte knapp «nicht gut». Etwas Geschwulstartiges sei zwischen Herz- und Lungengegend, und der Röntgenarzt riet ihm, sich so bald wie möglich im Krankenhaus genauer untersuchen zu lassen. Sein Hausarzt meldete ihn umgehend im Kantonsspital Aarau an, und schon am nächsten Tag musste er eintreten. So fuhren wir zusammen von St. Gallen nach Aarau, mit einigen Büchern und Ordnern im Gepäck, denn schliesslich stand er ja kurz vor seinen Prüfungen. Er sass still auf dem Beifahrersitz und schaute in die Ferne.

Was dann kam, war ein einziger Alptraum, der zwar tagtäglich Menschen heimsucht, aber bisher waren das immer die anderen gewesen, nicht wir. Nach einer Woche gründlicher Untersuchungen stand der Befund fest: Lymphdrüsenkrebs, in der Fachsprache Non Hodgkin Lymphom. Das Datum werde ich nie vergessen, es war der 11. August 2000. Es war gut, dass wir am Anfang dieser Krankheit nicht wussten, welche Höllenqualen warteten. Fast vier Jahre sollte das Inferno dauern, furchtbar für Sven, aber auch furchtbar für uns, die wir so wenig tun konnten und ohnmächtig zusehen mussten. Dass er nach all den schrecklichen Chemo- und sonstigen Therapien, Bestrahlungen, dem Wegoperieren von mit Krebs befallenen Lungenpartien, der Suche nach passenden Stammzellen, der nochmaligen Hochdosis-Chemotherapie, der anschliessenden Stammzellen-Transplantation, den zwölf schrecklich langen Tagen, als er im Koma lag, doch wieder ins Leben zurückkehren konnte, grenzt für mich an ein Wunder, denn in all diesen Phasen schien sehr oft keine Rettung mehr möglich, schien das Ende unausweichlich.

Für mich war es unfassbar, dass mein Sohn, ein so gesunder und fröhlicher junger Mensch, plötzlich krebskrank sein sollte. Das konnte doch nicht sein! Herzklopfen, Zittern, Schlaflosigkeit überfielen mich, plötzlich hatte ich keinen Boden mehr unter den Füssen. Weinend irrte ich durch die

Gegend, ging oft allein in den Wald, lehnte mich an einen Baum, schrie, oder führte Selbstgespräche, wie eine geistig schwer kranke Frau. Mein Unwissen über diese Krankheit, und die damit verbundene Unfähigkeit, Sven fachlich zu beraten und ihm zu helfen, konnte ich fast nicht ertragen. Und es quälte mich der Umstand, dass ich gesund und er krank war. Wie gerne hätte ich mit ihm getauscht. Dass ich in dieser Zeit erstmals Grossmutter wurde, konnte ich deshalb leider kaum geniessen.

Svens Krankheit, seine unsäglichen Schmerzen, seine Operationen und Behandlungen, seine Fortschritte und Rückschläge bestimmten unseren Alltag, der aber gleichzeitig immer stärker von einem Gefühl des Fatalismus durchdrungen wurde. Kaum hatten wir wieder Mut geschöpft, kaum ging es ihm wieder besser, wartete schon der nächste Rückschlag auf ihn. Ich konnte nur noch auf ein gnädiges Schicksal hoffen, selber dafür etwas tun, schien mir kaum mehr möglich.

In diese Zeit der Erschütterungen und Verzweiflung fiel mein beruflicher Abschied. Anfang März 2002 fand eine Abschiedsfeier in der Firma statt. Aus dem kleinen Betrieb war mittlerweile ein weltweit operierendes Unternehmen für Spitzentechnologie geworden, mit über siebzig Angestellten und mehreren Bestrahlungsanlagen. Insgesamt hatten die Firmenleitung und ich den grösstmöglichen Gewinn aus unserer Zusammenarbeit gezogen, indem die Firma eine Spitzenfachkraft zur Verfügung hatte und ich im Gegenzug trotz Familie und Teilzeitarbeit bei der Entwicklung dieser interessanten Technologie entscheidend mitwirken konnte. Ich hatte gemischte Gefühle, nach fast zwanzig Jahren nun in Rente zu gehen. Was würde ich mit meinen langjährigen Erfahrungen und meinem Fachwissen anfangen, auf das ich stolz war? Doch Musse, darüber nachzudenken, hatte ich nicht. Ich hoffte einfach, zu gegebener Zeit wieder etwas Sinnvolles tun zu können. Inzwischen galt mein ganzes Denken und Fühlen Sven.

Es hatte sich inzwischen herausgestellt, dass ihm nur noch durch eine Stammzellentransplantation geholfen werden konnte. Das Problem bestand darin, die passenden Stammzellen zu finden. Zuerst sollte in der Familie nach Spendern gesucht werden, und wenn das nichts brachte, in der weiteren Verwandtschaft und schliesslich sogar weltweit. Svens Glück war, dass seine Schwester Paula die passende Spenderin war, sein Unglück aber, dass die Abklärung auch eine Schwangerschaft Paulas ergeben hatte. Die Medikamente, die sie vor der Stammzellenentnahme würde nehmen müssen, hätten dem ungeborenen Kind geschadet, und deshalb musste mit dieser Entnahme bis nach der Geburt gewartet werden. Welch ein furchtbares Dilemma. Es gab für Sven keinen anderen Ausweg als erneute Chemotherapie, Operation und endlos scheinendes Leiden und Warten. Dieses fand ein Ende am 25. April 2002, als Paula einen Sohn zur Welt brachte. Wir freuten uns einerseits sehr über seine Geburt, warteten aber anderseits darauf, dass Svens Hochdosis-Chemotherapie nun beginnen könnte.

Es war eine lange und sehr schwere Zeit, die vor Sven lag. Nebst der Isolation in einem keimfreien Raum verursachten die vielen Medikamente unsägliche Nebenwirkungen, und es erschien mir unglaublich, dass der menschliche Körper das ertragen kann. Sven schwebte zwischen Himmel und

Erde, und ich war nicht sicher, ob er es schaffen würde. Es war bereits Ende Juni, als er mir bei einem Besuch ganz aufgeregt mitteilte, dass er am nächsten Tag kurz hinaus in den Garten dürfe – dies nach fast zwei Monaten Isolation. Er wurde in Schutzkleidung verpackt mit einer Sauerstoffbombe versehen in den Rollstuhl gesetzt, Maske und Handschuhe tragend, damit er ja keine Bakterien und Viren einfangen würde, die er mit seinem geschwächten Immunsystem noch nicht hätte abwehren können. Es war ein Ausflug von fast einer Viertelstunde. Er war überwältigt und weinte vor Freude. Dieser Ausflug bestätigte ihm, dass er überlebt hatte. Er spürte die Luft, den Wind auf den Wangen, schaute lange auf die schönen Blumen, die Bäume, die Sonne, den Himmel. Wie viel Freude dieses Stückchen Spitalgarten ihm gab! Anscheinend fingen die neuen Stammzellen an zu wachsen.

Mitte November 2002 konnte er von der Klinik in Basel zurück in seine eigenen vier Wände ziehen. Er fing an, wieder selbständig zu leben, auch wenn er noch recht schwach war und auf jede kleine Erkältung sehr empfindlich reagierte. Regelmässig musste er nach Basel in die Klinik gehen. Kurz vor Weihnachten konnten wir endlich die beiden Kinder von Paula und Marco taufen lassen. Als Sven mit ihnen allen vor dem Altar stand, waren meine Freude und Dankbarkeit unbeschreiblich. Und eine ungeheure Last fiel von mir ab.

Sollte es nun doch möglich sein, die lang ersehnte Koreareise anzutreten? Ich war nun bereits einige Monate im Ruhestand, ohne zu wissen, was werden sollte. An meine ursprünglichen Pläne mit Ernst zusammen nach Korea zu ziehen, war einstweilen nicht zu denken. Ich wollte einfach nur

In-Young besuchen und Kraft schöpfen. So buchte ich Anfang Januar 2003 den Flug für eine vierwöchige Reise nach Korea. Gleich nach meiner Ankunft in Seoul und einem ergreifenden Wiedersehen mit meiner Schwester wollte ich zu Hause Bescheid sagen, dass ich gut gelandet sei. Ich rief auf Svens Handy an. Ihn zu hören, war einfach nur schrecklich. Er sagte, dass er wegen einer Lungenentzündung und starken Schmerzen wieder in der Klinik in Basel sei. Dabei weinte er. Ohne einen Moment des Zögerns sagte ich ihm, dass ich mit dem nächsten Flug zurückkommen würde. Er solle den Mut nicht verlieren. Als ich dann sein Krankenzimmer betrat, fragte er mich weinend, warum ich gekommen sei. Er hatte grosse Schmerzen und litt auch unter Atemnot. Er bekam verschiedene Schmerzmittel. Sein Immunsystem funktionierte nicht richtig, die B- und T-Zellen wuchsen noch nicht so, wie sie eigentlich sollten. Erst später erfuhr ich, dass diese Wachstumsstörung eine Folge der Chemotherapie gewesen war, die er damals vor der Transplantation bekommen hatte. Es gab sogar einen Forschungsbericht darüber, doch von all dem hatte ich nichts gewusst.

Es war der 16. Februar 2003 als Sven ins Koma fiel. Meine Kraft und mein Mut verliessen mich nun gänzlich. Zwölf lange Tage der Ungewissheit, des Hoffens und Verzweifelns lagen vor uns. Wir wussten alle nicht, ob und wann er je wieder aufwachen würde. Es war das erste Mal in all den Jahren, dass ich kapitulierte. Als ich auf den Monitor an seinem Bett schaute, der all seine Körperfunktionen anzeigte, stellte ich fest, dass er sehr unregelmässig atmete, dass seine Atmung oft sogar kurz aussetzte und dann nur noch das Beatmungsgerät für ihn atmete. Diese Situation erschien mir so schrecklich, dass ich keine Überlebenschance mehr sah und den Arzt sogar fragte, wie lange die lebensverlängernden Massnahmen aufrechterhalten würden. Dieser beruhigte mich aber und riet mir, die Hoffnung nicht aufzugeben. Ich war ihm sehr dankbar für seine Worte und schämte mich gleichzeitig für meine Hoffnungslosigkeit und mein verlorenes Gottvertrauen. Um meinen Frieden wieder zu finden und auch, um wieder gutzumachen, was ich durch meine Zweifel an Svens Gesundung meinte angerichtet zu haben, fing ich mit letzter Kraft an, den Boden seiner Wohnung zu renovieren, indem ich den uralten Klebstoff vom Teppichboden mit einem Spachtel entfernte. Er würde wieder nach Hause zurückkehren und ich würde dieses Zuhause für ihn schön vorbereiten.

Am 28. Februar 2003 erwachte er aus dem Koma, ein Moment der unbeschreiblichen Freude und Angst zugleich. Doch die Befürchtungen bezüglich der körperlichen Folgen des Komas waren unbegründet. Mit Hilfe des Medikaments Redimune, das bereits bei Aids- und Leukämiekranken zur Stärkung des Immunsystems erfolgreich eingesetzt worden war, wurde er Schritt für Schritt wieder stärker. Als ich sah, wie gut er darauf ansprach, fragte ich mich natürlich, warum dieses Mittel nicht schon früher bei Sven eingesetzt worden war, was ihm und auch uns furchtbare Qualen erspart hätte. Ich getraute mich jedoch nicht, den behandelnden Ärzten diese Frage zu stellen. Stattdessen sagte ich mir, dass wir uns eine solch erstklassige Behandlung wie die im Basler Krankenhaus in Korea nie hätten leisten können und dass ich es deshalb als das grösste Glück ansehen musste, mit den Kindern in die Schweiz gekommen zu sein.

Bald konnte Sven in die Rehabilitationsklinik verlegt werden, wo er vom Schlucken über das Gehen alles wieder neu lernen musste, und wo mit jedem Tag und mit jedem Lernerfolg die Hoffnung bei uns allen wieder wuchs. Sven bewies eine unglaubliche Geduld beim Lernen. Wir erlebten mit tiefer Dankbarkeit und Freude, was für eine Kraft und welche Möglichkeiten in einem Körper steckten, der noch kurz zuvor dem Tod näher als dem Leben gewesen war. In dieser Klinik lernte Sven viele tragische menschliche Schicksale kennen, die ihn zu der Einsicht führten, dass sein Leiden noch zu den milderen Schicksalsschlägen gehörte. Er therapierte hier nicht nur seinen Körper, sondern auch seine Seele. Er wurde sehr viel reifer und gewann dem Leben gegenüber eine ganz andere Einstellung.

Der 18. Juli 2003 war ein Freudentag. Sven wurde aus der Rehabilitationsklinik entlassen. Von nun an ging er nur noch jede zweite Woche nach Basel, um seine lebensrettenden Redimune-Infusionen zu bekommen. Es war wirklich ein Segen, dass es dieses Medikament gab. Sven wurde widerstandsfähiger und konnte erstmals Ferien mit Paulas Familie verbringen. Er wollte erneut seinen Studienabschluss an der Universität St. Gallen in Angriff nehmen. Es wurde vereinbart, dass er nochmals zwei Semester studieren und danach die Abschlussprüfungen machen sollte, weil inzwischen einige Professoren gewechselt hatten und es einige Änderungen in der Studienordnung gab. Von Aarau aus fuhr er jeden Tag mit dem Zug nach St. Gallen. Und keine drei Monate nach seiner Heimkehr flogen wir für eine Woche nach New York, wie ich es ihm versprochen hatte, als er noch im Krankenhaus gelegen hatte. Kurz vor Weihnachten besuchte er sogar seine Halbgeschwister in London und Oxford. Die so lebensnotwendigen B-Zellen hatten endlich begonnen, in seinem Blut zu wachsen.

Nun erst konnte ich die Welt um mich herum wieder wahrnehmen, war es wieder möglich, auch an mein Leben zu denken. Sollte es jetzt möglich sein, die Reise nach Korea anzutreten, ohne die ständige Angst, dass Sven zu Hause wieder erkranken könnte? Ich beschloss, es nochmals zu wagen und buchte einen Flug für den 6. März 2004, einen Tag nach meinem 65. Geburtstag.

Begegnungen jenseits der Grenze

Und nun sass ich tatsächlich im Flugzeug auf dem Weg nach Seoul, wo nicht nur In-Young auf mich wartete. Ich wusste jetzt, dass irgendwo im Norden des geteilten Landes unsere grosse Schwester Hee-Young lebte und darauf wartete, uns nach vierundfünfzig Jahren wieder zu sehen und in die Arme schliessen zu können.

Noch ganz in diese Gedanken versunken, hörte ich die Ankündigung zur Landung in Seoul. Wie oft war ich nun schon hier angekommen, jedes Mal unter ganz anderen Umständen, mit unterschiedlichen Erwartungen. Und nun also sollte sich mit dieser Reise nach Korea ein Kreis schliessen, den ich bis vor wenigen Tagen für endgültig zerbrochen gehalten hatte.

Wieder war es In-Young, die mich am Flughafen erwartete, und auch für sie war es diesmal ein besonderes Wiedersehen. Fest verschlossene Gefühle waren wieder aufgebrochen. Das Leid, das uns beide quälte, wurde verstärkt durch die nagende Ungewissheit. Unsere Schwester Hee-Young lebte, aber was war aus all den anderen geworden, aus unserem Bruder Chong-Hwan, aus Tante und Onkel? Wie hatten sie den Krieg überlebt und wie war ihr Leben im Norden Koreas verlaufen? Tausend Fragen gingen uns durch den Kopf und liessen uns keine Ruhe mehr finden.

Als wir den ersten Ansturm der Gefühle etwas meistern konnten, befassten wir uns mit den konkreten Vorbereitungen auf das Treffen. Ich suchte im Internet die publizierte Namenliste von zweihundert Nordkoreanerinnen und Nordkoreanern, die ihre Verwandten in Südkorea suchen liessen. Und tatsächlich fanden wir ihren Namen, Lee Hee-Young, mittlerweile vierundsiebzig Jahre alt, die ihre Familienangehörigen suchte: Vater, Geschwister, Stiefmutter. Alle waren mit dem richtigen Geburtsdatum versehen. Ich war überrascht, dass sie diese noch so genau wusste. So sehr wir uns freuten, so sehr schmerzte der Umstand, dass nicht alle der auf der Liste aufgeführten Personen aus Nordkorea am Treffen würden teilnehmen dürfen. Es hiess, dass zuerst geprüft werde, wer von den in Südkorea Gesuchten noch am Leben sei und dass das Nordkoreanische Rote Kreuz dann aus den zweihundert Bewerbungen einhundert Frauen und Männer auswählen würde. Diese definitive Liste sollte erst am 19. März bekannt gegeben werden. Bis dahin hiess es warten und bangen und sich auf eine grosse Enttäuschung gefasst machen. So absurd es erscheinen mochte, aber nachdem wir vierundfünfzig Jahre gewartet hatten, wurden diese zwei verbleibenden Wochen unerträglich lang. Wir versuchten, uns gegenseitig Mut zu machen und uns damit zu trösten, dass es ja schon ein unglaubliches Geschenk war zu wissen, dass Hee-Young noch lebte.

Das Rote Kreuz in Korea war uns in diesen schwierigen Tagen eine grosse Hilfe. Die Mitarbeiterinnen versprachen, uns sofort zu informieren, wenn die Liste aus Nordkorea eingetroffen war. Und tatsächlich, am späten Abend des 18. März kam der ersehnte Anruf, der uns bestätigte, dass Hee-Young sich auf der Liste der zum Treffen zugelassenen hundert Personen befände. Umso schöner, dass bis zu fünf Familienmitglieder aus Südkorea am Treffen teilnehmen durften. Der Ort des Treffens war eine Begegnungsstätte im Kumgang-Gebirge, die sich auf nordkoreanischem Boden befand.

Die Freude über die Nachricht wurde begleitet von der schwierigen Frage, wer von unserer Seite hinfahren sollte. Es begann eine längere Diskussion, denn es gab mehr Verwandte, die mitkommen wollten, als Plätze zur Verfügung standen. Wir entschieden schliesslich, dass In-Young, ihr Mann, ich, unsere Halbschwester aus New York und der Halbbruder aus Seoul mitreisen sollten. In-Youngs Mann kannte zwar Hee-Young nicht, war aber das Oberhaupt der Familie. Er stammte aus Nordkorea, und auch er hatte noch Angehörige, allen voran seinen Bruder, von denen er nicht wusste, was aus ihnen geworden war.

Die Organisatoren des Treffens überliessen nichts dem Zufall, alles war ganz genau geregelt und in schriftlichen Anweisungen festgehalten, die wir in Form eines kleinen Buchs zugestellt bekamen. Vor allem die Frage nach den Geschenken beschäftigte uns, denn wir hatten ja keine Ahnung, was Hee-Young brauchen könnte. Unsere Wahl wurde dadurch erleichtert, dass genaue Vorgaben regelten, was wir mitbringen durften: Medikamente, warme Unterwäsche, Schmuck, Uhren und Bargeld im Wert von maximal 500 $. Wir gingen systematisch vor und besorgten zuerst einen grossen Koffer, in den wir alle Geschenke packen wollten. Dann kauften wir so sinnvolle Dinge wie eine Thermosflasche, damit Hee-Young an kalten Wintertagen immer warmes Wasser für Tee bereit hätte. Auch Nahrungsergänzungsmittel schienen uns nützlich zu sein.

Doch mit diesen Besorgungen konnten wir die langen Tage nicht ausfüllen. Wir suchten nach anderen Möglichkeiten, uns auf dieses schwierige Treffen vorzubereiten. So fuhren In-Young und ich an einem Tag bis zur Grenze zwischen Nord- und Südkorea, nach Dorasan. An diesem Ort waren nach dem Krieg die Gefangenen ausgetauscht worden, das berühmte Nadelöhr zwischen den beiden verfeindeten Ländern. Wir waren erstaunt zu sehen, wie vieles hier inzwischen in Gang gekommen war, so der Bau einer Eisenbahnlinie, die einst bis zum geplanten Industrie-Komplex von Kaesong, der nordkoreanischen Grenzstadt, führen sollte. Die treibende Kraft hinter diesem Grossprojekt war der Hyundai-Konzern. Es gab mittlerweile Grenzkontrollstellen, und die Minen waren bis nach Kaesong auf einer Breite von 250 Metern entfernt worden. An einem anderen Tag beschlossen wir, nochmals zu jener Polizeistation in Seoul zu gehen, wo wir Chong-Hwan während des Krieges zum letzten Mal gesehen hatten.

So vergingen die Tage, und die Abreise ins Kumgang-Gebirge rückte näher. Dieses Gebirge ist eine fast 2000 m hohe Gebirgskette an der Ostküste des Landes, eine unbeschreiblich schöne Landschaft. Die Schönheit dieser Diamant-Berge, wie sie auf Deutsch heissen, wurde in der koreanischen Literatur von jeher gepriesen. Vor einigen Jahren hatte der Hyundai-Konzern die Erlaubnis erhalten, unterhalb dieser Bergkette einen Hafen zu bauen. Ziel war es, auch grossen Schiffen, die von der südkoreanischen Hafenstadt Sokcho her kamen, die Einfahrt zu ermöglichen. Auf diese Weise sollte Touristen der Besuch dieser natürlichen Sehenswürdigkeit ermöglicht werden – ein Vorhaben, dem Nordkorea aus wirtschaftlichen Gründen zugestimmt hatte. Seit Mitte der neunziger Jahre gab es hier eine Ferienenklave unter strikter militärischer Bewachung durch die nordkoreanischen Truppen, die für den südkoreanischen Tourismus geöffnet war. Obwohl die reguläre Anreise auf dem Seeweg erfolgte, sollten wir auf Grund eines neuen Abkommens erstmals auf dem Landweg mit dem Bus durch die entmilitarisierte Zone zum Kumgang-Gebirge reisen.

Endlich war es soweit. Unsere Halbschwester aus New York war eingetroffen, und wir machten uns in grosser Anspannung zu fünft auf den Weg. Es war der letzte Tag im März, als wir nach einer längeren Fahrt in Sokcho eintrafen. Wir erfuhren nun auch, wer von südkoreanischer Seite am Treffen teilnehmen würde. Die älteste Teilnehmerin war eine 99-jährige Mutter, die bei dem geplanten Treffen nach nunmehr 54 Jahren ihren Sohn wiedersehen sollte. Was für ein unglaubliches Ereignis, was für ein grausames Schicksal, das dazu führte, dass eine Mutter so alt werden musste, um doch noch ihren schmerzlichsten Verlust im Leben durch ein Wiedersehen etwas zu lindern. Das Leid, das hier in dieser Gruppe versammelt war, erschien in seiner Vielzahl unfassbar.

Nachdem jede Familie eine Ferienwohnung zugeteilt bekommen hatte, wurden wir zunächst vom Präsidenten der Provinz Gyenggi begrüsst. Dann wurden wir konkret auf das Treffen vorbereitet. Wir erhielten Informationen zum Ablauf des dreitägigen Programms, erfuhren, wie wir uns zu kleiden und zu verhalten hatten. Vor allem durften wir das nordkoreanische System nicht kritisieren. Aber das hatten wir auch gar nicht vor. Wir wollten unsere Schwester wiedersehen, alles andere war zweitrangig. Nach diesen Ausführungen gingen wir aufgeregt zu Bett, und wie die meisten anderen auch, habe ich in dieser Nacht kaum geschlafen.

Am nächsten Morgen bestiegen wir einen der fünfundzwanzig Busse und fuhren los. Wir bewegten uns in einer langen Fahrzeugkolonne, die Spitze bildeten einige Autos mit einer Rotkreuz-Fahne, dann folgten ein paar Militärfahrzeuge, dann einige Pressewagen und schliesslich die Busse. Das Schlusslicht bildeten erneut Militärfahrzeuge. Für die Strecke von fünfzig Kilometern brauchten wir vier Stunden. Die Strassen waren nicht asphaltiert, entsprechend vorsichtig mussten die Busse fahren. Wir durchquerten die entmilitarisierte Zone auf einer Länge von vier Kilometern. Immer wieder kamen nordkoreanische Soldaten mit dem Emblem von Kim Il-Sung auf der Brust in den Bus und kontrollierten uns. Aufmerksam betrachtete ich ihre Gesichter. Sie waren sehr hart und starr, keine menschliche Regung war zu erkennen. Auf beiden Strassenseiten war hoher Stacheldrahtzaun, dahinter erstreckte sich eine kahle, graue Landschaft. Es gab keine Bäume, nicht einmal Büsche oder Gras. In grosser Entfernung konnten wir Dörfer und Strassen erkennen, ab und zu sahen wir sogar ein paar Menschen in uniformartiger Arbeitskleidung, mit alten Stoffrucksäcken versehen, fast immer zu Fuss, nur manchmal auf einem Fahrrad.

Endlich erreichten wir unseren Bestimmungsort, den Hotelkomplex On-Jong-Gak. Wir wurden in grosse Säle geführt und dann an Tischen platziert, auf denen Nummern standen. Um halb vier war es dann so weit, die schreckliche Zeit des Wartens war endlich vorbei. Die Gruppe aus Nordkorea betrat die Säle. Gebannt suchten wir mit Blicken unsere Schwester zu erkennen. Aus dieser grossen Zahl von Menschen tauchte eine kleine, feine Frau mit weissen Haaren und einem türkisblauen Han-Bok bekleidet auf und kam zielsicher auf unseren Tisch zu. Wir hätten sie nicht als unsere Schwester erkannt, wäre nicht das Namensschild an ihrem Kleid gewesen, das uns Gewissheit gab. Vollkommen sprachlos und von lang zurückgehaltenen Gefühlen überwältigt, umarmten wir uns und brachen in Tränen aus. Alle im Saal weinten hemmungslos.

Es dauerte, bis wir uns so weit beruhigt hatten, dass wir uns setzen konnten. Dann begannen wir zu fragen und zu erzählen. Wir erfuhren, dass Chong-Hwan, aber auch Vaters jüngster Bruder, unser Onkel, und Vaters jüngste Schwester mit ihrem Mann den Krieg überlebt hatten. Während des Kriegs hatte Hee-Young auch den Kontakt zu Chong-Hwan verloren und ihn erst 1958, fünf Jahre nach Kriegsende, im Rahmen einer Familienzusammenführung innerhalb Nordkoreas, wieder gefunden. Bei dieser Familienzusammenführung war Hee-Young auch unserem Onkel und unserer Tante wieder begegnet. Beide waren in den achtziger Jahren verstorben.

Hee-Young hatte nach dem Krieg ihr Medizinstudium fortgesetzt und bis zu ihrem 60. Lebensjahr als Ärztin in angesehener Stellung gearbeitet. Zum Beweis ihrer beruflichen und gesellschaftlichen Erfolge zeigte sie uns ihre Medaillen. Chong-Hwan hatte nach dem Krieg in der Kim Check Technischen Hochschule Maschinenbau studiert und dann in einer Autofabrik gearbeitet. Dort entwickelte er das nordkoreanische Auto Success Nr. 58 und wurde hoch geehrt für seine Leistung. 1991 starb er völlig überraschend an einer Hirnblutung. Nun wussten wir, warum sie und nicht Chong-Hwan uns gesucht hatte. Tief betroffen mussten wir zur Kenntnis nehmen, dass die Begegnung vor der Polizeistation von Seoul 1950 die letzte gewesen war.

Als die Reihe an uns war zu erzählen, wussten wir nicht so recht, wo anfangen. Ich konnte nicht einschätzen, was

Hee-Young von den politischen und gesellschaftlichen Entwicklungen der letzten fünfzig Jahre ausserhalb Nordkoreas mitbekommen hatte und wie sie auf meinen von diesen Entwicklungen bestimmten Lebensweg reagieren würde. Doch bevor ich erzählen konnte, war die Zeit unseres ersten Treffens bereits um. Schon nach neunzig Minuten mussten wir uns wieder trennen. 54 Jahre gesammeltes Schwesternleben in so kurzer Zeit und in einem so öffentlichen und kontrollierbaren Rahmen – das war schwerer, als wir uns das vorher vorgestellt hatten.

Aufgewühlt kehrten wir in unsere Hotelunterkunft zurück. Bis spät in die Nacht hinein unterhielten wir uns, konnten nicht gut schlafen. Vor allem die Nachricht vom Tod unseres Bruders hatte uns sehr erschüttert. Wir sehnten den kommenden Tag herbei, an dem wir mit Hee-Young allein in einem Zimmer zusammentreffen würden. Für den Nachmittag stand dann noch ein gemeinsamer Ausflug auf dem Programm.

Am nächsten Morgen um halb zehn wurden wir von Rotkreuz-Helfern in ein Zimmer auf einem Schiffshotel geführt. Unser grosser Koffer mit den Geschenken und eine weitere Geschenktasche, die wir in Seoul schon dem südkoreanischen Roten Kreuz abgegeben hatten, standen bereits vor der Zimmertür. Wir stellten die Stühle und Tische zusammen, sodass die Atmosphäre etwas gemütlicher war und wir mit Hee-Young näher zusammensitzen konnten. Endlich kam sie, ebenfalls mit einem kleinen Koffer und ihrer Handtasche. Begleitet wurde sie von einem Mann, der zwei grosse Kartons trug. In einer etwas privateren Atmosphäre als am Vortag konnten wir uns nun auch über persönliche Dinge unterhalten, die uns klar machten, dass ihr Leben nicht einfach gewesen war. Sieben Kinder hat Hee-Young geboren. Ich wollte natürlich wissen, wie sie es geschafft hatte, Beruf, Kinder, Ehemann und Haushalt unter einen Hut zu bringen. Nach dem Krieg habe die Partei darum geworben, dass die Frauen viele Kinder zur Welt bringen, weshalb grosse Familien mit sieben und mehr Kindern in den Genuss zahlreicher Vergünstigungen gekommen seien, erklärte sie mir. Dank ihrer Tüchtigkeit und Zielstrebigkeit konnten alle ihre Kinder eine gute Ausbildung absolvieren. Mittlerweile war Hee-Young Grossmutter von elf Enkelkindern.

Dann tauschten wir unsere Geschenke aus. In dem kleinen Koffer, den sie mitgebracht hatte, befanden sich die Geschenke der Partei: ein kleines Propaganda-Büchlein, Früchte, Wein, getrockneter Ginseng und andere Kleinigkeiten. Wir leerten den Koffer aus, weil Hee-Young ihn wieder mitnehmen musste. Ich füllte ihn stattdessen mit Dingen, die wir für dieses Treffen mitgebracht hatten wie Gebäck, Fotos von unserem Vater, eine kleine Gedenkschrift über ihn, die nach seinem Tod von einem Mitarbeiter verfasst worden war. Den Koffer machte ich dann wieder zu und stellte ihn neben die Tür, damit Hee-Young ihn ja nicht vergessen würde. Die Übergabe unserer Geschenke erfolgte in einer Atmosphäre der Nervosität und Angst, ganz so, als ob es etwas Unrechtes wäre, was wir hier taten. Ich wurde traurig und fragte mich erneut, ob es doch zutreffend war, was Fernsehen und Zeitungen über die Zustände in Nordkorea berichteten, dass sich die Menschen dort in einer echten Notlage befanden. Doch weder ich noch meine Geschwister wagten es, in der kurzen Zeit solche Fragen zu stellen.

Die Zeit verflog. Schon waren die vorgesehenen zwei Stunden um. Als es an der Tür klopfte, erschrak meine Schwester, stand sofort auf und rannte aus dem Zimmer hin zum Aufzug, in der Aufregung allerdings ohne ihren der Partei gehörenden Koffer mit unseren Geschenken. Geistesgegenwärtig packte ich ihn und rannte hinter ihr her. Ich erreichte sie noch am Lift, drückte ihr den Koffer in die Hand und umarmte sie. Da merkte ich, wie sehr meine grosse Schwester, nun eine kleine alte Frau, zitterte. Es zerriss mir fast das Herz.

Das Mittagessen sollten wir im Kim-Jung-Suk-Gebäude einnehmen. Dieses Haus trug den Namen von Kim Il Sungs erster Frau und diente Parteimitgliedern als Erholungsheim. Es hatte aber seine besten Zeiten wohl schon lange hinter sich, denn vieles war veraltet und kaputt. Wollten wir auf die Toilette gehen, mussten wir eine Schüssel voll Wasser mitnehmen, um spülen zu können. Den Strom bezog dieses Haus vom Hotelkomplex On-Jung-Gak. Für die umliegenden Dörfer reichte der Strom schon nicht mehr, die lagen bereits am frühen Abend im Dunkeln.

Nach der ersten Ernüchterung über den Zustand des Hauses hofften wir auf ein gutes, nordkoreanisches Essen. Wir wurden auf verschiedene Esssäle verteilt. Als wir den uns zugewiesenen betraten, sass Hee-Young schon da. Das Essen wollte uns nicht so recht schmecken, aber das war ja auch nicht so wichtig. Alle tranken vom berühmten Fruchtwein und stiessen auf ein baldiges Wiedersehen an. An einigen Tische begannen die Menschen zu singen, Lieder, die sowohl in Nord- wie Südkorea bekannt waren, da sie aus der japanischen Besatzungszeit stammten. Es waren wehmütige, sehnsüchtige Lieder über die verlorene Heimat, und obwohl sie damals unter dem Eindruck der Besatzung durch Japan entstanden waren, trafen sie noch immer den Schmerz, den alle hier im Saal in sich trugen. Nach und nach standen alle auf, begannen zu tanzen, fielen sich in die Arme und weinten. Der Schmerz über die verlorenen Jahre, die toten und abwesenden Angehörigen und das Bewusstsein, dass es so schnell kein nächstes Wiedersehen geben würde, verwandelten den ganzen Saal in ein Tränenmeer. Ich stand still in einer Ecke, schaute zu und weinte.

Um halb drei mussten wir wieder zum Bus gehen, um einen gemeinsamen Ausflug zu unternehmen. Es war windig und ziemlich kühl. Ich hoffte, dass Hee-Young sich warm anziehen würde, denn bisher hatte sie immer ihren Han-Bok getragen, der für den Sommer, aber keineswegs für die jetzt herrschenden Wetterverhältnisse bestimmt war. Uns wurde mitgeteilt, dass die nordkoreanischen Busse zuerst fahren sollten und wir ihnen dann folgen würden. Wir sassen im Bus und warteten, doch nichts geschah. Es vergingen drei Stunden, und noch immer teilte uns niemand mit, warum wir nicht losfuhren. Die Helfer des südkoreanischen Roten Kreuzes bemühten sich zwar, uns zu beruhigen, doch das war schwer möglich, solange wir nicht darüber informiert wurden, wer oder was den Ausflug verhinderte.

Erst später erfuhren wir den Grund. Einer der südkoreanischen Journalisten hatte den Spruch kommentiert, der in riesengrossen Buchstaben in den Felsen beim Hotel eingemeisselt war: «Chunha Myongchang Kim Jong Il», zu Deutsch «Der unterm Himmel berühmte General Kim Jong Il». Er meinte zu einem nordkoreanischen Journalisten gewandt, dass das Wort «Chun», «Himmel», auch eine zweite Bedeutung hätte, und zwar «ein in einer niederen Klasse Geborener». Er hatte das wohl als Scherz gemeint, doch für den angesprochenen Nordkoreaner war es unmöglich, diese Äusserung so zu begreifen. Die absolute Unantastbarkeit ihres Herrschers war durch eine solche Bemerkung in Frage gestellt, und das kam einer Gotteslästerung gleich. Er meldete diese Äusserung umgehend den nordkoreanischen Organisatoren, was zur Folge hatte, dass alle weiteren Treffen sofort ausgesetzt wurden bis zur Klärung der Affäre. Es bestand die Gefahr, dass sogar das für den nächsten Tag vorgesehene Abschiedstreffen nicht stattfinden würde. Der Ausflug jedenfalls wurde gestrichen, und wie betäubt begaben wir uns zurück in unser Hotel. So wenig Zeit, und dann noch ein solcher Zwischenfall. Erst durch das südkoreanische Fernsehen, das wir im Hotel empfangen konnten, erfuhren wir am Abend, dass beide Seiten noch immer verhandelten. Die Vertreter des südkoreanischen Roten Kreuzes kamen in jedes einzelne Zimmer, um sich bei uns zu entschuldigen und uns zu beruhigen, dabei konnten sie doch gar nichts dafür. Es folgte eine unruhige Nacht.

Am nächsten Morgen schalteten wir gleich wieder das Fernsehen ein, um zu erfahren, wie der Stand der Dinge war. Die für das Treffen verantwortlichen Leute hatten die ganze Nacht durch verhandelt. Die südkoreanische Seite hatte sich natürlich für die ungeschickte Interpretation entschuldigt. Schliesslich hatten sie sich darauf geeinigt, dass das heutige Abschiedstreffen statt der vorgesehenen einen Stunde etwa zwei Stunden dauern sollte, um uns so für die ausgefallene Zeit vom Vortag etwas zu entschädigen. Wir waren erleichtert, doch für Gefühle der Dankbarkeit hatten wir keine Kraft mehr.

Wieder fuhren wir zum Begegnungszentrum On-Jung-Gak, wo wir erneut an unserm Tisch Platz nahmen. Diesmal hatte Hee-Young eine warme Jacke über ihre Tracht angezogen. Wir zeigten ihr die Fotos, die wir in den vorangegangenen zwei Tagen aufgenommen und gleich hatten entwickeln lassen. Es waren zum Teil gelungene Schnappschüsse dabei. Solche Aufnahmen hatte Hee-Young noch nie gesehen. Sie war sehr berührt als wir sie ihr schenkten und verglich sie wehmütig mit ihren eigenen Familienbildern, auf denen alle sich steif und ohne ein Lächeln dem Fotografen präsentierten.

Es beschäftigte Hee-Young offenbar stark, dass unsere Familie über den ganzen Erdball verstreut lebte, In-Young in Seoul, ich in Europa und unsere Halbschwester in den USA. Sie wollte immer wieder von mir wissen, warum wir so lebten und ob wir nicht Heimweh hätten. Sie konnte es kaum glauben, als ich ihr erzählte, dass ich oft mit In-Young telefonierte und wir uns ab und zu auch gegenseitig besuchten. Das sei ja bei einer Flugzeit von elf Stunden keine so schwierige Angelegenheit. Ich spürte, wie sehr sie diese Schilderungen irritierten und sie sich ein solches Leben überhaupt nicht vorstellen konnte, auch wenn sie versuchte, ihre Gefühle vor uns zu verbergen. Immer wieder kritisierte sie das politische System Südkoreas, das Land sei eine amerikanische Kolonie, wir sollten uns endlich von diesem Joch befreien und unseren eigenen, koreanischen Weg gehen, der Idee von Juche folgend, genau wie Nordkorea es täte. Wir reagierten darauf, indem wir betonten, dass unsere kurze gemeinsame Zeit nicht mal ausreiche, um die familiären Dinge zu besprechen, geschweige denn die Politik unserer beiden Länder, und dass wir dieses grosse Thema besser den Politikern überlassen wollten.

Und dann war die Zeit definitiv um. Durch Lautsprecher wurde bekannt gegeben, dass die Personen aus Nordkorea nun zu ihren Bussen gehen sollten. Schnell leerte ich In-Youngs Tasche und tat die Bilder, ihr Notizheft und meinen Fotoapparat hinein. Damit Hee-Young keinen Ärger bekommen würde, nahm ich noch schnell den Film aus der Kamera. Mit diesen letzten Geschenken versehen, verliess unsere grosse Schwester den Saal.

Der Abschied war äusserst schmerzlich. Vor allem die Gewissheit, dass wir uns in diesem Leben nicht wieder sehen würden, lastete zentnerschwer auf uns. Niemand glaubte ernsthaft daran, dass Nord- und Südkorea in absehbarer Zeit einander so nahe kommen könnten, dass der Besuch unter Familienangehörigen und Verwandten über den 38. Breitengrad hinweg auch ohne das Internationale Rote Kreuz und ohne staatliche Organisation und Aufsicht möglich wäre. Es würde ein einmaliges Treffen bleiben, ohne positive Konsequenzen, nur mit der traurigen Gewissheit, dass wir auch die späten Jahre unseres Lebens getrennt voneinander verbringen mussten. Hee-Young ist zwar nicht tot, sie hat überlebt, genau wie wir, aber wir leben in verschiedenen Welten, ohne gegenseitigen Zugang.

Der Platz, von dem aus die Busse die Angehörigen fortbringen würden, wirkte schon wegen der schroffen Berge, die ihn umgaben, sehr bedrückend. Als dann aber noch mehr als sechshundert Menschen voneinander Abschied nehmen mussten, von Eltern, von Kindern, von Geschwistern oder Grosseltern, wurde dieser Ort überschwemmt von Tränen und Schreien, die sich durch den Widerhall der Berge ins Unendliche zu verstärken schienen. Hee-Young stieg in ihren Bus, und wir mussten draussen bleiben. Sie beugte sich aus dem Fenster und hielt verzweifelt unsere Hände fest. Doch der Bus fuhr los und weinend schauten wir ihr nach.

Dann bestiegen auch wir unsere Busse, in denen während der ganzen Fahrt zurück nach Südkorea fast nichts gesprochen wurde. Alle schauten zum Fenster hinaus, in Gedanken bei den wiedergefundenen Liebsten aus dem Norden, von der Frage getrieben, wie es ihnen in Zukunft ergehen würde, wie viel Lebenszeit noch vor ihnen lag und ob sie je wieder voneinander hören würden. Wie ein Film ging mir das Leben von Hee-Young durch den Kopf, wie sie als dreizehnjähriges Mädchen plötzlich ohne Mutter aber mit drei jüngeren Geschwistern dastand, denen sie, selber noch hilfsbedürftig, nun Halt und Hilfe sein musste in einer haltlosen Zeit – die japanische Besatzung, der Zweite Weltkrieg und die Teilung des Landes, der koreanische Bürgerkrieg, die Trennung von der Familie und der Gang nach Norden, schliesslich ein Dasein als Ärztin und Mutter von sieben Kindern in einem fast gänzlich isolierten und armen Land, immer weiter für sich und ihre Familie kämpfend. Ich sah eine kluge, tüchtige und mutige Frau vor mir, die nun vielleicht einen ihrer letzten Wünsche verwirklicht hatte, unser Wiedersehen, und die sich jetzt mit genauso schwerem Herzen wie wir irgendwo auf dem Weg nach Pyöngyang befand, wo ihre Kinder sie sicher voller Spannung erwarteten.

Abschied von Hee-Young am Bus

Ich blieb noch zwei Tage in Seoul, um mit meinen Gedanken und Gefühlen wieder etwas Ruhe zu finden – jetzt, wo das Treffen vorüber war, kam mir alles wie ein Traum vor, den ich nicht wirklich in meine Lebensrealität einzubauen wusste. Unablässig ging mir die Frage durch den Kopf, wie es denn nach diesen drei Tagen eigentlich weitergehen sollte, und was diese Begegnung für mein weiteres Leben bedeutete. Ich wusste es nicht. Ich hatte meine Schwester wiedergefunden, und ich hatte auf viele Fragen, die mich seit meinem elften Lebensjahr gequält hatten, Antworten bekommen. Doch schon waren neue Fragen an ihre Stelle getreten, neue Herausforderungen warteten bereits auf mich. Vielleicht würde sich ja wieder eine Tür öffnen, ganz so, wie es in meinem Leben unzählige Male der Fall gewesen war. Ich wäre bereit.

Anhang

Chronologie

2333 v. Chr.	Mythologischer Beginn; Gründung des Reiches durch König Tangun
4.-7. Jhdt. n. Chr.	Hegemoniekämpfe der drei Reiche Koguryo, Silla und Paekche
668 – 935 n. Chr.	Silla-Dynastie, erster gesamtkoreanischer Staat
935–1392 n. Chr.	Koryo-Dynastic als Folge des Zerfalls von Gross-Silla
1392–1910 n. Chr.	Choson-Dynastie mit dem Neo-Konfuzianismus als Staatsideologie
1910–1945	Japanische Kolonie unter dem Namen Generalgouvernement Choson
1945	Teilung Koreas in zwei Besatzungszonen (USA und Sowjetunion)
15. August 1948	Gründung der Republik Korea (Südkorea)
9. September 1948	Proklamation der Demokratischen Volksrepublik Korea (Nordkorea)
1950–1953	Koreakrieg

Präsidenten von Südkorea

1948–1960	Syngman Rhee
1960–1961	Yun Bo-Sun
1961–1979	Park Chung-Hee (nach Militärputsch)
1980–1987	Chun Doo-Hwan (nach Militärputsch)
1988–1992	Roh Tae-Woo
1993–1998	Kim Young-Sam, erstmals frei gewählt
1998–2003	Kim Dae-Jung, Friedensnobelpreisträger
Seit 2003	Roh Moo-Hyun

Präsidenten von Nordkorea

1948–1994	Kim Il Sung, Ministerpräsident, Vorsitzender des ZK der Partei, Oberbefehlshaber der Armee
Seit 1994	Kim Jong Il, Sohn von Kim Il Sung

Aufbau und Schreibweise koreanischer Namen

Anders als im deutschsprachigen Raum üblich steht im Koreanischen der Familienname an erster Stelle, gefolgt vom Rufnamen, der sich zusammensetzt aus dem speziellen Namen, der nur von einer Person getragen wird, und dem Namen, der von allen Familienmitgliedern des gleichen Geschlechts getragen wird. Grundsätzlich wird in Korea aber die Nennung des Namens in der Anrede vermieden, sie gilt als unhöflich. Statt dessen werden Titel wie älterer Bruder, Gattin, Schwester, Lehrer etc. bevorzugt.

Verzeichnis der koreanischen Personen

Hee-Young	älteste Schwester von Duk-Won
In-Young	ältere Schwester
Chong-Hwan	älterer Bruder
Lee Bum-Soon	Vater von Duk-Won
Cho Gyng-Rang	Mutter von Duk-Won
Lee Won-Gy	Grossvater väterlicherseits
Yoo Gy-Sang	Grossmutter väterlicherseits
Lee Bum-Don	jüngerer Bruder des Vaters
Lee Bum-Chang	zweitältester Bruder des Vaters
Lee Bum-Moon	jüngster Bruder des Vaters
Lee Soo-Bong	jüngste Schwester des Vaters

Park Byng-Wan	Stiefmutter
Un-Sil	erste Schulfreundin
Gyun Yong-Hee	Freundin in der Middle School
Baek Gy-Wan	Leiter einer Studentengruppe, in der Duk-Won mitarbeitete
Kim Sung-Ja	Zimmerkollegin an der Technischen Hochschule Inha
Kang Hyn-Soo	Studienfreund
Kim Tai-Hwan	Studienfreund und erster Ehemann
Samuel Lee	befreundeter Soziologe in Göttingen und Seoul
Son Duk-Soo	seine Ehefrau, ebenfalls Soziologin
Kong Kwang-Duk	vom südkoreanischen Geheimdienst entführter Freund, Philosoph und Japanologe
Cho Byung-Ok	dessen Ehefrau, Musikerin
Hwang Young-Hee	Freundin aus den USA
Sung-Uk	Sohn von Frau Hwang
Kim Youn-Soo	Tochter von Schwester In-Young
Kim Soo-Young	erster Sohn In-Youngs
Kim Soo-Chul	zweiter Sohn In-Youngs
Kim Myng-Sun	Musikerin, Freundin aus Frankfurt

Lee Duk-Won und Christiane Uhlig

Christiane Uhlig, geboren in Stuttgart, studierte Allgemeine Geschichte, Osteuropäische Geschichte und Germanistik in Tübingen und Zürich. Parallel dazu hat sie als Deutschlehrerin, Buchhändlerin und Bibliotheksmitarbeiterin gearbeitet. Nach der Promotion in Osteuropäischer Geschichte war sie Assistentin und Lehrbeauftragte für Russische Geschichte und Zeitgeschichte an der Hochschule St. Gallen und von 1997 bis 2000 wissenschaftliche Mitarbeiterin der Unabhängigen Expertenkommission Schweiz – Zweiter Weltkrieg. Danach arbeitete sie in gleicher Funktion drei Jahre im Archiv für Zeitgeschichte der ETH Zürich. Heute lebt sie als freischaffende Historikerin und Publizistin in Zürich. Nach zahlreichen Publikationen zur russischen Geschichte und zu postsowjetischen Entwicklungen legt sie nun erstmals eine Biographie vor.

Elisabeth Bäschlin (Hg.)
Und grüsse euch mit dem Lied des Regenvogels
Vre Karrer. Briefe aus Somalia
Die Krankenschwester und Hebamme Vre Karrer
entschloss sich 1993 im Alter vn 60 Jahren, nach Afrika
zu reisen und dort den wirklich Armen zu helfen. (2003)

Hedi Wyss
Bubikopf und Putzturban
Ein Leben im zwanzigsten Jahrhundert
Aus Bruchstücken erzählt die Autorin die Lebensge-
schichte ihrer Mutter, die in einer Hoteliersfamilie im
Luzerner Seetal aufwuchs. Enthüllt wird unter ande-
rem eine Liebesgeschichte, die einzigartig und zugleich
bezeichnend ist für die Zwischenkriegszeit. (2003)

Katharina Ley, Cristina Karrer
Überlebenskünstlerinnen
Frauen in Südafrika
Zwölf Porträts von Südafrikanerinnen, beeindrucken-
de Zeugnisse von den Problemen in Südafrika nach der
UEberwindung der Apartheid im Jahre 1994. Mit
einer Einleitung der beiden Autorinnen zur Entwicklung Südafrikas seit der Einführung der Demokratie.
(2004)

Lina Bögli
Talofa
In zehn Jahren um die Welt
Lina Bögli wurde 1857 im Emmental geboren und
wirkte später als Erzieherin und Lehrerin bei einer ad-
ligen Familie in Polen. Von dort machte sie sich 1892
auf eine Reise um die Welt, besuchte Australien Nee-
seelan, Hawai und die Vereinigten Staaten. In Briefen
hielt sie ihre Erfahrungen und Eindrücke fest.
(1907 / Neuauflage 2002)

Peter Belart
"Meines guten Willens dürfen Sie versichert sein"
Marie Elisabeth Jäger (1840–1877)
Aus dem umfangreichen Breifnachlass wird das Leben einer
Frau im 19. Jahrhundert nacherzählt. Als Tochter einer der
Tradition Pestalozzis verbundenen Familie wurde sie Lehre-
rin. Wo immer sie war, in Montmirail zur Ausbildung, in
Mailand als Erzieherin oder an verschiedenen Kurorten,
schrieb sie ihren Elern und ihrem Ehemann Briefe, die in-
teressante Einblicke in die Freuden, Sorgen und Nöte des
19. Jahrhunderts vernitteln. (2004)

www.efefverlag.ch
eFeF-Verlag Berninastr. 4 5430 Wettingen